国家教师资格考试指导教材

英语学科知识与教学能力

（高级中学）

主　编　孙　森　林　立　刘　洁

副主编　赵　洁　骆晓梦　谢　天

图书在版编目(CIP)数据

英语学科知识与教学能力：高级中学 / 孙淼，林立，刘洁主编. —北京：北京大学出版社，2017.5
（国家教师资格考试指导教材）

ISBN 978-7-301-26837-7

Ⅰ. ①英⋯　Ⅱ. ①孙⋯　②林⋯　③刘⋯　Ⅲ. ①英语课—教学法—高中—中学教师—资格考试—教材　Ⅳ. ①G633.412

中国版本图书馆 CIP 数据核字（2016）第 025076 号

书　　名	英语学科知识与教学能力（高级中学） YINGYU XUEKE ZHISHI YU JIAOXUE NENGLI（GAOJI ZHONGXUE）
著作责任者	孙　淼　林　立　刘　洁　主编
责任编辑	吴坤娟
标准书号	ISBN 978-7-301-26837-7
出版发行	北京大学出版社
地　　址	北京市海淀区成府路 205 号　100871
网　　址	http://www.pup.cn　　新浪微博:@北京大学出版社
电子信箱	zyjy@pup.cn
电　　话	邮购部 62752015　发行部 62750672　编辑部 62756923
印　刷　者	北京溢漾印刷有限公司
经　销　者	新华书店
	787 毫米×1092 毫米　16 开本　20.75 印张　492 千字 2017 年 5 月第 1 版　2017 年 5 月第 1 次印刷
定　　价	47.00 元

未经许可，不得以任何方式复制或抄袭本书之部分或全部内容。
版权所有，侵权必究
举报电话：010-62752024　电子信箱：fd@pup.pku.edu.cn
图书如有印装质量问题，请与出版部联系，电话：010-62756370

出 版 前 言

中小学教师资格考试（以下简称教师资格考试）是评价申请教师资格的人员是否具备从事教师职业所必需的教育教学基本素质和能力的考试。参加教师资格考试合格是教师职业准入的前提条件。申请幼儿园、小学、初级中学、普通高级中学、中等职业学校教师和中等职业学校实习指导教师资格的人员须分别参加相应类别的教师资格考试。教师资格考试实行全国统一考试。考试坚持育人导向、能力导向、实践导向和专业化导向，坚持科学、公平、安全、规范的原则。

教师资格考试包括笔试和面试两部分。笔试主要考查：申请人从事教师职业所应具备的教育理念、职业道德、法律法规知识、科学文化素养、阅读理解、语言表达、逻辑推理和信息处理等基本能力；教育教学、学生指导和班级管理的基本知识；拟任教学科领域的基本知识，教学设计实施评价的知识和方法，运用所学知识分析和解决教育教学实际问题的能力。

幼儿园教师资格考试笔试科目为"综合素质""保教知识与能力"两科；小学教师资格考试笔试科目为"综合素质""教育教学知识与能力"两科；初级中学、普通高级中学教师和中等职业学校文化课教师资格考试笔试科目为"综合素质""教育知识与能力""学科知识与教学能力"3科；中等职业学校专业课教师和实习指导教师资格考试笔试科目为"综合素质""教育知识与能力""专业知识与教学能力"3科。

为了配合教师资格考试在全国推广后师范院校的课程设置和教学计划的调整，方便师范院校对报名参加教师资格考试的在校学生进行有效指导和系统培训，提高教师资格考试的通过率，方便考生系统复习，提高考试成绩，北京大学出版社组织了全国数十所师范院校的教师及部分中小学、幼儿园一线教师联合编写了这套"国家教师资格考试指导教材"，作为教师资格考试指导课的配套教材使用。

本系列教材充分体现了我国教师职业对综合素质和教育教学能力的要求，以现行考试大纲为编写依据，科学、系统、严谨地阐释大纲对各学段教师考核所要求的知识体系，旨在帮助考生有效备考，提高其自身教育理念、职业道德、科学文化素养以及相关教育教学能力。

本系列教材在编写中着力强调并体现以下特色：

一、教材架构性原则：教材体系清晰完整，知识严谨规范

在编写教材时注意并把握教材的基本属性，即系统性、知识性、科学性和先进性的统一，突出考试标准与考试大纲所要求的知识性和实用性，总体结构、章节布局合理，内容详略得当，繁简适宜，概念、定义、名词等准确、规范。

二、理念先进性原则：反映考试标准、考试大纲所要求的全新教育理念、教育精神、教育方向

本系列教材在观念、内容、文字上鲜明凸显考试标准、考试大纲所传达的时代性、先进性、高度性。针对考生群体学科专业知识已能够基本满足教学需要、科学文化素养已基本达到教育要求的情况，教材特别强调考生群体自身的教育理念、法律意识、组织教育教学的基本知识与能力、教学设计实施及评价的基本方法。

三、基本指导性原则：较为科学地指导考生掌握各学段教育教学的基本素养、基本原理，以及学科专业领域的基本框架、基本知识

本系列教材的重要功能之一是指导考生有效而科学地掌握、运用教师资格考试所要求的教育知识与教学能力，因此，在编写过程中贯彻大纲对于知识、能力"了解、理解、熟练、掌握、运用"等各个层级的要求，在体例设置与内容表达上突出重点，提纲挈领，避免面面俱到式的罗列与堆砌。

四、能力拓展性原则：注重对考生拓展性思维的启发与创造性能力的培养

新的考试标准、考试大纲强调教师要具备"自主发展意识和自我教育的能力"，拓展性思维与创造性能力是自主发展与自我教育的重要构成与体现，教材就此在内容的表达与形式、板块上做出了适当的设置。

五、备考实效性原则：展现便于考生实际学习、备考的学习功能

本系列教材注重把握好素质培养与应试备考之间的平衡，在内容与形式上兼顾教材的考试指导属性，以利考生理顺考试理念、要求，了解考试趋向、动态，熟悉考试内容、方法，掌握考试重点、难点，帮助考生深入学习、有效应考。

六、教材立体化原则：提供多种教学资源，最大限度满足学生学习需要

除了主教材外，我们还精心设计了形成性练习手册、网络学习课程、模拟试卷等。

总之，本系列教材作为教师资格考试指导课教材，突出地体现了权威性、系统性、先进性、实用性和指导性等特色。

本系列教材在编写过程中得到了各参编院校和参编老师的大力支持，在此一并表示感谢。

---

1. 本系列教材配有由作者提供的教学课件供教师使用，需要者请通过"教师资格考试交流群"（QQ群号：316689173,581389674,572532579）索取。

2. 关注"教师资格考试服务网"（微信公众号：jsfw-pup）公众平台，获取最新的考试资讯、权威的考纲解读、全面的考试技巧及复习方法，以及模拟试题，自测练习题等复习资料。

国家教师资格考试指导教材
编委会

学术顾问
  丁　钢　　华东师范大学终身教授，华东师范大学教育高等研究院院长，中国教育学会副会长
  陈向明　　北京大学教育学院教授，学术委员会主任，基础教育与教师教育研究中心主任

常务编委（按姓名拼音排序）
  蔡　春　　首都师范大学教育学院副院长，教授
  陈建华　　上海师范大学教育学系主任，教授
  傅建明　　浙江师范大学教师教育学院教授
  葛明贵　　安徽师范大学教育科学学院教授
  郝文武　　陕西师范大学教育学院教授
  何兆华　　陕西学前师范学院教务处处长，教授
  洪　明　　福建师范大学教育学院副院长，教授
  侯怀银　　山西大学教育科学学院院长，教授
  胡金平　　南京师范大学教育科学学院副院长，教授
  李松林　　四川师范大学教育科学学院副院长，教授
  刘云杉　　北京大学教育学院副院长，教授
  龙宝新　　陕西师范大学教育学院副院长
  卢晓中　　华南师范大学教育科学学院院长，教授
  孟繁胜　　东北师范大学教育学部副部长
  瞿亚红　　重庆师范大学教育科学学院副院长
  桑青松　　安徽师范大学教育科学学院院长，教授
  唐汉卫　　山东师范大学教育学院院长，教授
  王凤秋　　哈尔滨师范大学教育科学学院副院长，教授
  吴刚平　　华东师范大学教育科学学院教授
  肖　川　　北京师范大学教育学部教授
  肖庆伟　　闽南师范大学副校长，教授
  杨立范　　北京大学出版社副总编辑，编审
  张景斌　　首都师范大学教育学院副院长，教授
  钟毅平　　湖南师范大学教育科学学院院长，教授
  朱德全　　西南大学教育学部部长，教授

编　　委（按姓名拼音排序）
  蔡勇强　　闽南师范大学教育科学学院副院长，教授
  曹　莹　　西安文理学院教育学院副院长，副教授
  车广吉　　东北师范大学政法学院教授
  陈国良　　闽南师范大学继续教育学院院长，教授

陈焕章	上海师范大学教育学院副教授
陈　鹏	福建教育学院教务处处长，副研究员
邓大河	四川幼儿师范高等专科学校副校长，副教授
邓岳敏	泉州师范学院教育科学学院副教授
冯展极	大庆师范学院外语学院副院长，教授
何　冰	吉林省国试教育咨询有限公司董事长
何华松	九江职业大学师范学院院长，教授
何善平	陕西学前师范学院学前教育系主任，教授
黄　清	闽南师范大学发展规划处处长，教授
黄　重	宁德职业技术学院人文科学系主任，副教授
鞠玉翠	华东师范大学教育科学学院教授
李宝良	大庆师范学院继续教育学院院长，教授
廖贵英	九江职业大学学前教育学院院长，教授
林　钢	北京大学出版社福建省教学服务中心主任
刘俊卿	沈阳师范大学教育科学学院教授
舒志定	湖州师范学院教师教育学院院长，教授
宋　祥	东北师范大学文学院教授
汪　明	阜阳师范学院教育科学学院院长，教授
王　葎	北京师范大学哲学与社会学学院副教授
王俏华	浙江师范大学杭州幼儿师范学院副教授
王　祥	贵州师范学院教育科学学院教授
王永胜	东北师范大学生命科学学院教授
魏继宗	延安大学教育科学学院副院长，教授
向　华	西安文理学院教育学院教授
谢先国	湖南省中小学教师发展中心科长，湖南师范大学兼职教授
闫　祯	常熟理工学院教育系主任，教授
杨秀莲	东北师范大学教师教育研究中心主任，教授
姚成龙	北京大学出版社职业教育编辑部主任，编审
余清臣	北京师范大学教育学部教育基本理论研究院副院长，副教授
虞伟庚	丽水学院教务处副处长，教授
查晓虎	安徽师范大学教育科学学院教授
张昌勋	闽江师范高等专科学校副校长，教授
张锦坤	福建师范大学教育学院院长助理，副教授
张灵聪	闽南师范大学教育科学学院院长，教授
张永明	陇南师范高等专科学校教授
郑先如	龙岩学院教育科学学院院长，教授
郑燕林	东北师范大学计算机科学与信息技术学院副院长，教授
仲丽娟	上海交通大学第二附属中学教师发展中心主任，高级教师
周兴国	安徽师范大学教育科学学院教授
朱成科	渤海大学教师发展学院副院长，教授
朱晓宏	首都师范大学教育学院教育基本理论研究所副所长，教授

本书编委会

孙　淼	林　立	刘　洁	赵　洁	骆晓梦
谢　天	崔　涵	杜　巍	方艺静	高　菲
葛婷婷	刘泊静	孟　席	宋珊珊	邵文慧
宋寓婷	孙亚伟	田　晨	田　歌	田　也
王林娜	吴四强	王立影	薛鸿悦	袁瑞娟
赵　赫	赵胜男	张亚新		

目 录

模块一 语言知识与能力

第一章 英语语言的基础知识 (3)
 第一节 语音知识 (4)
 第二节 词法知识 (8)
 第三节 句法知识——句法学 (11)
 第四节 语篇知识 (15)

第二章 英语语言运用能力 (25)
 第一节 英语语言表达能力和沟通能力 (25)
 第二节 用英语获取教学资源和信息的能力 (30)
 第三节 教师用英语进行书面表达的能力 (33)

第三章 英语国家社会文化知识 (40)
 第一节 英语语言历史 (40)
 第二节 英美国家概况 (43)
 第三节 英美文学 (45)

模块二 语言教学知识与能力

第四章 英语教学理论 (57)
 第一节 语言观 (57)
 第二节 语言学习观 (63)
 第三节 语言教学观 (66)
 第四节 教学基本理论对英语教学的指导作用 (71)

第五章 高中英语课程标准 (75)
 第一节 高中英语课程性质和基本理念 (75)
 第二节 高中英语课程目标和内容标准 (77)

第三节　高中英语教学建议 …………………………………………… (85)
　　第四节　高中英语评价建议 …………………………………………… (89)
第六章　高中英语语言知识教学 …………………………………………… (94)
　　第一节　词汇教学 ……………………………………………………… (95)
　　第二节　语法教学 ……………………………………………………… (100)
　　第三节　语篇教学 ……………………………………………………… (107)
　　第四节　功能教学 ……………………………………………………… (113)
　　第五节　话题教学 ……………………………………………………… (116)
第七章　高中英语语言技能教学 …………………………………………… (120)
　　第一节　听力技能教学 ………………………………………………… (120)
　　第二节　口语技能教学 ………………………………………………… (126)
　　第三节　阅读技能教学 ………………………………………………… (130)
　　第四节　写作技能教学 ………………………………………………… (134)
第八章　社会文化背景下英语知识和技能教学与训练 …………………… (140)
　　第一节　英语知识和技能的教学设计 ………………………………… (140)
　　第二节　英语知识和技能的教学实施 ………………………………… (143)

模块三　教学设计

第九章　学生学情分析 ……………………………………………………… (153)
　　第一节　学习需要分析 ………………………………………………… (153)
　　第二节　学习者分析 …………………………………………………… (156)
　　第三节　高中生的认知特点 …………………………………………… (158)
第十章　教学内容分析 ……………………………………………………… (162)
　　第一节　学习内容分析 ………………………………………………… (162)
　　第二节　高中教材分析 ………………………………………………… (163)
　　第三节　教材内容的选择 ……………………………………………… (166)
第十一章　教学目标设计 …………………………………………………… (174)
　　第一节　教学目标的确定 ……………………………………………… (174)
　　第二节　教学目标的分类 ……………………………………………… (179)
第十二章　教学活动设计 …………………………………………………… (184)
　　第一节　教学活动设计概述 …………………………………………… (184)
　　第二节　教学活动设计的原则 ………………………………………… (187)

第三节　教学活动的类别与教学活动设计的模式和主要环节……………(191)
　　　第四节　常见教学活动设计方法……………………………………………(199)
第十三章　学习评估活动设计………………………………………………………(205)
　　　第一节　教学设计评价的内涵………………………………………………(205)
　　　第二节　教学设计评价的设计………………………………………………(208)
　　　第三节　教学设计评价指标…………………………………………………(210)

模块四　教学实施与评价

第十四章　高中英语课堂教学的基本步骤与方法…………………………………(221)
　　　第一节　英语课堂教学的基本实施步骤……………………………………(221)
　　　第二节　英语课堂教学的常用方法与策略…………………………………(226)
第十五章　学生学习方法和策略……………………………………………………(230)
　　　第一节　陈述性知识的认知策略……………………………………………(230)
　　　第二节　元认知策略…………………………………………………………(235)
　　　第三节　资源管理策略………………………………………………………(237)
第十六章　课堂管理与课堂总结……………………………………………………(242)
　　　第一节　课堂管理解读………………………………………………………(242)
　　　第二节　课堂活动组织形式…………………………………………………(244)
　　　第三节　常用学习方式及教师作用…………………………………………(246)
　　　第四节　课堂总结与作业规范………………………………………………(250)
第十七章　现代教育技术……………………………………………………………(255)
　　　第一节　教育技术相关概念…………………………………………………(255)
　　　第二节　现代教育技术与英语教学…………………………………………(257)
第十八章　评价的知识与方法………………………………………………………(261)
　　　第一节　形成性评价的知识与方法…………………………………………(261)
　　　第二节　终结性评价的知识与方法…………………………………………(271)
　　　第三节　形成性评价和终结性评价在高中英语教学中的合理运用………(272)
第十九章　教学反思…………………………………………………………………(275)
第二十章　教学案例评析……………………………………………………………(284)
附录1　《英语学科知识与教学能力》(高级中学)笔试大纲……………………(293)
附录2　习题参考答案………………………………………………………………(300)
参考文献………………………………………………………………………………(315)

模块一　语言知识与能力

第一章　英语语言的基础知识

考纲内容

具有扎实的英语语言基础知识和语言能力。

考纲解读

牢固地掌握英语语言基础知识对夯实学习者的英语基本功有着十分重要的意义。英语知识与能力培养是英语教育中一个重要的领域。在这个领域中，提高学生的英语听、说、读、写能力，是英语教育的一个重要任务。英语教学的目的，是对学生进行听、说、读、写的基本训练，侧重培养阅读能力，注意培养自学能力，为进一步学习和运用英语打下一定的基础。对于把英语当作外语学的学生来说，要达到上述目的，学习一定的英语知识是完全必要的。中学阶段的英语知识，主要是指基础的语音、语法和词汇知识。对于这些基础知识内容，教材妥善作好安排，使之易教易学。学生掌握英语知识，并不在于背记多少规则，而要具有运用语言知识的能力。例如，教学国际音标的目的，决不是让学生去描述或死记英语音素的发音特征，而是通过了解发音要领，正确地读出48个音素，并且根据国际音标注音，能熟练地拼读单词，以培养借助词典自学英语单词的能力。

要培养这种能力，就必须教给学生必要的基础知识，这是不容置疑的。所以，老师要具备扎实的英语基本功，讲授一定量的基础知识，使学生的感性认识上升到理性认识。

第一节 语音知识

一、语音学

（一）什么是语音学

语音学常被定义为是对语言进行系统科学研究的学科。语言学研究的不是某一种特定的语言，而是人类所有的语言。为了揭示语言的本质，语言学家首先要对语言的实际使用进行观察，并在此基础上形成有关语言使用的概括性假设，这些初步形成的假设要在语言使用中进行进一步的检验，最终形成语言理论。

（二）发音

1. 发音器官

人类的发音器官存在于咽腔、口腔和鼻腔腔内。咽腔内最重要的发音器官是位于喉头的声带，发音时声带在气流的冲击下发生颤动决定了声音的浊音化（voicing）。浊音化是所有元音以及部分辅音，如/b/、/g/、/m/等所具有的特性。声带不发生颤动所发出的音是清音，如/t/、/k/、/f/等。声带颤动的频率决定了声音的高低。口腔中发音器官最多，有舌头、小舌、软腭、硬腭、齿龈隆骨、牙齿和嘴唇。其中舌头是最灵活、最重要的发音器官。发音时，来自肺部的气流在口腔中受到不同的阻碍，从而发出不同的音。

鼻腔和口腔相通。发音时软腭后移关闭鼻腔，气流只能从口腔通过，所发出的音没有鼻音化。但当鼻腔通道打开，允许气流从鼻腔通过，所发出来的音便是鼻音。

2. 国际音标

国际音标（International Phonetic Alphabet，简称 IPA）犹如汉语拼音，是在国际上被广为接受的一套对语音进行标音的标准符号体系。标音分为宽式和严式标音法。

所谓严式标音，就是出现什么音素就记录什么音素，有什么伴随现象就记录什么伴随现象。无论什么音素和什么伴随现象都不放过，也就是最忠实、最细致地记录语音的原貌。

宽式标音是在严式标音的基础上，整理出一种语音的音位系统，然后按音位来标记语音。因此，宽式标音又称为"音位标音"。用宽式标音，可以把音标数目限制在有限范围之内，因而能把一种语言或方言的音系反映得简明清晰。

（三）英语语音的分类

英语中的语音根据气流的受阻情况分为元音和辅音。气流没有受到任何阻碍所发出的音是元音，气流在口腔里受到不同方式的阻碍所发出的音是辅音。

1. 元音分类

元音常根据舌位的高低、开口度、嘴唇形状、元音的长度和发音时喉部的紧张程度来分类。

(1) 舌位的高低。

发音时,舌头前部抬得最高的音为前元音,通常有:/i:/、/i/、/e/、/æ/。

发音时,舌头的中部抬得最高为中元音,如:/ə/、/ə:/。

发音时,舌根部位抬得最高为后元音,如:/ʌ/、/ɑ:/、/ɔ/、/ɔ:/、/u/、/u:/。

(2) 嘴唇形状。

圆唇元音:/ɔ/、/ɔ:/、/u/、/u:/。

不圆唇元音:/i:/、/i/、/e/、/æ/、/ə:/、/ə/、/ʌ/、/ɑ:/。

(3) 元音的长度。

根据发音的长度,元音分为长元音和短元音。长元音常用":"来表示。英语中长元音有:/i:/、/ə:/、/ɔ:/、/u:/、/ɑ:/,其余都是短元音。

(4) 除了单元音外,英语中还有一组双元音,如:/ei/、/ai/、/au/、/əu/、/ɔi/、/iə/、/eə/、/ʊə/。

2. 辅音分类

(1) 根据发音方式,英语的辅音可以分为以下几种。

① 爆破音:发爆破音时,气流开始完全受阻,然后突然释放,如/p/、/b/、/t/、/d/、/k/、/g/。

② 摩擦音:发摩擦音时,气流部分受阻,气流从狭窄的通道挤出,产生摩擦,如/f/、/v/、/s/、/z/、/θ/、/ð/、/r/、/ʃ/、/ʒ/、/h/。

③ 塞擦音:发塞擦音时,气流开始完全受阻,然后气流从狭窄通道缓慢释放,并伴有摩擦发生,如:/ts/、/dz/、/tr/、/dr/、/tʃ/、/dʒ/。

④ 流音:在发流音时,受阻的气流从舌头与上腭(roof of the mouth)形成的通道释放出,如:/l/。

⑤ 鼻音:发鼻音时,气流从鼻腔释放出所发出的音为鼻音,如/n/、/m/、/ŋ/。

⑥ 滑音:滑音又称为半元音。英语中滑音有/w/和/j/。它们的发音方式与/u/和/i/相同。

(2) 根据发音部位,英语辅音可以分为以下几种。

① 双唇音:气流受阻部位在双唇,如/p/、/b/、/m/、/w/。

② 唇齿音:下唇与上齿接触使气流受阻,如/f/、/v/。

③ 齿音:舌尖与上齿接触使气流受阻,如:/θ/、/e/。

④ 齿龈音：舌尖与上齿龈隆骨接触使气流受阻，如：/t/,/d/,/s/,/z/,/n/,/l/,/r/。
⑤ 腭音：受阻部位发生在舌根与硬腭之间，如：/ʃ/,/ʒ/,/tʃ/,/dʒ/,/j/。
⑥ 软腭音：舌根与软腭接触使气流受阻，如：/k/,/g/,/ŋ/。
⑦ 喉音：声带短时接触使气流受阻，如：/h/。

二、音系学

（一）音系学和语音学

音系学和语音学都是对语音的研究，它们既有联系又有区别。语音学的研究对象是人类所有语言的语音，它主要是对语音进行描述和分类，如，音的发音方式，音的语音特征，音与音之间的差别。音系学研究的是某一特定语言的语音体系，即音在特定的语言中是如何结合产生有意义的单位来进行交际。音系学家不关注不具备语义区别性价值的语音，而语音学家既研究具有语义区别性价值的音，也研究不具备语义区别性价值的音。

（二）音素、音位、音位变体

音素(phone)是语音学研究的单位。人类在说语言时所发出的一切音都是音素，有些音素具有语义区别性价值，有些音素没有。如：在单词 feel/fiːl/, leaf/liːf/, tar/tɑː/, star/stɑː/中，一共有 7 个音素，分别是/f/,/iː/,/l/,/t/,/ɑː/,/s/。

音系学研究的基本单位是音位，音位具有区别性价值，音位是抽象的，是一组语音特征的集合，它不是一个具体的音。一个音位会在不同的语音环境中实现为具体的音，如音位/p/在语境中可实现为具体的送气和不送气音等，这种语音的细微差别可在单词 spade 和 pay 中的/p/的发音可以看出。

音位在特定的语音环境里的具体体现形成音位变体。同一个音位在不同的语音环境里体现为不同的变体，即音位变体，如音位/t/在 star 和 tar 中分别实现为不送气/t/和送气/th/，因此不送气/t/和送气/th/为音位/t/的音位变体。

（三）音系规则——同化规划

由于两个邻近的音相互影响使得两个音的发音出现类似现象，称之为同化。同化现象遵循一定规则即同化规则。英语中，鼻音化并不具有语义区别性特征，但是这并不等于说，英语中元音没有鼻音化现象。以元音/iː/为例，当它后面紧跟/n/或/m/时，会出现/iː/的鼻音化现象，这也成为英语同化规则之一。再以齿龈音/n/为例，它的发音常受到后面辅音的影响。当它后面紧接齿龈音时，/n/的发音是齿龈鼻音，如 indirect/indiˈrekt/，但是当/n/后面紧接软腭音/k/时，/n/会发生同化现象变为齿龈鼻音/ŋ/，如 incorrect/iŋkˈrekt/。声音的同化在拼写中可以得到体现。如/n/后接双唇音时会同化为/m/，这一同化现象使得

possible 的否定形式变成 impossible，而不是 inpossible。/in-/在以下单词中的不同的拼写如/ir-/和/il-/等都是/n/与后边音同化的结果，如 illegal, irregular 等。当然也有一些音虽然发生了同化，但是并没有在拼写中体现出来。如 input 中的/n/虽然受到/p/的同化发生音变，但是这种音变并没有体现在拼写之中。

（四）超切分特征

音位的区别性特征可以跨越两个或两个以上的音位成分。超切分特征指超过话语中一个以上的语音的特征。常见的超切分特征有重音、声调和语调。对英语来说，重要的是重音和语调。声调是声调语言（如汉语）重要的超切分特征。

1. 重音

重音可以分为词重音和句重音。说话时，在发某个或某几个音时所花力气比发其他音时要大，因此造成这句话中的重音。重音只是一个相对的概念，只有由两个或两个以上音节构成的词才有词重音。单音节词没有重音。有些语言中的词重音是固定的，但是英语的词重音比较自由，因词而异。

重音的语义区别性特征也体现在以动名词与名词构成的复合词中。如 swimming pool 中的主重音落在 swimming 上，次重音在 pool 上。在 swimming fish 中，swimming 是现在分词充当修饰语，swimming fish 不是复合词，故重音落在 fish 上。复合词的两个成分究竟应并在一起写（blackboard），还是分开写（black sheep），还是中间用连字符（dining-room），完全是约定俗成的。

句重音指的是句子中的某个或某几个词由于发音力度大于句中其他成分而显得响亮。英语句子中的动词、名词、形容词、副词和指示代词通常被重读，而其他词类的词通常不重读，但是为了强调句中某一特定的内容，通常不被重读的词也可以重读。

2. 声调

声调可以像音位那样具有语义区别性特征。它的语义区别功能主要发生在那些声调语言中。英语不是声调语言，但是汉语属于声调语言。汉语中，声调的不同会改变词的语义，如当我们赋予"da"不同的声调时，会产生不同的意义：dā(搭),dá(达),dǎ(打),dà(大)。

3. 语调

语调不是孤立的词的特征，而是句子的音调、重音和音长旋律模式。人类的几乎每一种语言都可以通过改变语调来传递意义。英语中的语调有四种：降调、升调、降升和升降。最为常见的是前三种，其中降调传递一种客观的陈述，升调可表示一种疑问，降升表示话中存在某些蕴含语义。

如：That's fine.（降调：客观陈述）

That's fine.（升调：表示疑问）

That's fine.（降升：具有鼓励对方的含义）

第二节　词法知识

一、形态学

（一）形态学与语素

形态学研究单词的内部结构和构词规则，有屈折形态学和词汇形态学两大分支，前者研究词或词素和语法意义的表达，后者研究词或词素构成和词汇意义的表达。

单词不是语义的最小单位，因为单词可以解析为更小的意义成分。语义的最小单位是语素。语素表达的意义有两种：语法意义和词汇意义。

（二）语素的类型

1. 自由语素和黏着语素

自由语素有着完整的语义，它们被称为自由语素是因为它们可以作为单词独立使用，如helpful 中的 help 就是自由词素，因为 help 可以作为独立的单词来使用。自由词素除了可以作为独立的单词使用以外，它们也可以和其他语素相结合构成单词。

黏着语素，顾名思义，是必须黏附在其他语素上构成单词，它们不能作为单词独立使用，如，helpful 中的-ful 就是一个黏着语素。黏着语素可以和自由语素结合构成单词，如 childish，也可以和黏着语素结合构成单词，如 predict。

2. 词根、词缀和词干

黏着语素分为词根和词缀两类。词根是构成词的基础部分，尽管它们有着明确的语义，但是它们不能单独使用，必须和其他语素或词根结合使用构成单词。例如，在单词 antecedent 中，ante-是前缀，表示 before；-ced-是词根，意思是 go；-ent 是后缀，表示 a thing or a person。

词缀又分为屈折词缀和派生词缀两类。屈折词缀加在词干的后边，传递不同的语法关系或语法范畴，如数、时、格等。如 books 中的-s 是屈折词缀，传递复数；wiser 中的-er 是屈折词缀，传递比较级概念等。派生词缀是加在词干上构成新词的词缀。这种构成新词的方法叫派生法，所构成的词叫派生词。

派生词缀又根据其在单词中的位置分为前缀和后缀两类。前缀出现在单词的前边。前缀的主要功能是改变词干的语义，一般来说，前缀不改变词的词性，如，当我们在 friendly 前边加上 un-时,它的语义发生了改变,而单词的词性不变。但是,也有一些例外情况,如 un-earth,enlarge,prewar 等。后缀加在词干的后边。后缀主要改变词性,也可以改变语义。

(三) 复合词

1. 复合词类型

复合法指把两个或两个以上的词结合在一起构成新词的方法。复合词可以用不同的标准来分类。根据复合词构成成分的词性来分类,复合词通常有以下几种。

(1) 名词＋名词:end product,efficiency expert,food chain

(2) 形容词＋名词:white elephant,red tape,hot line

(3) 形容词＋名词＋ed:white-haired,blue-eyed,short-sighted

(4) 动词＋名词:pickpocket,call-girl,push-button

(5) 副词＋名词:downtown,overburden

(6) 名词＋动词:daybreak,nightfall,earthquake,birth control

(7) 动词＋副词:breakdown,handout,makeup

(8) 名词＋形容词:knee-deep,life-long,duty-free

(9) -ing＋名词:swimming pool,sewing machine,waiting room

(10) 其他形式:never-to-be-forgotten,go-between,on-the-spot。

2. 复合词特征

(1) 书写特征——复合词可写成一个词,如 blackboard,deadline 等;也可分写,中间加连接号,如 dining-room,green-eyed,go-between;也可分开写,如 swimming pool,waiting room 等。采取何种形式书写是个约定俗成的问题。

(2) 句法特征——复合词的词性一般取决于复合词中最后一个成分的词性。如 highway(n.),pickpocket(n.),mass-produce(v.),但是,也有例外,尤其是那些以动词、副词或介词结尾的复合词,go-between(n.),have-nots(n.),toothache(n.)等。

(3) 语义特征——复合词的意义具有习语性质,许多复合词的意义都不是其构成成分意义的总和。如 A white elephant is not an elephant that is white;it is something expensive but useless.

(4) 语音特征——复合词的单词主重音落在第一个构成成分上,次重音在第二个构成成分上。

二、词汇学

(一) 什么是词

词是一个语言表达单位,无论是在口语还是在书面语中,说母语的人都能够凭直觉识别这个语言单位。目前语言学界都同意从以下三个角度对"词"进行界定。

(1) 词是自然的有界限的对立单位。

虽然人们在说话或写字时产生的语言都是连续的,但也不时会出现停顿或空白。因此,人们可以把词看作两个间歇或空白之间的一套音段成分或是字母组合。

(2) 词既是一个普通术语又是一个专门术语。

对于一组名词,如 boy 和 boys,人们往往将其看作两个词。当将其视作两个词时,"词"就是一个专门术语。而将其视作一个词时,"词"就是一个普通术语。

(3) 词是一个语法单位。

语素、词、短语/词组、小句、句子,在这些语法结构中,词只是诸多层面中的一级。

(二) 词的识别

除了上述三种含义,还可以借助其他因素对词进行识别。

1. 稳定性

就词的内部结构而言,词是所有语言单位中最稳定的。一般很难将复合词的内部结构重新排列。

2. 相对的连续性

连续性指的是即使一个词由几个成分构成,其成分之间也不可介入新的成分。

3. 最小的自由形式

这是由美国语言学家布龙菲尔德首先提出来的。他提倡把句子看作"最大的自由形式",把词看作"最小的自由形式"。词是能够独立构成一个完整语句的最小单位。

(三) 词的分类

我们可以归纳出词与词之间的一些共性特征,同时也会发现不同词之间的差别。

1. 可变化词和非变化词

可变化词可以进行屈折变化,也就是说,同一个词可以变化成不同的语法形式,但其中一部分保持不变。非变化词指的是词尾不能发生屈折变化的一类词。

2. 语法词和词汇词

语法词指的是主要参与词组、小句、复合小句,甚至语篇的建构的一类词,包括连词、介词、冠词和代词等。而词汇词主要指用于指代物质、动作和性质的这一类词,包括名词、动词、形容词和副词等。语法词又称"功能词",词汇词又称"实义词"。

3. 封闭词类和开放词类

语法词和词汇词之间的区别导致了封闭类词和开放类词的划分。封闭类词的成员数目固定,数量有限。像代词、介词、连词和冠词等都属于封闭类词,一般不能轻易增加或衍生新的成员。相比之下,开放类词的成员数目基本上是无限的。像名词、动词、形容词和副词都属于开放类词。

4. 词类

对于词类的划分还有一个更切实可行的方法,即通过分析词在语言中的不同语法特征、语义特征和音系特征,或者根据词在形式上的相似性,如屈折变化和分布,来对词进行分类。一共有九个词类,包括名词、代词、形容词、动词、副词、介词、连词、感叹词和冠词。如今又引入以下一些新词类。

(1) 助词。

助词至少包括动词不定式标记"to"(尽管和介词 to 具有相同的拼写形式,但助词和介词及其他词类没有什么共性),否定标记"not"和短语动词的从属单位,例如 get by,do up,look back。

(2) 助动词。

人们习惯于将助动词看作动词。由于助动词具有独特的特征,现在语言学家倾向于把助动词单独划分为一个词类。

(3) 代词形式。

代词是唯一可以用来代替另外一个词语的词类。更准确地说,代词是用来替代单个名词或名词词组的封闭类词。

(4) 限定词。

限定词可分为三个次类:前位限定词、中位限定词和后位限定词。前位限定词包括 all,both,half,double,twice,one-third 等。中位限定词中最常见的、最典型的是定冠词和不定冠词。其他中位限定词还包括 this,that,these,those,every,each,some,any,no,either,neither,my,our,your,his,her,its,their 等。后位限定词包括基数词、序数词和一般序列词,如 next,last,past,other,additional,还有其他量词如 many,much,few,little,a lot of 等。

第三节 句法知识——句法学

一、什么是句法学

语言学中,句法学是和语音学、音系学、形态学、语义学等并列平行的次系统,主要用来分析研究语言的句子结构。句法是一个由一套数量有限的抽象规则组成的系统,这些抽象规则称为句法规则。根据句法规则,不同的单词组合在一起,产生符合语法性的句子。句法学的中心是研究句子的结构成分。

二、句法关系

1. 位置关系

在人类语言中,用以传达信息的最常见的两种方法是位置关系和词缀法。位置关系或词序指的是一门语言中词语的排列顺序。如果词语不按照语言常规要求以一定的词序来组成句子,就会产生不合语法或没有任何意义的句子。词缀法就是在词基(单词或词根)上添加构词词缀从而产生新词干的方法。它是派生法的一种,它借助于语法形位,即词缀构成新词。

2. 替代关系

替代关系指在相同结构的句子中,语法上可以互相替代的词类或语词的集合。此外,它还可以指由多个词组成的词组,语法上代替特定集合中的单个语词。

3. 同现关系

同现关系指小句中不同集合的词语允许或要求和另一集合或类别中的词语一起组成句子或句子的某一特定部分。例如,名词短语可以前置限定词和形容词,后跟动词短语。

三、语法结构和成分

1. 语法结构

语法结构或建构用来指语言中被赋予一种或多种功能的任何句法建构,包括在语言学中该建构所拥有的常规意义和用法。在句法层次上,我们可区分一门语言中任何的外部特征和内部特征。外部特征是指整体结构所具有的特征,也就是说话者所知道的在更大的句法上下文中与此结构有关的各个方面。内部特征则是指对结构组成成分的描述,可用主语、谓语、宾语、限定词、名词等术语。

2. 直接成分

在句子结构成分中,成分用来指任何语言单位,而该单位又是更大的语言单位的一部分。直接成分本身也可以是某种类型的结构,如名词短语 the boy 可进一步分析为 the(限定词)＋boy(名词)。最常用的语法单位成分结构标记如表 1-1 所示。

表 1-1 语法单位成分结构标记

语类	短语类
n.＝名词	NP＝名词短语
adj.＝形容词	AP＝形容词短语
v.＝动词	VP＝动词短语
prep.＝介词	PP＝介词短语
det.＝限定词	S＝句子或小句
adv.＝副词	
conj.＝连词	

3. 向心结构和离心结构

句法结构可根据成分的分布以及它们之间的关系分为两大类：向心结构和离心结构。

（1）向心结构。

向心结构是指该结构的分布在功能上相当于它的一个或多个成分，即一个词或词组可确定为"中心"或"中心词"。一般而言，名词短语、动词短语和形容词短语属于向心结构，因为它们的成分都从属于中心词。

（2）离心结构。

离心结构和向心结构正好相反。离心结构是指一组句法上相互联系的词语，词组内的任何一个词在功能上不等于整个词组，也就是说，在词组内部没有确定的中心或中心词。通常情况下，离心结构包括基本句、介词短语、谓语结构和系表结构。

4. 并列关系和从属关系

根据成分之间的关系，向心结构还可分为两类：并列关系和从属关系。

（1）并列关系。

并列关系是英语以及其他语言中一种常见的句法关系。由同类型的两个或两个以上的范畴，借助连词 and，but 和 or 组合而成，这种组合方式被称为并列关系。被组合的词、短语或小句具有平等的句法地位，每一个单独成分在功能上都可代表原结构。并列关系的特征之一是在连词前并列成分在数量上没有限制。因此，并列关系在被称为语言创造性的递归性中拥有自身的地位。

（2）从属关系。

从属关系是指使一个语言单位依附于或从属于另一个的过程，由此语言单位具有不同的句法地位。从属成分指那些修饰中心词的词语。

四、句法功能

句法功能是指一种语言形式和同一句型中的其他部分之间的关系。功能的名称通常有主语、谓语、宾语、修饰语、补语等。

1. 主语

主语是指主格形式之中的名词。英语中，句子的主语通常被认为是动作的执行者，宾语则是执行者所作用的人或物。

2. 谓语

谓语是指在句子结构二分法中除主语之外的其他所有成分。谓语通常表达主语的动作、过程和状态。谓语包括动词、宾语、补语等成分。因此，在对功能属性进行语法分析中用一个类术语即动词来表达谓语是不合逻辑的,一般用"谓词"来指谓语中的动词。

3. 宾语

宾语是指动作的接受者或目标。宾语可进一步分为直接宾语和间接宾语。受是格指直接宾语,与格是指间接宾语。

五、语言功能

语言的功能就是人类语言所能发挥的作用。众多的语言学者从不同的角度和观点对语言功能提出了诸多看法。语言学家胡壮麟在《语言学教程》中将语言的功能总结为七大类。

1. 信息功能

信息功能是语言的主导功能。顾名思义,信息功能就是语言传递、表达信息的功能,通常以陈述句表述。在功能语法的框架里信息功能又被称为概念功能。语言学家韩礼德(Halliday)认为,语言为表达内容服务,内容就是指说话者在真实世界里的经验,包括自我意识的内在世界。语言为了服务内容而把这些经验结构化,帮助我们形成看待事物的方式。

2. 人际功能

语言最重要的社会功能是人际功能,人们靠它建立并维持社会地位。在功能语法框架中,人际功能所关心的是语境中发话人与受话人的互动关系和发话人对他所说的话、所写的东西持的态度。与人际功能相关的就是身份表达的功能。语言表明我们的身份,比如足球比赛中人群的叫喊表明我们是谁、在哪里。

3. 施为功能

施为功能是指语言具有能够"做事情"的功能。某一特定人说出的话语就等于事情的发生或开始发生。在某些特定的场合,动作本身的发出就是一种宣告。比如牧师宣布"I now pronounce you husband and wife",法官的宣判"I pronounced you guilty of…"国家元首公开宣布"Now I declare war against…"这些都是施事句。

4. 感情功能

语言的感情功能是语言最有用的功能之一,因为它在改变听者赞成或者反对某人、某物的态度上所起的作用非常关键。感情功能又常在表达功能的范畴内进行讨论。表达功能是指人们使用语言表达对某事物的感情或态度。表达功能能够完全个人化而不掺入任何与他人的交际。在执行表达功能时,语言用来评价、赞美或肯定说话人的态度。

5. 寒暄交谈

寒暄功能又称应酬功能,是指人们使用语言是为了建立和维持社会接触,并不涉及任何实质内容。日常性的关于天气、健康的谈话,如早上好(Good morning!)、上帝保佑(God bless you.)、好天气(A nice day.)等。为了与他人的交际更加愉快,我们有时必须要学习一些像俚语、玩笑、行话、礼节性的问候、社会方言或地域方言等。

6. 娱乐功能

语言的娱乐功能常常被忽略,因为其目的如此单一而用处又极其有限。但没有人会否认的确有为了娱乐而使用语言,如婴儿的呀呀学语、吟唱者的吟唱。如果你观察孩子们的玩耍就会发现声音的力量,有时他们口中无意义的歌谣就能在游戏中体现娱乐功能:重复的节奏有利于控制游戏,孩子从中得到了极大乐趣。

7. 元语言功能

元语言功能即用语言解释语言的功能。当我们讨论一件事物时,我们所使用的语言被称为对象语言,因为它是对象的表现。而当我们谈论一种语言时,我们所使用的语言被称为元语言。简而言之,元语言就是用来分析和描述另一种语言的语言或符号。

第四节 语篇知识

一、语篇

(一)连接手段

常见衔接手段有语法手段(照应、替代、省略等)和词汇手段(复现关系、同现关系等)。这些手段的使用都可以表现结构上的黏着性,即结构上的衔接。衔接是语篇的有形网络,或称为形连(cohesion)。

(二)连贯

连贯指的是语篇中语义的关联。连贯存在于语篇的底层,通过逻辑推理来达到语义连接,它是语篇的无形网络,或称为意连或连贯性。

语篇中句子的排列会影响句与句之间在语义上的连贯,句子的排列如果违反逻辑,那么就会影响语篇的连贯性。在一些现代小说中,有些句子的排列不符合逻辑,这主要是为了表示人物的潜意识活动,展现人物的心理结构。而诗篇的连贯性主要依靠读者的联想和想象。

(三)语境

语境与语篇联系密切。语篇的含义主要依赖于语境。语篇与语境相互依存、相辅相成。语篇产生于语境,也是语境组成的部分。

语境分为语言性语境与非语言性语境。前者通常指的是上下文,后者通常是指话段或句子的意义所反映的外部世界的特征。非语言性语境有时可以告诉我们句子所陈述的内容是哪一种言外之意。

（四）语篇结构

由于各种语篇的交际功能不同,语篇的主题和内容有异,文章的体裁有别,语篇的结构多种多样。但是,这并不是说语篇的结构是随意的组合,语篇的结构是有条理的、上下连贯、前后一致的有机语言整体。较大的语篇通常都有开头、中间、结尾等部分。

故事的开头部分往往对时间、地点、人物等方面做出介绍,中间部分主要是描述故事的发展,结尾是描述人物和事态的结局或给人的启示。议论性的语篇开头往往是指出问题,说明该文章要议论什么问题,中间部分是对开头所提出的问题加以分析,对论点加以论证,结尾部分是对开头所指出的问题提出解决的办法或得出一个结论。书信的开头是称呼,中间是正文,结尾是结束语和落款。

1. 基本关系结构

常见的关系结构有以下三种：一般与特殊、递进、相容。

（1）一般与特殊指的是叙述从一般出发,然后讨论特殊。

（2）递进这种关系结构指的是以时间先后、推理等为顺序。如：

He gets up at 6:30. He dresses, washes and goes out to do morning exercise. Then he has breakfast.（时间先后）

He must be Bob's brother. I remember he's got a big red nose.（推理）

（3）相容指的是有关的事情"相提并论",主要表现在匹配（matching）和对比（contrast）两个方面。如：

The ordinary saw is not easy to use; a plane demands years of practice.（匹配关系）

The ordinary hand drill is not easy to use; this electric type is something any novice can handle.（对比关系）

2. 语篇策略

关系结构可以通过语篇策略来实现,其中最突出的有顺序、层次、连环、平衡。

（1）顺序。顺序关系结构指的是语篇中的各个句子按事物的发展过程由先而后的顺序排列,是一种比较简单的阐述事物关系的方法。语篇中句子的顺序不能随意变动,否则就会导致逻辑混乱,语义含糊。

（2）层次。层次关系结构指的是句子层层积累,而又上下照应。句子不是横向直线发展,而是有一种纵向的层次结构。这种语篇通常由几个层次的句子组成并且有一个基础,常称为"主题句",把不同的层次贯穿起来。这样,语篇中的句子虽然并不处于同一层次上,但它们却围绕着一个中心。

在层次关系结构中,有的除了有主题句外还有总结句。有的层次关系结构也可以看作是总分关系结构,总分关系的组织形式是先陈述两个或两个以上的对象,然后分别对它们加以说明。也就是说,先总起来说,然后分点说。用这种方式安排句子能使它们前后呼应,彼此配合,这样的语篇脉络清楚。

(3) 连环。连环关系结构与顺序关系结构有共同之处,它们都是从一点到另一点。但这两种结构也有不同之处:顺序关系结构是按一个方向发展,有计划有步骤地接近最终目标;而连环关系结构的发展方向则可能是曲折的,常常从某一连环处节外生枝、发展开来。这种结构的叙述方向和目标常常不易预测。如:

Smoking gives you bad breath. That makes you unpopular. Unpopularity leads to loneliness.

Lonely people smoke heavily.

(4) 平衡。平衡关系结构既像连环关系结构,又像层次关系结构。说它像连环关系结构,是因为处于这种关系结构的语篇常常从某一环节引申开来;说它像层次关系结构,是因为它特别注意层次关系的平衡,在这种平衡关系结构中,说了正的还要说反的,说了热的还要说冷的,左右照顾,前后呼应,利弊并举,正反兼说,圆通周到,求得平衡。

3. 语篇的其他组织结构

有的语篇可以以时间或空间等词语为线索;有的语篇主要是以"主题词语"为线索。

二、语义学

(一) 语义学以及语义研究的几种主要理论

语义学是对语言意义的研究。语义研究的主要理论有以下几种。

1. 命名论

命名论是最原始的语义理论,由古希腊学者柏拉图提出。该理论把词看作是该词所指事物的名称或标记。这一理论的缺点是显而易见的:首先,这一理论似乎只适用于名词,即使在名词类中,一些名词指的显然是世界中根本不存在的事物,有些是指一些抽象的概念,所以它们也就无所谓是指称事物的标记;其次,动词、形容词和副词显然不是事物的标记的词。

2. 意念论

意念论认为词汇与该词汇所指的事物之间的关系不是直接的,而是间接的,其中介是存在于人的头脑中的意念或概念,词汇通过意念来指称事物,意念便是词汇的意义。这一理论的主要缺点是:人们并不清楚符号与概念或意念之间到底有什么精确的联系。有的学者认为这种联系是一种心理活动过程。但问题是,人们在遇到一个命名标记时,事实上,人们并不需要看到它们在脑海里形成的意象。

3. 语境论

语境论认为语言的意义来自语境,取决于语境。语境一般分为情景语境和语言语境。情景语境包括时空环境、交际的参与者、当时的行为活动、环境中的相关物体等。语言语境包括词之间的共现或搭配,这种共现和搭配构成了这个词的语义的一部分。例如,in black hair(黑发)和 black coffee(不加牛奶的清咖啡)中,black 词义的不同是它的搭配不同所致。语言语境也包括一个特定话语的上下文。

4. 行为主义论

布龙费尔德(Bloomfield)以行为主义心理学为基础提出了语义的行为主义论并以此为基础形成其著作《语言研究导论》。布龙费尔德认为语义存在于情景中,存在于说话人所说的话在听话人身上引起的反应的情景之中。

(二)词汇意义

1. 意义和所指

意义和所指是词汇意义的两个侧面,它们彼此既有联系,又有差异。意义(sense)是词汇抽象的、内在的、独立于语境之外而存在的意义。这种意义通常是词典编撰人员所关心的。例如:"boy"在字典中被定义为"a male child, till puberty or young manhood",这里,"男孩"并不指任何现实世界中具体的男孩,任何一种具有定义特征的人都可称为"男孩"。所指是词汇在特定语境中所指称的具体事物。它是关于语言与非语言的客观世界之间的关系。例如:"The boy is crying"。在这个例子中,"boy"一定是有所指的,特指一个交际活动中交际者都知道的那个"男孩",这就是在这个特定的交际情景中"男孩"的所指。

2. 含义关系

(1)同义现象。

同义现象指意义相同或相近的现象。由于历史的原因,大量外来词的加入,使得英语中富含同义词。在任何语境中都可以相互替代的绝对同义词十分罕见。绝大多数同义词之间存在着语义上的微妙差异。同义词通常分为以下五类。

① 方言同义词(dialectal synonyms)。

方言同义词是指在语义上相同或相近的词,但是用在不同的方言之中。

② 文体同义词(stylistic synonyms)。

在文体或使用正式程度上相异的同义词是文体同义词。如:begin,commence;ask, question,interrogate;fear,terror,trepidation;gee-gee,horse,steed 等。

③ 表情意义或评价意义相异的同义词(synonyms that differ in their emotive or evaluative meaning)。

有些同义词有着相同的所指意义,但是表达了不同的情感。例如"small"和"little"是同义词,但是"small"是中性词,不含有情感语义色彩,而"little"却蕴涵浓厚的情感色彩。

④ 搭配同义词(collocational synonyms)。

有些词是同义词,但是搭配不同,如:a flock of sheep,a pack of wolves,a herd of cows,a swarm of bees,a school of whales 等。

⑤ 语义相异的同义词(semantically different synonyms)。

一些同义词在语义上略有差异,例如 rage,fury,indignation 在语义上与 anger 相近,但是 rage 暗含"情感的失控";fury 是这几个词中语义强度最强的词,暗含"情感的失控到了几乎疯狂的程度";indignation 暗含"由于道义上的原因引起的愤怒"。

(2) 多义现象。

多义现象是指同一个词有一个以上的意义。以 neck 为例,它的意思有:

① that part of an animal which joins the head to the body

② the part of a garment that goes around the neck

③ a narrow stretch of land

④ a strait

⑤ the lower part of a capital

从历史的角度看,多义现象是词义发展的结果。

3. 句子意义

在分析句子的意义之前,有两点应该明确。

(1) 一个句子的意义并不是它所有组成部分意义的总和。一个句子的意义不能通过把组成它的所有单词的意义相加来得出。

(2) 句子的意义包含两个方面:语法意义(grammatical meaning)和语义(semantic meaning)。一个句子的语法意义是指它的语法性。一个句子的语义是否可接受,会受选择性限制规则的支配。语法性受语言的语法规则的支配。选择性限制规则是对词的结合或搭配进行限制的规则,以确保语义的可接受性。符合语法的句子并不一定就是语义可接受的句子。

三、语用学

语用学研究的是语言使用者是如何使用句子成功进行交际的。它不是孤立地研究语义,而是把语义置于使用语境中去研究。

(一)语义学和语用学

语义学和语用学既有相关性又有相异性。两者都是对意义的研究。传统语义学把语义看成是抽象的、内在的,是语言本身的特性,不受语境的影响。因此传统语义学只研究语义的内在特征,不把语义研究置于语境中来考察。语用学研究的是交际过程中语言意义的表达和理解。语用学家认为不把意义放在语境中来考虑就不可能对语义进行充分的描述,因此在研究语义时是否考虑语境便成了传统语义学和语用学的根本区别所在。

(二)言语行为理论

英国哲学家奥斯汀于20世纪50年代末提出了言语行为理论。在他的言语行为理论中,奥斯汀区分了言有所述(constative)和言有所为(performative)。言有所述是陈述之言用于陈述或描述,其真值是可以检验的。言有所为的话语不是以陈述或描述事实为目的的,是没有真值的。奥斯汀认为语言使用者在使用句子时并不总是为了去陈述或描述,而是为了实施一个言语行为。

奥斯汀认为人在说话时很可能同时实施三种言语行为,即言内行为(locutionary act)、言外行为(illocutionary act)和言后行为(perlocutionary act)。言内行为指的是"说话"这一行为本身,如说出单词、短语和句子等。言内行为通过句法、词汇和语音传递一个字面语义。言外行为是通过说话这一动作实施一种行为,体现了说话人的说话意图。人们通过说话可以达到各种目的,如传递信息、发出命令、作出承诺、提出建议等。言后行为是指说话带来的后果,例如通过说话,听话人受到了警告等。

在以上三种言语行为中,语言学家最为感兴趣的是言外行为,因为它与说话人的真实意图想吻合。美国语言学家舍尔把言外行为分为五大类,区别这五大类言外行为的标准是它们不同的言外之意。

(1)阐述类:阐述类的言外之意是说话人相信自己所说话的真实性。如:

It's going to rain.

I have never heard it before.

(2)指令类:指令类的言外之意是说话人通过说话使听话人去做某件事。如:

Come to me at 7 this evening!

（3）承诺类：承诺类的言外之意是使说话人对某一未来的行为作出承诺。如：

I promise to finish my work by 8 tomorrow!

（4）表达类：表达类的言外之意是对命题内容中表明的某种事态表达说话人的某种心理状态，换句话说，说话人对某一事态表达自己的情感和态度。如：

I am sorry to interrupt you.

Thank you very much for your kind help.

（5）宣告类：宣告类的言外之意是使客观现实与所表达的命题内容立即相一致。如：

I declare the meeting open.

属于同一类别的言外行为具有相同的言外之意，但是它们的言外之意可能会存在程度上的差别，如：

I swear that he is innocent.

I guess that he is innocent.

I think that he is innocent.

（三）会话原则

英国语言哲学家格赖斯提出的合作原则是指导有效交际的最高原则。合作原则的具体内容是：每一个参加交际的人在交际过程中所说的话要符合为大家所接受的交际目标或方向。合作原则具体体现为以下四条准则。

（1）量准则：使自己所说的话达到（交谈的现时目的）所要求的详尽的程度；不能使自己所说的话比所要求的更详细。

（2）质准则：不要说自己认为是不真实的话；不要说自己缺乏足够证据的话。

（3）关联准则：说话要关联。

（4）方式准则：避免晦涩的词语；避免歧义；说话要简要；说话要有条理。

链接阅读

语用学的概念最早由美国逻辑学家莫利斯在其《符号理论基础》（1938）中提出：语用学研究"符号与符号使用者之间的关系"（曾文雄 2009：1）。国外语用学有两大流派：英美学派的微观语用学和欧洲大陆学派的宏观语用学。主要包括以下方面的内容：(1) 指称(deixis)；(2) 会话含义(conversational implicature)；(3) 预设(presupposition)；(4) 言语行为(speech acts)；(5) 会话分析(conversational analysis)，以及微观上的合作原则(cooperative principle)、礼貌原则(polite principle)。

第一个把语用学理论引进国内的是我国著名英语教育家许国璋先生，早在 1979 年许先生就摘译了英国牛津大学奥斯汀讲演稿《论言有所为》(How to do things with words)中言之成声、言之陈词、言之传意、言之发(a locutionary act or an illocutionary act)(许国璋，1979：1~14)等语言行为。次年，胡壮麟(1980)发表论文，从语用学的研究对象和方法、语言学派对语用学的评论、语用学和其他学科的关系及语用学规则四个方面对语用学作了全面的介绍。此后，越来越多的学者加入到语用学研究的行列，至今语用学在我国的研究已有三十多年历史。在这三十多年中，语用学从对国外理论的引进、修正和补充，到结合国内实际开展理论和应用的研究，已经取得了许多成绩。特别是20世纪90年代以后，国内语用学研究逐渐形成了热潮，大量研究成果问世，仅近10年在国内期刊上发表的相关论文就达9200多篇。对已取得的语用学研究成果，一些学者进行了阶段性总结(如钱冠连，1990，2001；何自然，1994；沈家煊，1996；文旭，1999；况新华、谢华，2002；高航、严辰松，2004；刘根辉、李德华，2005等)，客观地反映了语用学的研究状况。

外语界学者尤为关注语用学在外语教学中的应用，首先是语用迁移与语用失误问题成为学者关注的热点，其后的研究涉及语用教学的必要性与可行性、语用意识与语用能力的培养、语用测试与评估等论题在外语教学中的具体运用问题，这对提高外语教学质量、推动外语教学的发展起了积极作用。

资料来源：袁金秋.语用学理论视野下的大学英语方法解读[J].景德镇高专学报，2016.25(4)：68-69.

知识拓展

认知语言学是语言学的一门颇新分支，它脱胎自认知心理学或认知科学，大约在20世纪80年代后期至90年代开始成型。认知语言学涉及电脑自然语言理解、人工智能、语言学、心理学、系统论等多种学科，它针对当时仍很火热的生成语言学提出：语言的创建、学习及运用，从基本上都必须能够透过人类的认知而加以解释，因为认知能力是人类知识的根本。

认知语言学有以下三大分支。

● 认知语义学：包括构词法及语意分析。

● 认知文法：透过对现存语言的分析及了解其产生背景等，归纳出来的文法规则，而不是透过数学的生成方程产生的文法规则。

● 认知语音学：认知语言学的创立者普遍被认为是莱考夫、约翰逊及兰盖克。当中雷可夫及詹森专门研究语言中的比喻及其与人类认知的关系；而兰盖克的专长在于认知文法的生成。

第一章 英语语言的基础知识

本章知识结构

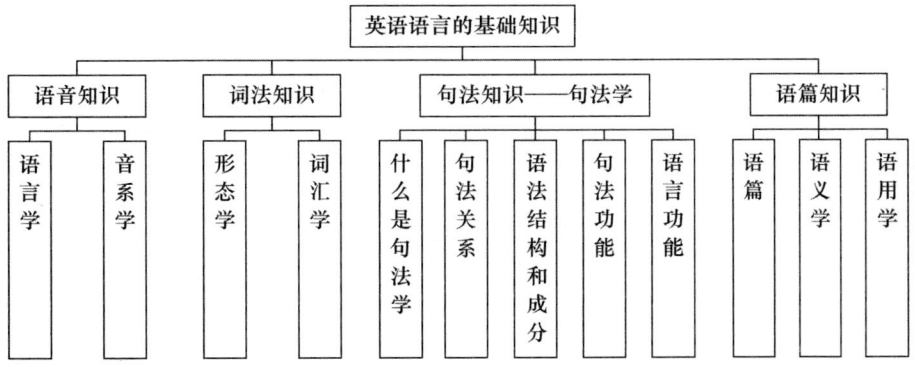

本章小结

本章整体介绍了英语语言的基础知识，内容繁多但系统。本章重点介绍了语音、词法、句法、语篇四个方面的基础知识。考生需掌握英语语言的基础知识，了解语言学研究中与语言教学相关的基本概念和知识，并能在课堂教学中加以运用。

备考指南

1. 认真学习教材，对教材的每一模块、每一章节有系统的了解；
2. 熟悉考试大纲，了解题型，根据大纲内容有重点地进行学习；
3. 认真做好考前准备，该章内容多以客观题形式出现，准备时切忌死记硬背。死记硬背课本知识花费时间多，难度大，且较易遗忘。只有联系教学实践，真正理解教材的内容，做到知识融会贯通，才能帮助记忆和掌握。

自测训练

1. Linguistics is the scientific study of _____.
   A. a particular language   B. the English language
   C. human languages in general   D. the system of a particular language

2. The consonant [f] in English can be correctly described as having the following phonetic features _____.
   A. voiceless, bilabial, stop   B. voiceless, labiodental, fricative
   C. voiced, bilabial, stop   D. voiced, labiodental, fricative

3. There are different types of affixes of morphemes. The affix "ed" in the word "learned" is known as a(n) _____.
   A. derivational morpheme   B. free morpheme
   C. inflectional morpheme   D. free form
4. In the phrase structure rule "S→NP VP", the arrow can be read as _____.
   A. is equal to   B. consists of
   C. has   D. generates
5. "I bought some roses" _____ "I bought some flowers".
   A. entails   B. presupposes
   C. is inconsistent with   D. is synonymous with

第二章　英语语言运用能力

考纲内容

具有良好的英语语言运用能力,包括用英语进行书面表达、获取教学资源和信息、表达思想情感和与学生良好沟通的能力;能够筛选并改编适合高中学生英语水平的语言材料。

考纲解读

作为一名合格的英语教师,要具备良好的英语语言运用能力。英语语言运用能力,重在教师的运用能力,包括用语言表达和沟通能力、获取教学资源和信息的能力。良好的语言修养是教师必备的条件,是教师职业能力结构的重要组成部分。能否让学生听得懂,教师语言表达能力是重要因素之一;能否和学生、家长和其他老师很好地沟通也是考验英语老师沟通能力最有效的手段。教师在职后阶段,还需要进一步的学习,以有效地获取教学资源和信息。当然,除了口头语言表达能力外,还需要考察教师的书面语言表达能力。故本章旨在提升教师的语言运用能力,包括口头表达能力和书面表达能力,让教师在教学中更加游刃有余。

第一节　英语语言表达能力和沟通能力

一、英语语言表达能力

教师较强的语言表达能力是教学成功的必要条件,在极大程度上决定着学生在课堂上脑力劳动的效率。优秀教师的语言魅力在于能够将深奥化为浅显,将枯燥化为生动,将抽象化为具体,从而帮助学生克服学习过程中的认知障碍,激发学生的求知欲,使其对学习内容产生浓厚的兴趣,同时也可将平淡的教学推向高度艺术化的境界。所以,教师的语言表达能力应该是其教学技能的核心部分。教师语言表达能力的高低,直接影响教师主导作用的发挥,影响学生的学习效果,同时也会影响学生的语言表达和思维能力的发展。

（一）教师语言的含义

教师语言是指教师在把知识、技能传授给学生的过程中使用的语言,它是教师传递教学信息的媒介,是一种教育行业工作用语。通过语言这一媒介,教师不但可以把知识传递给学生,指导学生怎样为人处世,同时也可创造性地运用它去处理教学过程中的各种矛盾和问题。教师语言一般分为口头语言、书面语言和体态语言三种形式。

1. 口头语言

口头语言是教师语言表达的主要形式,也是教师传授知识、启迪心灵、开发智力、陶冶情操和进行思想品德教育的最有力的方式。教师职业的特殊性,决定了教师要更加精心地设计自己的口头语言。

2. 书面语言

从使用目的和功能来说,教师的书面语言可以分为板书、教案、教学日记、学生评语、作业批语、教学心得、教育教学论文、做总结、经验交流、家长通知书等。书面语言是教师表达思想的物质载体,因此它需要通顺流畅、准确精炼、规范得体。

3. 体态语言

教师体态语言是指教师运用表情、手势、姿势等身体部位的变化来传递信息的无声教学语言。教学体态语言伴随着教学全过程,是传递教学信息和师生交流的另一种重要语言。教师恰当到位的体态语言魅力无穷,有助于取得良好的教学效果。

（二）教师语言的功能

1. 教育功能

教师的语言是教育教学信息传递的生动载体,是构成教育教学活动的重要因素,是师生共同完成教学任务的最主要的手段。通过自身恰当的语言,教师能够把书本上原本抽象难懂的知识以浅显易懂的方式告诉学生,使教学起到事半功倍的效果。教师准确、优美、动听的语言可以使学生在掌握知识的同时,获得一份心灵的愉悦和美的感受。

教师语言的教育功能还体现在师生的交往和对学生思想品德的培养上。教师的语言是一种无可替代的影响学生心灵的工具,正所谓"良言一句三冬暖"。在教学过程中学生难免会出现这样那样的问题,教师的训斥、埋怨、挖苦无疑是在师生之间挖了一道鸿沟,从而造成师生关系的紧张,更不要说使学生"亲其师,信其道"。相反,教师文明的、富有爱心的、循循善诱的语言能够感染学生、打动学生、影响学生,使学生在美的熏陶和爱的感召下,情感得到陶冶、灵魂得到洗礼、精神境界得到不断提升,从而逐渐变成积极的、进步的、品德高尚的、品格健全的人。

2. 示范功能

示范性是教师工作的主要特点之一。教师自身的观点、思想、学识、言行等都可以对学生产生强烈的影响。教师为人师表,是最直接的模范,是学生活生生的榜样。所以,教师应该时刻注意自己的形象,注意自己的一言一行。教师不经意的言行就可能对学生产生终生的影响。同时,模仿教师是学生的一个主要的学习方式,他们不仅跟老师学习文化知识,也跟老师学习语言。教师语言规范、准确、文明,潜移默化之下学生也能讲规范化语言,准确表达自己的观点,学会文明礼貌用语。反之,则会产生消极的示范效应。

3. 能力训练功能

(1) 对思维能力的训练。

语言是思维的载体,教师的语言表达能力直接反映着教师思维能力的水平。优秀的教师善于通过自己准确、清晰、规范、优美的语言去帮助学生分析问题、解决问题,完成学习任务。在这一过程中,学生可以通过课堂语言感受到教师的思维进程,学习其思考问题和解决问题的方法,从而引起自身的思考热情,锻炼和提高自己的思维能力。因此,教师通过语言把知识传授给学生的同时,也巧妙地把认识事物、分析事物的方法,解决问题的途径,科学的思维方式等渗透给了学生,进而达到开发学生智力、发展学生能力的目的。实践表明,在优美语言熏陶下成长起来的孩子更容易接受新奇的事物,性格活泼开朗,思维灵活敏捷,表现能力和表现欲望都很强。

(2) 对审美能力的训练。

语言艺术也是训练学生的审美能力的方法之一。如果教师感受到某种事物的美,同时又能很好地驾驭语言,那么在教学过程中就能通过自己恰当的语言向学生描述这种美,让学生在学习的过程中亦能受到美的熏陶,同时自然而然地培养审美能力。

教师的语言本身就是学生的审美对象,它必将对学生产生美的感染,使学生获得美的享受。学生对美的语言的热爱和向往,会促使自己主动进行审美创造,从美的角度去看待语言问题,从而促使自身语言美的塑造。因此,教师必须在日常工作和生活中锻炼自己的语言,注意自己语言的简洁生动,语调的高低起伏,节奏快慢等,使学生在学习的同时多一份美的熏陶和享受,多一种培养自己审美能力的方式。

4. 激励功能

教学的另一层意义在于激励、唤醒和鼓舞。教师的语言是否高明,在某种程度上取决于教师的话能否拨动学生的心弦,触动学生的心灵,对学生产生激励功能。教师激励性的语言对学生的学习、品德、性格等多方面都会产生很大的影响。人都有被别人肯定的需要,尤其是处于成长期的学生。所以,教师应该充分认识到自己的语言对学生的激励作用,多说鼓励的话,比如:"有进步""真棒""太好了""加油""你一定能成功"等,多采用鼓励、询问、商量的语气,使学生感到教师对自己的尊重。

5. 调控功能

教学过程中,教师的主导地位能否有效发挥,学生能否在教师的带领下进行积极主动的学习活动,很大程度上取决于教师对教学的调控能力。教师有效的调控是确保教学活动顺利进行的必要条件。语言是教师进行课堂调控的一个主要工具,通过语言,教师向学生传递信息,告诉他们怎样进行当前的学习活动,下一步该如何去做。借助语言,教师可以使学生的注意力始终保持在教学内容之上。当然,这里不仅指有声语言,也包括教师在课堂上所使用的体态语言。教师可以凭良好的气质征服学生,以亲切的目光激励学生,以刚劲有力的手势收拢学生的视线,以静观默察的环视使学生集中分散的注意力。

二、沟通能力

沟通是一种人与人之间的信息交流活动,是人与人传递思想和情感的过程,通过沟通实现人与人之间的相互了解。教育是育人的工作,是需要与人沟通的工作,教师首先要培养自己较强的人际沟通能力。

(一)教师与学生的沟通

1. 师生沟通是有效教学的保障

教学过程在于通过有效的师生沟通,分享彼此对知识、对人生、对世界的认识和观点。在这种沟通的过程中,教学丰富了学生的人生体验,促进了学生心理的健康发展。美国人本主义心理学家马斯洛提出需要层次理论,认为人的需要从低层次到高层次包括:生理需要、安全需要、归属与爱的需要、尊重的需要、自我实现的需要。学生走进课堂,学习知识和技能仅仅是一方面,学生还需要在教学集体中满足自身安全、归属、尊重和自我实现的需要,而这些需要的满足,要求学生所处的教学集体是一个师生之间、同学之间能够进行畅所欲言的集体,从而满足学生的心理需要,促进学生的健康成长。

2. 师生沟通能丰富学生的生活体验,促进学生的社会适应能力

教学活动并不是单纯的知识和技能的传递,教学活动本身就是学生体验社会生活的重要一环。在教学活动中,学生在学习知识、掌握技能的同时,还会处理与教师、与同学相处过程中出现的矛盾与冲突,学习正确认识自己在学校、班级、小组中的位置,学习在不同的学习

场合扮演不同的角色。课堂教学过程是师生之间、同学之间沟通交往的过程,学生通过这一过程学会交流沟通的方法,并且提高沟通交往能力,逐步学会适应社会。

3. 师生沟通能优化学生的学习方式,提高学生的学习能力

课堂教学中,师生沟通的目的是为了完成相应的教学目标,所以师生之间有效的沟通和交流能促进学生的学习。有效的师生沟通让教师能够比较准确地了解学生的学习进展情况,教师的教学就可以有的放矢地进行。教师通过沟通了解每个学生的需要,有针对性地对学生的学习提出建议,指导学生根据自己的特点进行学习。在这一过程中,学生根据教师的指导,逐渐形成适合自己的学习方式,并进而提高学习能力,真正达到"教是为了不教"的目的。

4. 师生沟通能促进教师的专业发展

师生之间顺畅的沟通,不仅对学生产生良好的效果和作用,同时教师在师生沟通中也是获益者。

(1) 有利于完善教师的教学行为,实现教师自身的发展。教师的专业知识、教学技能等主要是通过教师在课堂上的教学行为表现出来的,教师的教学行为直接影响其教学效果的好坏。学生也通过教师的教学行为来解读教师所传递的信息,并由此来确定自己的行为。在有效的教学过程中,教师要通过与学生的交流和沟通,得到自身言行的反馈,并不断调整自己的教学行为。

(2) 有利于教师的专业发展。教师与学生之间的信息沟通,不但让学生从教师身上学到很多东西,学生身上也有教师需要学习的方面。通过这种沟通,达到了相互学习、相互促进的目的,从而提高教师的教育教学能力。

(3) 有利于教师的身心健康。教师通过与学生的交流和沟通,可以缓解教师职业的紧张和怠倦。教师和学生之间的沟通渠道顺畅,能够使教师充分认识学生、了解学生,进而产生职业的成就感和愉悦感,认识到教师的自身价值。这种积极的心理体验,能有效地缓解教师的职业怠倦,让教师保持一个良好的心理状态,提升工作的积极性。

(二) 教师与家长的沟通

除了与学生的沟通外,教师还应注重与家长的交流。作为老师必须要和家长保持沟通,要了解学生在家里的表现。孩子的成长,需要一个良好的外部环境,包括家庭环境。对孩子们来说,他们的成长不仅仅需要学校教育和课堂教育,家庭环境和学校、社会环境一样,都将对孩子的成长产生影响。家长是孩子的第一任老师,教师如何与家长进行积极有效的沟通,如何在学校和家庭之间建立一个系统的教育网络,将决定教育工作的成败。因此,教师与家长应保持有效的沟通,相互配合,教师的工作也要得到家长的认可和理解。

（三）教师与教师的沟通

良好的教学环境离不开同事之间的相互信任和配合。教师之间通过互相交流教学经验和反思教学方法，有助于促进双方教学和业务能力的提高。班主任与任课教师多交流，能加强对学生心理和学习特点的了解。年轻教师更要经常向老教师和骨干教师学习。许多学校也有这样的制度，让新教师和骨干教师结成对子，让新教师学习老教师的教学方法，提高自己的教学水平。

第二节 用英语获取教学资源和信息的能力

一、资源的内涵

（一）资源

"资源"是指供满足需要的东西或储备，需要时刻提取。它涉及的内容既包括物质方面的资源，如材料、设备、资金等，也包括人力方面的资源，如人才、智力、策略等。

"教学资源"是新一轮国家基础教育课程改革提出的一个重要概念，指一切有利于或有助于实施课程、实现课程目标、发展学生综合语言运用能力、提高教师综合素质的教学条件和包括环境、氛围等在内的其他非物质教学条件。

（二）信息

"信息"是用来通讯的事实、在观察中得到的数据、新闻和知识。信息资源管理学界认为：信息是数据处理的最终产品，即信息是经过采集、记录、处理，以可检索的形式存储的事实与数据。

二、获取教学资源和信息的目的

获取教学资源和信息的目的主要有两个方面：一方面是为了教育发展和课程改革更好地实现育人目标；另一方面是为了满足课程研究本身的需要，为建立规范有效的课程研究模式服务。具体体现在以下四个方面。

（一）为二次开发教学资源提供依据和准备

我国的课程实行三级（国家课程、地方课程和学校课程）管理体制。对于国家课程和地方课程，其课程目标是明确的，而且还提供了相应的教学资源支持，如教材、多种形式的辅助资料等。教师针对课程所进行的资源收集，是为了更好地实现课程目标的各个维度。资源收集往往起源于教学内容,又丰富于教学内容,因此是一个二次开发的过程。

（二）为课程资源开发提供直接的资源保障

收集大量的教学资源能为教师掌握更全面的课程资源服务,同时为教学资源的开发与利用提供直接的资源保障。

（三）为开发校本课程、建立学校特色体系服务

随着我国三级课程管理体系的实施,校本课程建设成为一个总要课题,作为学校课程建设的主体——教师,没有一定的教学资源储备,就无法进行校本课程开发。

（四）为教师自身的专业发展服务

随着课程改革的不断深入,专业化发展已成为教师发展的必由之路,教学资源的开发和整合能力正逐步成为教师必备的一种专业能力。其中,获取教学资源的能力是教学资源开发和整合的基础,是不可缺少的组成要素。

三、获取教学资源和信息应具备的能力

（一）筛选与鉴别能力

教学资源是丰富的、大量的、开放性的,但是究竟哪些资源才是具有开发和利用价值的教学资源呢？首先,教学资源要有利于实现教育的理想和办学的宗旨,有利于教学目标的达成,能反映社会的发展需要和进步方向;其次,资源要与学生学习的内部条件相一致,符合学生身心发展的特点,满足学生的兴趣爱好和发展需求;最后,资源要与教师自身的教学水平相适应。

（二）收集与处理信息的能力

面对着纷繁复杂的资料或信息,教师要指导学生活动,首先自己必须具备自主获取信息、主动收集和处理信息的能力。教师要明确获取信息的途径和渠道,引导学生通过多种途径来收集信息。教师还要掌握收集和处理信息的方法,学会运用调查、考察、文献检索、测量、实验等不同的方法来收集资料,学会统计、整理、分析资料的方法。只有这样,才能更好地开发教学资源。

（三）教学资源的整合能力

教学资源整合是在课程教学过程中把各种资源(如思想资源、知识资源、经验资源、人力资源、物力资源等)和课程内容有机地结合,以实现课程教学目标,完成相应的课程教学任务的一种整合形式。教学资源整合的目的是,培养教师课程资源开发的能力、素养,使教师掌握课程资源整合的各种方式和方法。教学资源整合要有助于培养学生的创新精神和实践能

力;要从实际出发,因地制宜,提高教学质量;要高度重视对学生进行人文、伦理、道德和法制等方面的教育。

(四) 探究与解决问题的能力

在教学资源的开发中,会产生大量的问题,生成众多的难点。因此,教师要具备一种主动探索的精神,丢掉传统的教"现成"材料的想法,不断地探索,不断地开发新的教学资源,不断地提高自身的探究能力和解决问题的能力。

四、获取课程资源和信息的途径

(一) 积极开发教材资源

英语教材是英语课程资源的核心部分,是英语教学的核心材料。英语教材除了包括学生课堂用书以外,还应该配有教师用书、练习册、活动册、挂图、卡片、音像带、多媒体光盘和配套读物等。学校所选用的教材应该具有时代性、基础性、选择性、发展性、拓展性、科学性和思想性,应该符合学生的年龄特征、心理特征和认知发展水平。教材应该做到语言真实、内容广泛、体裁多样。教材应能激发学生的学习兴趣,开阔学生的视野,拓展学生的思维方式。同时,根据英语教学的特点,学校可以适当选用国外的教学资料,以补充和丰富课堂教学内容。

(二) 充分利用校内资源

为了获取丰富的教学资源,开拓教与学的渠道,更新教与学的方式,增强英语教学的开放性和灵活性,英语课程还要充分利用图书馆、语言实验室和音响设备等基本的和常规的校内教学场所和设施。同时,要根据学校自身特点,结合教学实际,充分挖掘和利用校内人文资源,如文艺演出、体育比赛等,促进学生全面发展,实现课程目标。

(三) 注重利用校外资源

校外教学资源包括社会提供的科普教育资源、各社区的科普教育基地、各高校可以利用的科学教育资源、日常生活和生产中的素材等。在很多情况下,校外教学资源更能激发学生学习的兴趣,让学生在玩乐中学习,在实践中得到真知。

(四) 充分利用信息技术和互联网

网络上的多媒体资源以及专门为英语教学服务的网站为各个层次的英语教学提供了丰富的资源。另外,计算机和网络技术又为学生的个性化学习和自主学习创造了条件。通过计算机和互联网,学生可以根据自己的需要选择学习内容和学习方式,有交互功能的计算机和网络学习资源还能及时为学生提供反馈信息。

第三节 教师用英语进行书面表达的能力

国外第二语言写作(二语写作)研究的历史可以追溯到1945年,在20世纪60年代初,控制性写作教学方法应运而生。20世纪60年代中期,传统修辞法在二语写作教学中起着主导作用。这种写作教学方法不注重作者的观点和写作的思想性,不注重学生写作过程中自主性和积极性的发挥。席尔瓦认为,"写作不像许多人认为的那样只是线式的计划—纲要—写作的过程"[1],而是要像母语写作那样在创作过程中寻找新的思想。人们开始重新审视写作的本质,写作被看成一种认知活动,是一种"发现意义的过程"[2]。当前,国外二语写作研究集中在以下四个领域[3]。

(1) 二语写作过程研究,包括认知操作模型、写作构思策略、学习者的个体差异以及不同阶段写作过程的变化。

(2) 二语写作结果研究,包括文本分析、错误分析、对比分析、对比修辞分析、语料分析。

(3) 二语写作环境研究,包括社会结构、语域分析和知识、动机、需要等个体差异分析。

(4) 二语写作教学研究,包括学习过程、学习策略、语言水平发展、课堂教学环节、写作测试、网络写作课件开发等。

国外二语写作研究界近期主要重点与趋势体现在以下四个方面。

(1) 批评对比修辞学。

(2) 母语写作能力迁移。

(3) 二语写作师资培训。

(4) 基于学习者写作语料的研究。

写作作为一项产出技能,在英语教学中的地位毋庸置疑——它是英语教学和语言训练的主要内容,也是语言学习评价的重要项目。《全日制义务教育普通高级中学英语课程标准(实验稿)》(中华人民共和国教育部,2001)要求学生能运用英语正确、达意和得体地表达事实、观点、情感和想象力,交流信息,形成规范的写作习惯。张恩怀(2012)对相关学校的高中英语写作教学现状开展调查,结果显示,学生对英语写作教学的满意程度普遍较低,主要体

---

[1] Silva, T. (1990). Second Language composition instruction: Developments, issues, and directions in ESL. B Kroll, Second Language Writing: Research Insights for the Classroom[M]. London: Cambridge University Press, 1990: 14-16.

[2] Zamel, V. (1983). The composing processes of advanced esl students: six case studies. Tesol Quarterly, 17(2), 165-188.

[3] Archibald, A. & Jeffery, G. C. (2000). Second Language acquisition and writing: a multi-disciplinary approach Learning & Instruction, 10(1), 1-11.

现在教师方面。教师缺乏写作方法指导、写作文体介绍、写作学习训练和有效的写作练习批改和讲评。究其原因,一方面,教师的写作教学意识较差,对写作教学的重要性认识不足;另一方面,教师自身的写作能力相对较弱,无法对学生进行有效的指导。而学生方面,首先是学生缺乏协作意识,认为写作是一种学习负担。其次是学生的写作方法匮乏,不知如何组织材料、如何表达观点、如何选择体裁、如何布局谋篇等。再次是学生的知识面狭窄,很多学生大部分时间都花在啃课本知识上,课外话题信息储备不足,导致写作中思想内容贫瘠。所以,教师应从以下方面进行改进:一是应促进学生主动学习,提高学生学习写作的兴趣和参与度;二是应更新写作教学观念,优化写作教学过程,促进学生有效地学习。

教师对学生作业的评语能准确地传达教师的思想情感,也可以让学生了解教师的行为目的,会对学生的学习态度产生影响,从而优化教学效果。因此,教师具备对学生的评价能力是重要且必要的。

一、因人施评

面对同一班级内程度不同的学生,教师要根据不同学生的实际情况,对学生的作业评语也要因人而异,以弥补课堂教学对部分学生关注的不足。因为在课堂上一师多生,在有限的时间内不可能对每个学生的课堂表现进行反馈,教师可以利用批改作业的充裕时间,用评语与学生进行个别交流。例如,对于学习成绩优异、作业又完成得好的学生,可以用简单的"Very good!""Wonderful!"等进行赞扬;对那些学习习惯不好、英语基础差的学生,就应抓住"寸有所长"的优点,用略为夸张的评语进行充分肯定,并可顺带提出希望:"What great progress you have made! If only you were more careful!""I am so glad to see your great progress in your homework, but would you please pay more attention to your hand-writing?"这样,作业评语做到因人而异,就能使好的更好、暂时落后的学生进步更快,充分挖掘学生的潜力。

二、跟踪施评

教师要关注学生的成长,在作业批阅中可以实现这一目标。尤其是对待后进生的时候,更应该保持连贯性和统一性,因为他们更希望得到教师的关注和帮助。因此,教师在写作业批语时,对英语基础差的学生应多花精力,并在作业反馈中适时调整评语内容,特别是对有进步的学生,要体现评价语言的递进性。例如,对于一开始作业潦草,后经过教师提醒写得很工整的学生,教师的评语应在提到上次的潦草后,再对其进行表扬:"Why didn't you do your homework so well last time when you could have? I've found your homework is well done this time. Thank you. In fact you can learn English very well if you are strict with yourself. Work hard and you can make greater progress in future."

三、适度施评

教师的评语对于正处在青春期的学生们要讲究适度及分寸。否则,本是好意的批评会起到相反的效果。故此,批评要讲究艺术性,英语中的委婉语气和虚拟语气可以用来表达批评、蓄意的指导和指正。如:"How I wish you could pay more attention to the organization of your writing!""If only there were fewer mistakes.""I believe you could have done the job much better if you had done it all by yourself.""Believe in yourself and do your homework yourself next time, will you?""Would you please be more careful next time?"这种分寸还应体现为评价的角度。我们可以选择一个角度,如学习态度、自控能力、学习方法、基础知识掌握程度等,选用任意一个有效的角度,用真诚的语气传达给学生,会起到较好的效果。

四、适时施评

作业评语的时机选择,也要讲究及时性。(1)在学期初始阶段写评语。这个时候,每个学生都有一份新的期望,因此在这个时候要重视作业评语的有效策略。对英语学习有困难的学生应多几分关注、呵护和帮助,对优等生、中等生多几分督促。例如:"Well begun is half done."(2)在考试之前写评语。一要提醒学生一些注意事项,二要鼓励学生沉着应试。例如:"Do exercises carefully in the coming examination.""Be calm, careful and confident in the exam!"(3)在考试之后写评语。作为一个阶段性学习的结束,教师有必要给学生以鼓励或者为接下来的学习提点方向。例如,对那些基础较差但有进步的学生这样写:"Congratulations on your making progress! Please keep on trying and you'll succeed."(4)在学生写好作文或周记之后写评语。教师对于学生认真写完的文章同样需要认真地评价。如果只是单纯给分数或登记,学生会认为:"反正老师不重视,下次就不用认真写了。"因此,作业评语特别重要,不可忽视。

本章知识结构

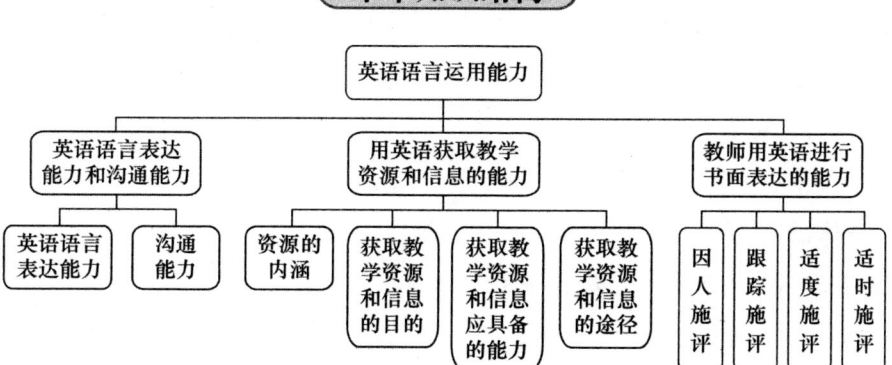

本章小结

获取教学资源和信息的目的与意义,在于为学生提供丰富的资料储备;为课程本身提供丰富的资源保证;为教学升级提供依据和准备;为开发本校课程、建立学校特色体系服务;为教师自身的专业发展服务。教师获取教学资源和信息应具备的能力需要教师重点掌握。

备考指南

本章内容多以单项选择题的形式出现,考试中容易涉及教师语言的功能、教师的沟通能力等知识点,需要考生重点掌握教师语言表达能力和沟通的能力。

自测训练

1. 教师语言是教师传递教学信息的媒介,是一种教育行业工作用语。下列不属于教师语言的一般形式的是(　　)。
   A. 口头语言　　　　　　　　B. 书面语言
   C. 示范语言　　　　　　　　D. 体态语言

2. 下列不属于教师语言的功能的一项是(　　)。
   A. 教育功能　　　　　　　　B. 能力训练功能
   C. 辨认功能　　　　　　　　D. 调控功能

3. 教育是育人的工作,是需要与人沟通的工作。作为教师,首先要培养自己较强的人际沟通能力。教学过程中,教师的沟通能力没有体现在(　　)上。
   A. 教师与学生的沟通　　　　B. 教师与校外人员的沟通
   C. 教师与家长的沟通　　　　D. 教师与教师的沟通

4. 教师的语言表达能力属于教师应具备的能力中的(　　)。
   A. 全面了解学生的能力　　　B. 人际沟通能力
   C. 教育诊断与指导能力　　　D. 获取新信息的能力

5. 教师语言不包括(　　)。
   A. 口头语言　　　　　　　　B. 体态语言
   C. 肢体语言　　　　　　　　D. 书面语言

6. 教师获取教学资源和信息应具备下列哪种能力?(　　)
   A. 筛选与鉴别的能力　　　　B. 积极开发教学资源的能力
   C. 注重利用校外资源的能力　D. 充分利用互联网的能力

7. 教师获取教学资源和信息的途径不合适的是（　　）。

   A. 积极开发教学资源　　　　　　B. 充分利用校内资源

   C. 注重外校资源　　　　　　　　D. 充分利用学生和家长资源

8. 下列说法错误的是（　　）。

   A. 信息是用文字、数字、符号、语言、图像等介质来表示事件、事物、现象等的内容、数量或特征

   B. 资源是一切可被人类利用的客观存在

   C. 教学资源包括校内教学资源和校外教学资源

   D. 获取教学资源和信息的目的只有一个

9. 教师语言的教育功能会对师生交往产生重要影响，下列哪个选项会造成紧张的师生关系？（　　）

   A. 埋怨的语言　　　　　　　　　B. 巧妙点拨的语言

   C. 循循善诱的语言　　　　　　　D. 娓娓而叙的语言

10. 教师语言对学生能力训练功能主要是对学生的（　　）进行训练。

    A. 思维和审美　　B. 思维和逻辑　　C. 逻辑和审美　　D. 审美和评价

链接阅读

教师话语和课堂互动

教师话语，也称教学语言，是教师在课堂教学活动中传授知识、教书育人以及组织课堂教学时所使用的语言。教师话语的数量、质量、方式、内容因其对学生理解的潜在影响而受到外语/二语教学界日益广泛的注意和研究。Nunan(1991)指出："教师话语对课堂教学组织及学生语言习得至关重要。这不仅因为教学内容只有通过完美的教师话语的组织与传授才能达到理想的教学效果，还因为它本身起着目的语使用的示范作用，是学生语言输入的又一重要途径。"教师话语质量的高低往往直接影响并决定课堂教学质量的成败(Hakansson 1986)，而优质的教师话语在互动过程中得以彰显。在提高学生英语知识水平和交际能力的过程中，英语课堂是全面提升学生内在素质、培养其创新能力的主要途径。在英语课堂上，教师和学生是教学的双主体，即课堂交际活动是师生间也是生生间的互动活动。课堂中的教师话语主要是通过两种方式来促进学习者的语言习得。第一种方式是通过教师组织课堂教学的话语，如提问和指示用语、课堂用语、语言调整、教师反馈用语等；第二种方式是通过教师传授信息的话语，如课文讲解、反馈学习者做出的回答。

在与学生的对话过程中，教师可以首先提问学生选择哪项，待学生回答之后，教师进一

步追问其缘由,要求学生提供证据。与单纯的回答问题相比,这既突出了师生间的语言互动,也增加了学生与教师间的语言输出量。这也正如孙鑫(2008)的调查结果,即课堂上学生英语表达实践的机会增加能够促使学生表达个人见解和情感,从而有效地增强了师生间的语言互动,有助于学生英语语言能力的提高。在课堂教学环境下,师生间的话语互动是提高学生语言能力的有效途径之一,而师生间的话语互动首先来自于教师的积极引导,这就需要教师具备扎实的专业知识和较强的语言交际能力,从而促进师生语言互动的有效开展。另外,在课堂上教师是主要的信息提供者和秩序组织者,但在客观上其行为又受学生的表现制约的这一事实决定了他作为学生课堂学习的服务者和辅助者的身份(李晶洁 2002)。因此,教师在课堂上应该选择恰当时机,尤其是在双方交流出现危机的时候给予及时引导和鼓励。

真实语境能够促使学生积极思考并参与到语言交流中,从而达到有效的课堂互动,让学生在语言互动的环境中习得新的目标语言。为了帮助学习者理解目的语,教师在课堂上往往会降低目的语输入的难度,对目的语的形式和功能进行简化调整,也即教师话语的调整,包括"输入调整"和"互动调整"。输入调整是为了使输入的语言可理解,包括重复关键词、调整词汇和句法、使用停顿等。互动调整存在于交际双方的话语中,教师通过核查学习者是否理解输入的目的语来调整课堂话语。如,教师通过询问,"Are you clear?""What do you mean by...?"等。

张连仲(1997)曾指出,评价一节课成功与否,主要看学生在活动中的参与程度,学生言语交际的有效性,以及学生在学习中表现出的情感、合作精神和学习与交际策略等方面的发展情况。教师反馈是对学生学习行为过程和结果做出的评价和评论,因此教师反馈是教师话语的一个重要方面,包括积极反馈和消极反馈。研究表明,积极反馈比消极反馈更有利于学习者的行为,从而促进目的语的习得(Nunan 1991)。在语言课堂教学中,目的语的有效输出是一切教学活动的主要目的,教师的话语和课堂互动都是利用各种任务和活动为学习者创造语言输出的机会。英语课堂上的"生生互动"活动越来越被证实是实现英语学习目标的行之有效的教学模式之一(董明 2004)。在生生互动过程中,学生间相互沟通、激励和启发,在轻松的氛围中把语言知识和技能有机地结合起来,从而使语言能力和整体素质都得以提高。在此次教学中,教师将全班分为若干小组,学生以小组为单位积极参与各种活动,增加了生生互动的机会,提高了语言输出效率,促进了学生的语言交流,体现了生生互动的理念。通过在真实的语境中反复运用新学的目标语言,学生的语言能力得到有效提高。

资料来源:刘小三.高中英语课堂教师话语与课堂互动的案例分析[J].英语教师,2013,13(9):43-47.

知识拓展

网络时代的特性分析

网络以前所未有的力量影响着人们的学习、生活和工作。这种影响力取决于其内在的特性。网络传播的特性可总结为以下几点。

(1) 空前的广泛性。

网络传播几乎是"一网打尽全世界"。迄今为止,没有什么能像网络那样神通广大,兼容并包;其囊括范围之广,可谓是一个人人可以"各尽所好"的自由平台。网络的广泛性主要表现为它的自由性。人们在网络中的生活、学习、工作,其自由度可以得到最大的发挥,甚至达到随心所欲的地步。

(2) 信息的可选择性。

网络传播是一个信息的海洋。"信息就在指尖"。作为信息主体的人,需要什么信息,全在于他手中的鼠标点向哪个按钮,网上的资源是共享的。网上学习是主动的学习。

(3) 信息呈现的多媒体化。

多媒体技术为人机交互的实现做出了重大的贡献,它包括:高保真度的声音、高清的图像、二维和三维动画以及活动影像。多媒体技术的介入,使网络信息内容逼真、形象、丰富而完整。信息以各种方式对人们的感官进行刺激,有利于人们的无意识记忆,促进了短时记忆。同时,人们对信息内容的接受和理解也更容易。

(4) 信息交流的实时性、交互性。

网络中达成的各项交流产生出一个虚拟的空间,人们在这种虚拟的空间中,可消除真实的时空距离,即网络可突破时空限制。再加上网络化及其多媒体化的实现,信息网络传输的高速度实现了实时交流反馈,人们在网络上交流正变得像面对面交流一样自然。此外,网络信息的大容量传输、网络的虚拟性以及趣味性等特性,给人们的生活增添了新的乐趣,如网上聊天、视频交流、电子邮件等。当然,网络传播也有消极的一面。无论如何,网络传播毕竟给我们的生活带来了全方位的革命。

资料来源:钟志贤,杨蕾.论网络时代的学习能力[J].电化教育研究,2001(11):22-27.

第三章　英语国家社会文化知识

考纲内容

能在语篇中理解英语国家的语言、历史和文学等相关的社会文化知识。

考纲解读

　　此部分属英语学习的文化知识部分。掌握英语语言和了解英美文化,对激发语言学习者的兴趣、培养学习者的文化意识有着十分重要的意义。英美文化知识能够激发学生的学习兴趣,并且活跃课堂气氛。英美文化知识能够提高学生的市场竞争力。因此,教师要充分拓展学生的语言文化知识,介绍多个英语国家的风俗文化以及多种领域的常识性知识。

　　英语教师必须不断提高自身的文化修养。文化知识涉及的面很广,大到政治、经济、军事、宗教、历史、地理等,小到日常生活用语、民间谚语、成语典故等。在课文讲解过程中,教师应该对与课文话题相关的英美国家的文化背景知识、风俗习惯、禁忌以及人们的价值观进行补充说明,使学生更好地理解课文的内容。

第一节　英语语言历史

　　据史料记载,由于地壳的变化,大不列颠群岛原是九千年前从欧洲大陆分离出来的。大约公元前3000年,地中海一带的伊比利亚人来到不列颠岛定居。公元前约500年以后,欧洲大陆的凯尔特人进占了不列颠,并开始用凯尔特语。公元前55年,"罗马人征服"了不列颠。到公元449年,居住在西北欧的三个日耳曼部落族——盎格鲁人、萨克逊和朱特人,乘罗马帝国衰落之机,侵入不列颠诸岛,征服时间长达一个半世纪。这三个部落族虽然各有自己的方言,但均属同一语种的低地西日耳曼语(Low West Germande)。他们入侵后各自占地为王,形成许多小国,在竞相争雄中形成了统一的英吉利民族,其语言也通过互相吸收融合成盎格鲁—萨克逊语。大约公元700年,通行在不列颠岛上的语言统称为Englisc(后演变为English)。公元1000年时,不列颠岛形成统一的国家,称为英格兰(England)。这样,从公元5世纪中叶的日耳曼部族定居开始便出现了古英语。英语的发展大致可以分为三个历史时期。

一、古英语时期(公元5世纪中叶—1100年左右)

即以日耳曼部族定居作为"标准古英语"开始到英国封建主统制的形成。其间约公元9世纪,英国遭到斯堪的纳维亚人的大规模入侵,并一度在公元829年统一英国,这个事件对古英语冲击很大。后在艾尔费雷德大帝统治时(870—901),采取编制法令汇编的办法,把封建主的统治秩序进一步固定。但在1066年,又有"诺曼底人征服"。到1154年,英国第一部《盎格鲁·撒克逊编年史》编成,系统地记载了英格兰自恺撒大帝入侵英国以来12个世纪的历史,对古英语的历史有了正式记载。古英语一直发展到1066年法国的诺曼人入侵。

二、中古英语时期(1100—1500左右)

这是英国封建制度发展的高峰时期。在1066年诺曼底人征服后的英国,存在三种主要语言:法语、英语和拉丁语。法语是官方语言,一连三百多年的国王都是说法语的。1399年亨利四世继位称王,他是第一个说英语的国王。诺曼人的入侵为英语带来了大量的法语词汇,这使得现代英语中存现大量的同义/近义词,如 shut/close,answer/reply,smell/odor,yearly/annual,ask/demand,room/chamber,wish/desire,might/power(英语词/法语词)。在14世纪快要结束的时候,乔叟完成了《坎特伯雷的传说》(*Canterbury Tales*),以伦敦方言为代表的近现代英语开始出现。

三、现代英语时期(1500年左右—今日英语)

现代英语的上限是1500年左右,下限是今日英语(也就是现在的人使用的英语)。由于16、17世纪的英语(其典型代表是莎士比亚的英语)与18、19世纪英语和20世纪英语相比,有不少差别,所以人们通常又把现代英语分成早期现代英语(1500—1700)、晚期现代英语(1700—1900)和今日英语。

四、英语变体

(一)语言变体的概念

英语变体,又称语言或言语变异、语言或言语异体。任何语言都会因使用时间、地点和环境的不同而发生变化,大至一种语言的各种方言,小至一种方言中某一语音、词汇或句法特征;只要有一定的社会分布的范围,就是一种语言变体。区分语言变体的方法有多种,但是基本上有三条标准。

(1)说话者的地区背景和社会背景,以及发生语言行为的实际情景:方言、语域或谈话方式。

(2)语言表达的手段或方式:书面语、口头语。

(3)讨论的话题:专门语言。

方言是某一语言集团使用的地域的、时间的或者社会的变体。"语域"这一术语可表示在某种场合下选用的言语形式或文学形式。

(二)语言变体的情况

世界上有众多的英语变体,包括美国英语、澳大利亚英语、新西兰英语、加拿大英语、南非英语、印度英语和加勒比地区英语等。由于美国在科技、贸易、电影和电视方面的主导地位,美国英语在世界上影响颇广。

英国在北美的殖民地导致了英语变体的发生,那就是所谓的美洲变体。英语到了美洲后,一些英语的发音和词汇被冻结了。一些在英国早已不用的英语表示法(如表示秋天的 fall)在美国保存了下来。西班牙语、法语和西非语言(通过奴隶贸易)对美国英语也产生了很大的影响。

知识拓展

中国英语与英语教学

中国英语界曾有人提出"中国英语"。这个观点可以被接受,但是英语在中国毕竟是一门外语,有别于第二语言,目前还不能像印度英语或新加坡英语那样有其国别变体。我们不能只从翻译的角度来看中国英语的特点,也不能只从表达中国特有的词汇来看中国英语的特点,更不能让中国英语造成外国人的误会,导致交际失败。因此,中国人使用英语仍然需要依照英语民族的习惯用法和标准英语的规则,不必刻意建立中国英语体系。"中国英语"有别于"中式英语",后者类似于中介语——是指学习者语言发展中的过渡语(有时可能是错误的)。也有一些教师认为不必纠正学生的中式英语,只要他们说的或写的能被理解,就要鼓励他按照中国人的思维模式去说去写,但是这种英语没有相对稳定的体系,很难规范。另外,这种英语能否在国际交往中被接受更值得怀疑,而中国英语的功能主要用于国际交流(需要标准英语),其次才是人际交流(可使用非标准英语)。幸运的是,在中国英语界无论是教育行政领导人还是英语教师均没有出现放弃标准英语教学的倾向,然而,这不能说明各学校没有降低标准英语的指标。一些学校引用美国的交际法,只让学生注重口语的"量",而忽视书面和口语的"质",学生所说的英语听上去流利,但得体性和正确性就顾及不了。很多学校聘请的外籍教师也只是在美国或其他英语国家出生的本土人,这些人自己的文化程度不高,也没有受过师资培训,他们的英语与标准英语存在相当大的距离。这些英语一旦输入中国的课堂,被中国学生接受,学生就认为这是地道的英语,并且也这样使用。日后,在他们应聘工作或被权威人士面试时,就会露出中国人的"不标准不地道英语"的马脚。因此,我们的教学目标应该是让学生获得正确的标准英语,而不是英语变体,首先把英语作为国际交流的工具,然后才是人际交流的工具。只有掌握标准英语,才能适应国际经济、贸易、文化、教育、政治等领域的需要。

资料来源:徐晓晴.世界英语的发展与中国英语变体.苏州大学学报(哲学社会科学版).2005,1(1):110-113.

第二节　英美国家概况

一、英国国家概况

(一) 地理、气候特征

英国的全称为大不列颠及北爱尔兰联合王国(United Kingdom of Great Britain and Northern Ireland),通称英国,又称联合王国(the United Kingdom)。英国是位于西欧的一个岛国,由大不列颠岛(包括英格兰、苏格兰、威尔士)、爱尔兰岛东北部和一些小岛组成。隔北海、多佛尔海峡、英吉利海峡与欧洲大陆相望。英国的西部和北部主要是高地,东部和东南部主要是低地。英国属海洋性气候。

(二) 政治

英国的政党体制从18世纪起即成为英宪政中的重要内容。现英国主要政党有:保守党、工党、苏格兰民族党、威尔士民族党等一系列政党。2016年7月11日,英国举行议会大选,特蕾莎·梅成为保守党党首和首相的继任者,成为英国继"撒切尔夫人"之后的第二位女首相。英国的政体为君主立宪制。英国的议会是最高立法机构,由君主、上院(贵族院)和下院(平民院)组成。英国政府实行内阁制。由君主任命在议会中占多数席位的政党领袖出任首相并组阁,向议会负责。英国的司法机构包括三种不同的法律体系:英格兰和威尔士实行普通法系,苏格兰实行民法法系,北爱尔兰实行与英格兰相似的法律制度。

(三)教育

英国是一个有悠久教育传统的国家。它的教育体系经过几百年的沿革,相对完善但也复杂,且具有非常大的灵活性。总体来说分为三个阶段:义务教育、延续教育和高等教育。义务教育归地方政府主管,高等教育则由中央政府负责。学制的长短在各地、各部门、各专业均不相同。英国是世界上高等教育发达的国家,是近现代高等教育体制的发源地。英国最闻名于世的两所大学是牛津大学和剑桥大学。

(四)文化

英国是世界文化大国之一,文化产业发达。英国新闻出版业发达,主要报纸、杂志有《泰晤士报》《金融时报》《每日电讯报》《世界新闻》《观察家报》和《经济学家》等。知名的通讯社有路透社、新闻联合社等。英国共有5家通过地面发射的覆盖全国的电视台,即英国广播公司(BBC)、独立电视台(ITV)、第四频道(Channel 4)、第五频道(FIVE)和专门针对威尔士地区并使用威尔士语的S4C。

英国的体育运动开展得较好,历史也悠久。人们喜爱的项目有橄榄球、足球和板球等。其中板球又名木球,被称为"绅士的游戏"。

二、美国国家概况

(一)地理、气候特征

美国的全称为美利坚合众国(The United States of America),占地面积约963万平方公里(加上五大湖中美国主权部分和河口、港湾、内海等沿海水域面积)(1997年)。美国位于北美洲中部,领土还包括北美洲西北部的阿拉斯加和太平洋中部的夏威夷群岛。北与加拿大接壤,南靠墨西哥湾,西临太平洋,东濒大西洋。美国最重要的湖泊是五大湖:苏比利尔湖、密歇根湖、休伦湖、伊利湖和安大略湖。美国大部分地区属大陆性气候,东南部属亚热带气候。

(二)政治

美国原为印第安人聚居地。15世纪末西班牙、荷兰、法、英等国开始向北美移民。到

1773年,英已建立13个殖民地。1775年爆发了北美人民反抗英国殖民者的独立战争。1776年7月4日通过了《独立宣言》,美利坚合众国正式成立。

美国实行立法、行政、司法三权分立的政治体制。一般来说,美国实行的是两党制,两大主要政党为民主党和共和党。美国宪法是世界上最早的成文宪法,它起草于1787年,生效于1789年。根据宪法,美国的司法权属于最高法院。美国最高法院大法官由总统任命并由参议院批准。

(三)教育

在美国,教育管理是州或地方政府的责任,而非联邦政府。但是,联邦政府教育部可以通过控制教育基金来施加一定程度的影响。学生有法定义务在公立学校接受从幼儿园到12年级的教育;分公立、私立两种,大部分是公立学校,实行免费义务教育制。各州学制都有一定差异。美国的许多高等院校有非常大的竞争力,包括哈佛大学、斯坦福大学、耶鲁大学、麻省理工学院、哥伦比亚大学等。

(四)文化

美国报业系统庞大。2014年进入世界发行量前100名的美国日报有:《今日美国》《华尔街日报》《纽约时报》《华盛顿邮报》《纽约邮报》等。美国最大的通讯社是美联社,总部位于纽约。美国最大的几家全国性广播网是全国广播公司(NBC)、哥伦比亚广播公司(CBS)、美国广播公司(ABC)、美国有线电视新闻网(CNN)和福克斯(FOX)等。体育在美国是民族文化一个重要的组成部分,特别受美国民众喜爱的体育项目有美式橄榄球、棒球、篮球、冰球等。美国著名的节日有圣诞节、复活节、万圣节及感恩节等。

第三节 英 美 文 学

一、英国文学

(一)古英语和中世纪英语时期(15世纪以前)

1. 古英语文学

英格兰岛的早期居民凯尔特人和其他部族,没有留下书面文学作品。5世纪时,原住北欧的三个日耳曼部落——盎格鲁、撒克逊和朱特人侵入英国,他们的史诗《贝奥武甫》传了下来。诗中的英雄贝奥武甫杀巨魔、斗毒龙,并在征服这些自然界的恶势力的过程中为民捐躯。它的背景和情节是北欧的,但掺有基督教成分,显示出史诗曾几经修改,已非原貌。按照保存在一部10世纪的手抄本里的版本来看,诗的结构完整,写法生动,所用的头韵、重读字和代称体现了古英语诗歌的特色。

2. 中古英语文学

1066年诺曼人入侵,带来了欧洲大陆的封建制度,也带来了一批说法语的贵族。古英语受到了统治阶层语言的影响,本身也在发生着变化,12世纪后发展为中古英语。文学上也出现了新风尚,盛行用韵文写的骑士传奇,它们歌颂对领主的忠和对高贵妇人的爱,其中艺术性高的有《高文爵士与绿衣骑士》。

14世纪后半叶,中古英语文学达到了高峰。这时期的重要诗人乔叟的创作历程,从早期对法国和意大利作品的仿效,到后来对英国本色的写实,表明了英国文学的自信。他的杰作《坎特伯雷故事集》用优美、活泼的韵文,描写了一群去坎特伯雷朝圣的人的神态言谈;他们来自不同阶层和行业,各人所讲的故事或雅或俗,揭示了多方面的社会现实。

(二)文艺复兴时期(16世纪—17世纪中期)

诗歌创作空前活跃,大批诗集出版,开一时风气的重要诗选也陆续问世,其中《杂集》(1557)发表了华埃特和萨里两人对于意大利十四行诗的仿作,使这一诗体在英国生根。到了16世纪90年代,锡德尼等著名诗人都出版了十四行诗集,虽然仍以歌颂爱情为主,却能突破旧格局而注入新内容。另外还有其他诗体,或抒情,或叙事,或讽刺,或探讨哲理,都有出色的代表作家,而成就最大的则数斯宾塞。他的主要作品《仙后》(1590—1596)规模宏大,内容丰富,利用中古骑士传奇的体裁,以寓言为主要手法,在精神上反对天主教而歌颂作为英国民族象征的伊丽莎白女王,传达了正在兴起的清教主义的严峻的道德观,并且出之以优美而多变的韵文,使得斯宾塞不仅独步当时诗坛,而且成为后世讲究诗艺的作家所仰慕的诗人。

诗歌的成就还包括无韵体诗在剧本里的成功运用。诗同剧的结合产生了这一时期文学最骄傲的成果:诗剧。从16世纪80年代起,诗剧作者们摆脱了中古神秘剧、奇迹剧、道德剧的宗教色彩和粗糙技巧,建立了一种生气勃勃的新戏剧,敏锐、强烈地表达了时代精神,在艺术上作了多方面的大胆创新。

莎士比亚是演员和剧作家,一生写了37部剧本。他博采众长而又自有创造,在历史剧、喜剧、悲剧、传奇剧各方面都写出了杰作。他的9个历史剧包括了从约翰王到亨利五世(亦即从13世纪初到15世纪末)之间连续300年的英国历史,场面之大实属空前,而作品也写得波澜壮阔,反封建、反内战,热情地歌颂了民族国家的形成。他的喜剧活泼多趣,有浓厚的生活气息,《仲夏夜之梦》(1596)和《皆大欢喜》(1600),《威尼斯商人》(1597)和《第十二夜》(1601)。他写悲剧的天才首先见于《罗密欧与朱丽叶》(1595)。1600年以后,创作了一系列卓越的悲剧,《哈姆雷特》(1601),《奥瑟罗》《李尔王》(1606),《麦克白》(1606),传奇剧《暴风雨》(1611)。

(三)资产阶级革命和王朝复辟时期(17世纪)

16、17世纪之交,英国国内政治经济的矛盾加深,人心动荡,反映于文学的,除了上述诗剧的衰败,还有在散文作品中围绕政治与宗教问题的论争文章的急剧增多,在诗歌中出现了以多恩为代表的玄学派诗和一些称为骑士派的贵族青年所写的爱情诗,前者用新奇的形象和节奏写怀疑与信念交替的复杂心情,显示出当时科学大进展冲击传统文化的影响;后者则表达了一种末世情调。

17世纪40年代,革命终于爆发。人民经过公开审判,处决了国王查理一世,并在打了一场激烈的内战之后建立了以克伦威尔为首的资产阶级政权。在文学上,革命主要表现于两个方面:一是有大量的传单和小册子印行,各种集团特别是属于革命阵营左翼的平均派和掘地派通过它们来发表政见,其中李尔本、温斯坦利等写得犀利有力;二是出现了一个革命的大诗人——弥尔顿。

(四)启蒙运动时期(18世纪)

18世纪前半叶,英国社会安定,文学上崇尚新古典主义,其代表者是诗人蒲柏(Pope)。他运用英雄偶句体极为纯熟,擅长写讽刺诗,但以发泄私怨居多。表现出启蒙主义精神的主要是散文作家,他们推进了散文艺术,还开拓了两个文学新领域,即期刊随笔和现实主义小说。

期刊文学是应广大读者的要求而兴起。斯梯尔与艾迪生两人有首创之功。前者创办《闲谈者》(1709—1711),后者继出《旁观者》(1711—1712),将街谈巷议和俱乐部里的风趣幽默写上了期刊。艾迪生的文笔尤见典雅。后来笛福、斯威夫特、菲尔丁、约翰逊、哥尔德斯密斯等名家都曾主编期刊或为期刊撰稿,可见此风之盛。由于他们的努力,英国式的随笔得到了进一步的提高,题材更广泛,文笔也更灵活。

(五)浪漫主义时期(1798—1832)

浪漫主义诗歌的第一个大诗人是布莱克。这个靠镌版谋生的手工匠人是法国革命的热烈的拥护者，但又反对它的哲学基础——理性主义，所写的诗也大异于18世纪的优雅含蓄，而着重想象力和神启式的宗教感，初期的《天真之歌》(1789)写得纯真，《经验之歌》(1794)写得沉痛；后来诗风一变，转而写作篇幅巨大的长诗如《四天神》(1804)，其中有一套独特的象征和神话系统。

华兹华斯和柯尔律治却经历了另一种变化，即从拥护法国革命变成反对，于是前者寄情山水，在大自然里找慰藉；后者神游异域和古代，以梦境为归宿。两人的诗歌合集，题名《抒情歌谣集》，于1798年出版。两年后再版，华兹华斯加了一个长序，认为"所有的好诗都是强烈情感的自然流露"，主张诗人"选用人们真正用的语言"来写"普通生活里的事件和情境"，而反对以18世纪格雷为代表的"诗歌词藻"。他进而论述诗和诗人的崇高地位，认为"诗是一切知识的开始和终结，它同人心一样不朽"，而诗人则是"人性的最坚强的保护者，是支持者和维护者。他所到之处都播下人的情谊和爱"。

（六）维多利亚时期(19世纪30年代—1918年)

小说在19世纪40年代至50年代得到更大的发展，这也是英国国内阶级斗争激化的时期。列宁所称"世界上第一次广泛的、真正群众性的、政治性的无产阶级运动即宪章运动"带来了宪章派文学。同时科学技术在加快发展，达尔文的划时代的进化论给了传统信仰以猛烈冲击。在宗教界内部，出现了围绕"牛津运动"的论争。在政界和舆论界，围绕谷物法和"英国现状"问题展开了时间更长的论争。论争锻炼了散文。正是在这个多事之秋，散文文学成果累累，卡莱尔的《法国革命》(1837)和《过去和现在》(1843)、麦考莱的《英国史》(1849—1861)、罗斯金的《威尼斯之石》(1851—1853)、穆勒的《论自由》(1859)等便是明证。读者层也在急剧扩大，不少新刊物问世，开始了逐期连载长篇作品的作法。

（七）现代主义时期(1918—1945)

这一时期第一个成就是戏剧创作上的突破。首先是爱尔兰人萧伯纳（Bernard Shaw）来到伦敦，用泼辣的剧评为易卜生所代表的欧洲现实主义新戏剧打开局面，接着又在自己的创作里巧妙地把它同阿里斯托芬以来的欧洲古典喜剧传统结合起来，写出了51个剧本，其中有《华伦夫人的职业》(1894)、《人与超人》(1903)、《英国佬的另一个岛》(1904)、《巴巴拉少校》(1905)、《皮格马利翁》(1913)、《圣女贞德》(1923)、《苹果车》(1929)等名作，它们或是辩论社会问题，或是发表新颖思想，但都给观众以高尚的艺术享受。

（八）当代文学（1945年至今）

第二次世界大战期间及结束之后以后，英国文坛仍然名作不断。艾略特的《四个四重奏》（1944）写下了一个诗人在战时最黑暗的年代里对于生、死、历史的沉思，这里已无多少现代派的手法，诗句变得素净而深挚。也曾以新颖手法惊世的女诗人伊迪丝·西特韦尔在后期作品里表达了她对于人类面临原子弹威胁的深重不安。天主教小说家格雷厄姆·格林描写人的罪恶的存在，继深刻的《问题的核心》（1948）等书之后，又写了一系列他自己称为"消遣品"的惊险小说。另一个天主教小说家伊夫林·沃原来长于讽刺，在大战后期则写了怀念风流往日的长篇小说《旧地重游》（1945）。乔治·奥威尔用寓言的形式表达了他对一个高度集中的社会的戒惧。安格斯·威尔逊用狄更斯的笔法写伦敦知识分子的生活。威廉·戈尔丁在《蝇王》（1955）一书里写下了暴露人性丑恶的新寓言。

二、美国文学

（一）殖民地时期和美国建国初期

最早来到这片新大陆的欧洲移民主要是定居在新英格兰的清教徒和马萨诸塞的罗马天主教徒，二者虽然在教义上有很多不同之处，但他们都信奉加尔文主义：人生在世只是为了受苦受难，而他们唯一的希望是争做上帝的"选民"，死后进天国，相信"原罪"。这时的文学作品也主要反映了这些思想，和欧洲文学一脉相承。

代表作家：考顿·马瑟，乔纳森·爱德华兹，安妮·布拉兹特里特，爱德华·泰勒。

（二）独立战争后

18世纪独立战争胜利后，美国经济社会进入稳步发展时期。这一时期是启蒙主义文学运动的时期，主要文学指导思想是"自然神论"，强调理性，认为"宇宙的运动始于上帝"；自然万物是"神的体现"，人生在世，不再是受苦受难以换取来世的新生，而是要消灭种族、性别和信仰的不平等，建立自己的"人间乐园"。

主要特点：作家多是美国独立战争的积极拥护者和参加者；文学指导思想除了自然神论之外还有"唯理主义"和"新古典主义"，18世纪末还开始萌发了"早期浪漫主义"；文学种类主要有历史、日记和政论，也有诗歌、讽刺小品和劝人向善的故事，18世纪末还产生了话剧。

启蒙运动中出现大量优秀的散文作品，并多出自开国元勋之手，如本杰明·富兰克林，托马斯·潘恩，以及托马斯·杰斐逊。

（三）浪漫主义时期

18世纪70年代—19世纪30年代是浪漫主义发展的初期，南北战争前30年（1830—1860）为极盛时期，南北战争后10年逐渐衰微并向现实主义过渡。浪漫主义注重"想象""激情"和"个性解放"，认为人本质是善良的，铲除邪恶和拯救人类的手段是抛弃一切传统束缚，摧毁一切陈规陋习而回归到"自然的原始状态中去。

代表作家及作品：爱默生《自然》，梭罗《瓦尔登湖》，霍桑《红字》，麦尔维尔《白鲸》，惠特曼《草叶集》。

（四）现实主义时期

现实主义是美国政治、经济发展的必然产物，西部开拓运动、工业化、科学技术的进步都促进了其发展。现实主义的作家一般为实用主义和民主主义的信徒，他们追求和反映的是具有显而易见效果并被经验证实了的相对真理，他们的创作题材是普通人的平常事，是中产阶级艺术的最高表现。

（五）自然主义

自然主义是现实主义的发展和继续，是现实主义与19世纪科学所强调的"分析法"和"因果律"互相结合的产物，有时被称为"悲观的现实主义"，认为人是一种软弱无能的动物，被置于机械化的世界汇总而成为这一世界中难以驾御的几种势力（包括环境、自然、遗传等）的牺牲品。

其里程碑是：19世纪90年代克莱恩的《红色英勇徽章》，1900年德莱塞《嘉莉妹妹》，1912年《金融家》，1925年《美国的悲剧》。

（六）现代主义时期

第一次世界大战后到50年代，是一场自觉地反传统的文学艺术运动，表现无意识的荒谬心态，如斯坦因，运用意识流的手法，如福克纳的《喧哗与骚动》和《我弥留之际》；在组织构架上偏爱用神话，如艾略特的《荒原》，庞德的《诗章》；风格上以"意象"为主，语言上主张简洁、准确；题材上主要反映第一次世界大战参与者的生活、思想、感情和前途命运，如多斯·帕索斯的《三个士兵》，海明威的《太阳照样升起》《永别了，武器》，描写了精神崩溃与幻想破灭的一代人。

（七）后现代主义时期

在第二次世界大战后，纳粹极权主义大屠杀、原子弹、自然环境的破坏、世界人口过剩和饥荒造成西方人的精神摧残与危机，作家继续进行现代主义反传统的文艺实验，而且企图与当时业已形成规范的现代主义文艺形式决裂。后现代主义主张否定社会秩序,表现支离破碎的世界,认为文艺批评就是现象学形式的理论。此时,美国黑人文学、犹太文学、南方文学、反战文学和女权主义文学竞相发展。

(八)20世纪美国文学经历了两次世界大战,跨越了三个时代

1. 斯文时代(1880—1914)

这是一个跨世纪的美国经济繁荣的时代。此时的美国文学与欧洲文学之间有着某种暧昧关系,本质上是欧洲式的和美国的小欧洲新英格兰式的。

2. 爵士时代(1918—1929)

一战后,产生了一代不受约束、幻想破灭了和玩世不恭的年轻人,被格特鲁德·斯坦因称为"迷惘的一代"。

3. 经济萧条时代(1929—1941)

20世纪20年代玩世不恭的态度在此时转化为一种愤愤不平的悲观主义,30年代美国文学转向了"社会抗议文学""心理之学"和对人的精神世界的追求。

本章知识结构

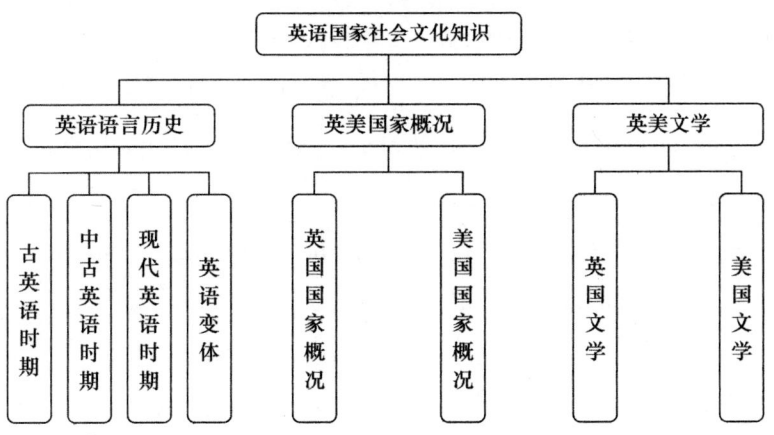

本章小结

本章整体介绍了英语发展史、英美两国概况、历史和文学发展史,内容细碎繁多。本章重点是对英国美国历史、政治历程、概述中对国家的整体介绍、文学发展流派和重要作家。本章学习的难点是内容繁多,因此进行复习时,除记忆本章重点外,还要对标志性的知识点(如最高、最长等)进行复习和了解。

备考指南

复习此部分时,首先将大致历史时期的顺序、每一时期的对历史进展、文学发展的影响了解清楚。再将其中的代表人物、作品和他的成就、贡献记住。对于有特殊意义的、明显标志的时期和作家作品要准确把握。

自测训练

1. It was during _____ reign that the name Great Britain came into being.
   A. Mary's   B. Anne's
   C. Jame II's   D. Oliver Cromwell

2. Where is Edinburgh?
   A. In Wales   B. In Scotland
   C. In Northern Ireland D. In Ireland

3. One of the most famous national parks in the U. S. is the _____.
   A. Yellowstone National Park   B Hyde Park
   C. Kakadu National Park   D. American Fishing Center

4. New Zealand is just in the west of the International Date Line, so it is the first country to get _____.
   A. frozen   B. wet   C. the new day   D. united

5. Mr. Darcy is a character in _____.
   A. Tess of the D'Urbervilles   B. Pride and Prejudice
   C. Happy Prince   D. The Mill on the Floss

6. Lyrical Ballads is the joint work between Wordsworth and his friend _____.
   A. Coleridge   B. Byron   C. Keats   D. Shelley

7. _____ is the representative work of the Jazz Age.
   A. The Great Gatsby   B. On the Road
   C. Look Back in Anger   D. The Sun Also Rises

8. The distinction of langue and parole is made by _____.
   A. Hall   B. Sapir   C. Chomsky   D. Saussure

9. _____ examines how meaning is encoded in A. language.

   A. Semantics   B. Syntax   C. Pragmatics   D. Morphology

10. The sentence "I apologize!" belongs to the category of _____ according to the Speech Act Theory.

   A. expressive   B. performative
   C. representative   D. constative

模块二　语言教学知识与能力

第四章　英语教学理论

> **考纲内容**
>
> 1. 了解英语教学的基本理论，包括语言观、语言学习观、语言教学观。
> 2. 了解英语教学基本理论对初中英语教学的指导作用。

> **考纲解读**
>
> 　　根据对考试大纲的分析，对教师基本素质的考察由以往注重理论知识，向注重知识运用与教学技能等方面转变。但作为一名优秀的英语教师，必须要深入了解英语教学理论，才能在实际教学中熟练运用。
>
> 　　本章内容主要以选择题和简答题的形式进行考查；对语言观、语言学习观、语言教学观的概念和语言的结构功能考查居多；语言学习的要素、外语学习的策略和方法、语言教学理论和教学法也是重要知识点；对教学基本理论对英语教学的指导思想要大致了解。

第一节　语　言　观

　　语言观是人们对整个语言体系的基本看法。语言是人类最重要的交际和思维工具。语言的交际性是语言最本质的功能。因此，语言观实际上就是语言的社会功能本质观。系统的语言观包括对语言的起源、语言的性质、语言的特征、语言的结构、语言的功能、语言的发展以及语言的运用等问题的认识。

　　但是，仁者见仁，智者见智。文学家认为语言是艺术的媒介，社会学家认为语言是社会集团成员之间的互相作用，人类学家认为语言是文化行为的形式，哲学家认为语言是解释人类经验的工具。语言学家们也从不同的角度和方面表述了各自对语言的不同看法,有的认为语言是心理认知活动,也有的认为语言是社会交际现象。

一、语言的概念及特征

(一)语言的概念

人们对语言的本质通常定义为"语言是人类交际的工具"。然而,语言学家从不同的角度或不同的语言观出发,对语言有多个角度的定义。

语言学家萨丕尔(Sapir)将语言定义为:"Language is purely human and non-instinctive method of communicating ideas, emotions and desires by means of voluntarily produced symbols."萨丕尔主要从语言功能的角度表述语言的本质。语言学家豪尔(Hall)将语言定义为:"Language is the institution whereby humans communicate and interact with each other by means of habitually used oral-auditory arbitrary symbols."豪尔研究语言的角度主要是社会学观点。语言学家乔姆斯基(Chomsky)对语言的定义与上述两个定义不同。他认为语言是:"From now on I will consider language to be a set(finite or infinite)of sentences, each finite in length and constructed out of a finite set of elements."乔姆斯基的语言观主要来自心理学理论,认为语言是一种能力,是人类大脑中一种特有的机制。

上述语言学家无论从哪个角度研究语言,我们都会发现他们定义中都有对语言的共性认识,那就是"语言是人类用来交际的具有任意性的语音符号系统",这表明语言的本质具有交际的目的性、任意性的特性、语音的生理性、符号的标记性和系统的结构性。语言这样复杂的特性使其有别于任何别的声音或符号系统,因此语言是人类特有的交际工具。

(二)语言的性质

语言的性质,即语言的本质特性,指的是人类语言固有的,有别于任何其他动物交流系统的特质。

1. 任意性(arbitrariness)

这一特征由语言学家索绪尔(Saussure)最先提出,现已被广泛接受。任意性是指语言符号的形式与所表示的意义没有天然的联系。语言符号的形式对于语言符号的意义而言,完全是任意的、人为规定的,没有逻辑联系,不可论证,不可解释。例如,汉语中我们把"人体的顶部"称为"头",英语表示为"head",这是人们约定俗成的,没有任何道理。当然,象声词、象形词以及合成词等语言现象具有非任意性。

2. 二层性(duality)

语言的二层性是指语言在结构上存在两个层次:上层结构和底层结构。"二层性是指

拥有两层结构的这种特性,上层结构的单位由底层结构的元素构成,每层都有自身的组合规则。"(Lyons,1981:20)

粗略地讲,底层结构包括一个个没有意义的音,如/p/、/g/、/i/等,但是这些处在底层结构的没有意义的音可以依照一定的语言规则结合在一起形成语言体系的上层结构,即有意义的单位,如词素、单词等。

3. 创造性(creativity)

语言的创造性是指语言通过新的使用方法表达新的意思,并能立刻被没有遇到过这种用法的人所理解。这种能力正是人类语言有别于动物那种只能传递有限信息的交际手段的原因之一。从另一层意义上说,语言是具有创造性的,因为它有制造无穷长句的潜力。例如,我们可以写一个句子并把它无限扩展下去。

4. 移位性(displacement)

语言的移位性是指语言可以用来指示不同的时间和空间,信息的移位程度是指它的前因、后果的基本特征脱离传递信息的时间、地点的程度。语言可以用于涉及真实的或者想象的、过去的、现在的、将来的事情。因此,我们可以提及孔子或北极,虽然前者已经去世两千多年,而后者位置距我们非常之远。

5. 文化传递性(cultural transmission)

语言不仅仅通过遗传从一代传递给下一代。动物交际系统是遗传传递的,但儿童是在他们社会化的过程中学会了母语。无可否认,人的某些语言能力是具备基因基础的,但人类对语言的习得是一个文化事实,而不是生物事实。由于语言是任意的、约定俗成的,所以一个小孩只能通过和他周围的人们相互作用学习母语。

二、语言的功能

语言学家从抽象的角度,而不是从用语言去聊天、思考、买卖、读写、问候、表扬或谴责等方面来讨论语言的功能,他们归纳了这些实用功能,并且试图对语言的基本功能作一个概括分类。

语言学家雅格布逊(Jacobson)认为,语言像任何符号系统一样,首先是为了交际。对很多人来说,交际的目的是为了传达信息,而雅格布逊(以及布拉格学派的结构主义学家)认为这并不是唯一的,甚至不是主要的交际目的。在雅格布逊的著名文章《语言学与诗学》中,他定义了言语事件的六个主要因素,即:发话人、受话人、语境、信息、语码、接触。与此相关,雅格布逊在交际的六个关键因素之上建立了一套著名的语言功能框架,即:所指功能(传达信息)、诗学功能(享受语言自身的乐趣)、情感功能(表达态度、感觉和情感)、意动功能(通过指令和肯求说服或影响他人)、寒暄功能(与他人建立交际)和元语言功能(弄清意图、词语和意义)。它们与发话人、受话人、语境、信息、接触和语码等元素相对应。

语言学家韩礼德提出语言元功能的理论,即语言有概念功能、人际功能和语篇功能。概念功能构建经验模型和逻辑关系,人际功能反映社会关系,语篇功能建立语言和语境的关系。

在早期的作品中,韩礼德通过观察儿童语言的发展提出了七类语言功能,分别是工具功能、控制功能、表达功能、交互功能、自指性功能、探索功能和想象功能。还有其他的一些分类方法,所分类别和所用术语多有不同,但在语言的基础功能上看法大致相同。下面我们逐一看一下这些功能,当然,下面列出的概念性分类多少会有所重合。

1. 指示功能(referential function)

指示功能是指语言对现实世界和虚拟世界中的各种现象进行描述的功能,又称外延功能(extension function)或认知功能,如事物的所指关系,英语中的指示代词的所指,都是语言的指示功能。

2. 指使功能(directive function)

当我们使用语言来指使某人做某事时,此时语言就发挥了指使功能。英语和汉语中祈使句就是典型的具有指使功能的话语。例如,"Come here.""Don't stop."

3. 信息功能(informative function)

信息功能是语言最主要的功能之一。信息功能是语言传递、表达信息的功能,通常是以陈述句表述。例如,"He came here yesterday with his brother."信息功能具有辨别性,或真或假。

4. 应酬功能(phatic function)

应酬功能是指人们使用语言是为了建立和维持社会接触而进行的日常寒暄,而不是为了交流信息。例如,打招呼(Hello!)、谈论天气(A nice day, isn't it?)、告别(See you soon.)、问候语(How are you doing?)等。

5. 元语言功能(metalinguistic function)

元语言功能是指用语言去解释语言的功能。元语言指的是用来分析和描述另一种语言(被观察的语言或目的语)的语言或一套符号,如用来解释另一个词的词或外语教学中的本族语。例如,"That's an odd way of putting it?""Do you know what I was doing?"

6. 疑问功能(interrogative function)

疑问功能是指语言可用来向人提出问题以获得信息。凡是期待回答的问句都具有疑问功能,如"How do you think about it?"但是英语和汉语中的修辞疑问句不同于一般疑问句,其功能不是疑问,而是一种强化作用或表达说话人的其他意图。例如,雪莱的著名诗句"If winter comes, can spring be far behind?"汉语"难道你不知道吗?"

7. 表达功能(expressive function)

表达功能是指人们使用语言表达对某事物的感情或态度。在执行表达功能时,语言用来评价、赞扬或肯定说话人的态度。最常见的例子就是感叹句,例如,"I'm extremely sorry about that!"

8. 召唤功能(evocative function)

召唤功能就是对听者施加影响的功能,旨在使用语言使听者产生某种情感,如取悦、激怒、安慰等。人们使用具有褒贬意义的词语使听者在情感上做出强烈的反应或共鸣。例如,人们喜欢开玩笑使对方感到愉快,设计广告吸引消费者购买,设计宣传口号来号召观众等。具有召唤功能的词如 freedom, democracy 等。

9. 行为功能(performative function)

行为功能是指语言具有能够用来"做事情"的功能。在某一特定的场合,某一特定的人说出的话语就等于事情的发生或开始发生。例如,一国元首在电视台对全国宣布,"Now I declare war against…"

三、语言学

(一)语言学的概念

语言学通常被定义为研究语言的科学或对语言的科学研究,是一个内涵丰富的领域。

作为一门科学,语言学是拥有无限探索潜力的一片领域,是一门精深的"行业",每年都有大量相关的专著、学位论文和学术论文发表,它所关注和急需解决的问题在专门期刊,如《语言》(Language)、《语言学杂志》(Journal of Linguistics)、《应用语言学》(Applied Linguistics)等和定期的学术会议上都有体现。

(二)语言学的主要分类

通常认为,语言学至少应包括五个研究方向:音系学、形态学、句法学、语义学和语用学。下面就是这些语言学的主要分支。

音系学研究支配语音分布和排列的规则以及音节的形式;形态学研究词的内在构造,研究意义的最小单位——语素和构词过程;句法学研究产生和理解正确的句子所遵循的规则;语义学考察的是意义如何在语言中被编码;而语用学主要研究语言在不同语境中的意义。

四、语言学角度的语言观

语言学家对语言的看法有很多种,这里主要讲解三种具有较大影响力的语言观。

（一）行为主义心理学理论下的结构主义语言观

行为主义源于英国心理学的联想说（association），认为学习的过程是刺激-反应（stimulus-response）的过程。当代行为主义者斯金纳认为，行为之所以发生变化是由于强化的作用。他进一步指出，"教育就是塑造行为"。也就是说，教育是引导学生一步一步地通过成功的强化，学习从简单到复杂的内容。

20 世纪四五十年代，美国结构主义语言学家布罗姆菲尔德，在行为主义心理学的学习观影响下，强化了结构主义语言观，把语言看成是一种行为，是一系列的刺激-反应而形成的一种习惯性行为。他主张语言学的任务就是客观地、系统地描述可以观察到的语言素材，以此来揭示语言各因素之间的关系。在研究方法上，结构主义学者只注重语言形式的分析，而忽视意义的研究。因此，结构主义描述语言学就成为外语教学中强调口语和机械性句型操练的"听说法"（audio-lingual method）的语言学基础。

（二）认知心理学理论下的转换生成语言观

认知心理学认为，语言学习不是听说法主张的刺激-反应-强化的过程，而是大脑积极思维的结果。认知心理学家皮亚杰（Piaget）强调思维创造能力在学习中的作用；布鲁纳认为学习要掌握知识的基本结果和采用发现法。认知心理学主张外语教学中要充分发展观察、记忆、思维、想象等智能因素，强调认知规则，指导掌握外语交际能力。

20 世纪 60 年代初，语言学家乔姆斯基提出了转换生成语言学，指出"语言是一个生成系统"的理论，认为语言是受规则支配的体系，人具有天生的语言学习机制和语言能力。人类使用语言不是靠机械地模仿和记忆，而是不断理解、掌握语言规则，举一反三、创造性地运用语言的过程。继而在外语教学中出现了以语言规则和语言知识为重点的"认知教学法"（cognitive approach）。

（三）社会学理论下的功能主义语言观

20 世纪 70 年代以后，随着功能语言学的崛起，语言学家们开始注意到了语言的社会功能。社会语言学认为，语言的社会交际功能是语言最本质的功能，并提出了"语言首先是一种表意的手段"的理论。

社会语言学家海穆斯认为，一个学习语言的人的语言能力不仅指乔姆斯基提出的能否造出合乎语法句子的语言能力，而且还包括能否恰当地使用语言的能力。他首先提出了包括语言能力和语言运用的交际能力的概念。语言学家韩礼德的话语分析（discourse analysis）理论认为，语言是表达意义的体系，而不是产生结构的体系。在这一理论的影响下，强调培养学习者语言运用能力的"交际教学法"（communicative approach）便应运而生了。

第二节　语言学习观

一、语言学习观的内涵

（一）语言学习观的基本概念

语言学习观就是指人们对语言学习的理论、目的、模式、规律、方法和策略的认识、看法和观点。系统的语言学习包括对语言理论、学习理论的认识，也包括对语言学习的诸多要素的认识。

（二）研究语言学习观的意义

语言学习观是一种对语言学习，特别是外语学习诸多要素的研究，是人们在实践探索中积累、发现、总结出的认识、观点和看法，是理论和实践的结晶，为人们学习语言提供了很有价值的信息。

如果语言是思维和交流的工具以及人们参与社会的重要条件，那么语言学习就应该在各种思维训练活动、交际活动和社会实践活动中进行。也就是说，不能把语言单纯看作一个知识体系来记忆和学习，而应该在活动中发展语言能力。

在英语课程中，要鼓励学生在教师的指导下，通过体验、实践、参与、探究和合作等方式，发现语言的规律，逐步掌握语言知识和技能，不断调整情感态度，形成有效的学习策略和自主学习能力。换句话说，英语学习的过程应该是学生在教师的指导下构建知识、发展技能、活跃思维、展现个性和拓展事业的过程。

二、语言学习的要素

（一）英语学习的认识和态度

1. 对英语学习的认识

英语作为国际通用语，已经成为各种国际场合下使用的主要工作语言。因此，各国在知识经济到来之际，都在强化和改革基础教育中的外语，特别是英语的教学。21世纪英语是人们生存的工具之一，社会发展就是每个人学习英语的动力。

2. 对英语学习的态度

学习语言的态度是指学习者对所学语言和该语言使用者及其社团的感情态度。学习者对所学目标语的态度有积极和消极之分，积极的态度有利于语言学习，消极的态度会阻碍语言学习。学习者应形成积极的语言学习态度和有效的语言学习策略,具体可以理解为,学习者应具有学习和使用英语的愿望及兴趣,有勇气克服英语学习中所遇到的困难,享受学习英语带来的快乐。

(二)英语学习的目的和目标

1. 英语学习的目的

对于中学生来说,培养学习外语的兴趣固然重要,但是学习外语的目的或动机是最主要的。学习动机是激励人们追求某一目标的内在力量。学生学习外语各有不同的动机,有的明确,自己想学,动力十足;有的漫无目的,无奈而学。

2. 英语学习的目标

《英语课程标准》经过了科学的论证,制定出学科的内容目标。各学校基本按照课标规定的内容目标进行教学,个别学校制定了高于课标的标准。因此,每个学生应该在参照国家课程标准规定的目标基础上制定适合自己的个人学习目标。

三、英语学习的策略和方法

(一)英语学习的策略

1. 采取语言学习观的折中认知策略

因为语言学习既有行为主义学习理论的刺激—反应行为,又有认知学习的思维发现过程。对于目前的语言学习理论,建议中学生采取折中的策略,探讨不同的语言学习观,有利于外语学习者树立正确的语言学习观以及培养有效的学习策略。

2. 采取多元文化的包含策略

理解并有效地使用英语语音、词汇、语法,使用英语国家人们的习惯用语和身体语言。学习者应在思考和行动中表现出对多元文化的理解;不断增进对英语国家文化特性的认识、理解和欣赏的能力;逐步加深理解语言与文化情境的关系。识别不同文化情境下英语的使用,并能得体地使用英语与以英语为母语者或非英语为母语者的交流。

3. 采取正确的结构—功能交际策略

中国背景下的外语学习策略是语言知识和语言运用并重。学习者能够学得语言知识,并能根据语言使用环境与交际目的有效地使用英语,从各种英语原文和口语中获取、理解和处理信息,特别注意口头和笔头英语,有效地传达信息、态度和思想,在不同场合完成各种交际任务。

4. 采取低过滤、少焦虑的心理策略

学习者应有健康的心理,使情感过滤程度降到最低,不紧张,不恐惧,排除心理障碍,敢于大声说出英语。此外,应在说话过程中,把注意力放在意义表达上,而忽视语法规则,减少语法对语言的监测作用,提高说话的流利程度。

(二)英语学习的方法

英语学习方法有显性和隐性之分。显性方法是指看得见、易于指导、易于模仿、操作和接受的方法。隐性方法是指心理内部思维、想象和创造性的活动过程。国内外学者有许多关于外语学习方法的著述,以下介绍的是斯特恩概括出的外语学习中成功学习者通用的10种方法。

(1)形成自己独特的学习方法。从自己的学习特点出发,例如,自己善于模仿,就从模仿过渡到理解,不照搬别人的经验和学习方法。

(2)为自己选定长远的学习目标和短期目标,并不断地改进学习,以适应自己的生活。自己对学习负责,而不会过于依靠教师。自己给自己布置任务,而不只是完成教师布置的任务。

(3)乐于学习外语。学习态度开朗、轻松,在练习及交际中不怕当笑柄,不怕说错,不恐惧,不紧张,敢于和以此语言为母语的人沟通。

(4)具有克服学习困难的语言知识和实践技能。克服困难,改进学习的方法,学习中能从容易、简单的知识着手,知道该把注意力集中在什么地方。

(5)善于以新联旧。将孤立的成分组成有规律的系统,不断地组织和完善语言知识、技能,并根据重新组织、完善的要求,安排自己的学习。

(6)兼顾语言的形式和内容,全面探索所学外语的含义。运用各种方法去全面地理解所学外语的意义。例如,利用情境进行解释、猜测,还能根据内容寻求理解文字以外的含义。

(7)长期自觉自愿地练习。要认识到掌握一门外语需要长期、有计划地反复练习,不可能很快且不费力地掌握一门语言。要抓住每一个机会去练习、去使用。

(8)愿意在实际交际中运用所学的外语。要抓住每一个机会去练习,去使用。

(9)经常自我检测、督促,在运用中检测自己的能力。因此,在广泛使用所学的外语的同时,用所学的外语评价学习成效的技能也会得到提高。

(10)训练自己不依赖母语,而凭直觉去掌握所学语言,使用外语思维。例如,通过编对话、发言材料或者回忆所听、所读的外语,练习用外语思维。

第三节 语言教学观

一、语言教学观的内涵

语言教学观就是指人们对语言教学活动的本质、方法、模式等要素的理解、认识、观点和态度,最后形成语言教学理论。任何一个语言教师的教学活动都体现出一定的语言观和相应的语言教学观。由此看来,科学的语言观是科学的语言教学观形成的前提和基础。基于语言观而产生的语言教学观直接作用于外语教学实践。外语教学必须体现科学的语言教学观,以提高外语教学的质量和效率。

语言观是语言的社会功能本质观。对语言社会功能的本质的不同认识就会形成完全不同的语言教学观。如果把语言看作是语言知识体系,我们就会把掌握语言规则体系作为语言教学的方向;如果把语言看作是心理认知活动,我们就会把语言规则的生成性作为语言教学的重点;如果把语言看作是交际工具,我们就会把培养交际能力作为语言教学的指导思想。当代语言学的发展对外语教学法影响很大。各个有影响的语言学流派的语言观在语言教学中都产生了相应理论观点的教学法。因此,对语言本质特征认识的语言观决定着语言教学观的理论、原则和方法。

当代语言教学观认为,语言教学的目的不在于获取语言知识,而是要学会并掌握使用语言的能力,即在语言教学中,其根本任务是掌握语言的功能,功能是第一位的,语言形式和结构系统是从属的。如果我们吸收之前提到的三种语言观,我们的语言教学就不会走极端,就会更加全面。因此,我们应在全面分析语言观和语言学习观的基础上,结合我国的国情和外语环境,主张一种综合的、折中的、包含语言的物质结构性、心理认知性和社会功能性的三维立体语言教学观。英语在我国属于外语,在没有语言习得的环境下,必须要学会语言知识结构;作为人类的语言,英语也可以被我们所认知和生成;作为人类交际的工具,英语在教学中也必须凸显其社会交际功能。总之,对于中国外语教学来说,这种集语言结构、认知、功能于一体的三维立体语言教学观是一种科学、全面、实用的语言教学观。

二、语言教学理论及其教学法

语言教学理论包括第一语言教学理论和第二语言教学理论。第一语言教学理论研究母语的习得机制和过程,第二语言教学理论主要研究第二语言或外语的教学原理和方法。实际上,语言教学理论基本上只谈第二语言或外语的教学理论。本节所研究的语言教学理论仅限于外语教学理论。从外语教学理论发展来看,因其所用的语言理论的不同,外语教学理论可大概分为三种:结构主义语言教学理论、认知主义语言教学理论和功能主义教学理论。

(一)结构主义语言教学理论及以其为基础的教学方法

1. 结构主义语言教学理论

结构主义语言教学理论及语言教学观将语言看作结构上相互联系并表达一定意义的系统,外语教学的目的是让学生掌握所学外语系统中语音、词汇和语法等各种成分的内容,由各个相互关联成分(音素、语素、词、短语、句子)按照层次组成的一个结构系统。这一大系统又分为几个子系统(音位系统、词汇系统和句法系统),其中句法系统是最复杂的,也是最基本的。结构法、试听法、听说法等反映了这种观点。

"语言是一种习惯"是结构主义语言学观的另一个观点。它把语言学习过程看成是"刺激—反应—强化—重复"机械的习惯形成过程,把语言自动化视作外语学习的目标。在课堂教学活动中,他们运用"刺激-反应"的模式训练学生,提高他们的语言熟练程度。但是却忽视了语言的创造性特点和语言所传递信息的不可预料性特点。

结构主义语言学以口语为研究重点,认为语言形式中口语是第一性的,文字只是记录口语的书面符号。

2. 听说法

20世纪50年代,在语言学家布龙费尔德的结构主义语言学和行为主义心理学的理论基础上,听说法得到了很好的发展。这种结构主义语言观对听说法教学原则的影响便是以句型为中心,通过句型操练来掌握外语。该观点在听说法中表现为"反复操练,形成习惯"和"排斥或限制母语"等教学原则。另外,"口语是第一性"的观点体现在听说法的教学原则中便是"听说领先"。

(1)听说法的教学特征。

① 按照听、说、读、写的顺序学习语言;

② 对话是语言呈现的主要形式;

③ 强调模拟、重复、记忆和句型练习;

④ 语言结构有顺序地呈现,一次只教一个结构;

⑤ 教学要点基于对比分析;

⑥ 重视基本技能训练;

⑦ 极力避免学生出现语言错误。

(2)听说法的优势。

① 重视听说训练,有利于培养学生的听力和自然的语音语调;

② 通过句型训练,能够利用有限的语言材料使学生较快地学会口语表达;

③ 对加强学生的听、说能力及提高学生外语实践水平有一定作用。

(3)听说法的不足。

① 只注意句型本身的意义,忽视物质意义和情景意义,从而造成学生往往并不了解句子的确切含义;

② 一般不指明语法规则,使学生对语言体系没有一个清晰、准确的概念,加上机械性重复练习,学生的语言创造生成的能力得不到培养和发挥;

③ 它是一个脱离语境、忽视意义的模式体系,所以不利于培养学生进行自然的语言交际的能力。

(二)认知主义的语言教学理论及以其为基础的教学方法

1. 认知理论与认知法的产生

瑞士著名心理学家皮亚杰是认知主义心理学的代表人物。他认为对知识的掌握是一种智力活动,每一种智力活动都具有一定的认知结构。他提出的认知发生论强调人类活动相互作用的特性;他把人的活动看成是具有智慧的人调整个体与自然界的关系的行为,而不是简单的外界刺激与反应关系,因为人无论接受刺激还是对刺激做出反应都受到认知结构的支配。皮亚杰的认知理论从根本上动摇了行为主义的刺激-反应学习理论。

第一个提出认知法的是心理学家卡鲁尔,他认为外语的学习就是通过分析、理解掌握语音、词汇、语法等语言结构。他的主张与听说法教学原则所不同的是,听说法主要通过模仿、反复操练形成习惯达到对结构的掌握,而卡鲁尔的认知法强调理解在教学语言体之间的研究视角,把语言看作是一种社会,形成与听说法理论针锋相对的观点。这是从学习者内部的研究视角出发,突破听说法从简单的外在刺激因素对外语教学的影响,使得教学法的发展迈向新的里程碑。

2. 认知教学法

(1)认知法的教学程序分析。

认知法把外语教学程序分为五个部分:语言理解阶段,培养语言能力阶段,语言运用阶段,全面发展听、说、读、写四项技能和对错误进行分析后加以纠正。

① 语言理解阶段:认知法强调理解是语言活动的基础。理解是指学生理解教师教授或者所学语言材料和语言规则的意义、构成和用法。任何语言的学习活动都应该建立在理解的基础上,如句型的操练,听、说、读、写各项能力的培养等。理解是外语学习的第一个阶段。应该注意的是,语言规则的理解并非依赖教师的讲解,而是在教师指导下让学生

发现语言的规则。

② 培养语言能力阶段：认知法认为外语的学习不仅需要语言知识、结构的掌握，还要培养正确使用语言的能力。外语语言能力的培养要通过有意识、有组织的练习获得。这个阶段既要检查学生对语言知识的理解情况，又要培养学生运用语言知识的能力。

③ 语言运用阶段：这个阶段的教学任务是培养学生运用语言知识，进行听、说、读、写的能力，尤其重视学生的实际交际能力。这个阶段将前面两个阶段学得的语言知识与实际运用能力结合起来，目的在于使学生在听、说、读、写各个方面的能力都得到发展。

④ 全面发展听、说、读、写四项技能。认知法追求的外语教学目标是培养学生实际而全面地运用外语的能力。在学习口语的同时，也要学习书面语。同时，听、说、读、写四种语言技能应该从开始学习外语起就进行训练。

⑤ 对错误进行分析后加以纠正。认知法将语言的学习看作"假设—验证—纠正"的过程。在这个过程中，学生出现错误在所难免，教师要对学生的错误进行分析，了解学生产生错误的原因，有针对性地进行纠正，逐步培养学生正确运用语言的能力。

（2）认知法的优势。

① 依照转换生成理论，主张培养学生的语言能力和语言运用，符合认知规律和新课标教育教学理念。

② 强调有意义的学习和练习，并且使外语教学的过程情景化、交际化，有利于激发学生的学习动机。

③ 认知法容忍学生的语言错误，有利于提高交际的流利程度，同时，也可以在学习过程中减少对学生自信心的破坏。

（3）认知法的主要局限。

① 转换生成理论主要针对母语习得，对外语学习的指导力没有对母语习得的解释力强。

② 认知法主要强调语言学习者如何获得语言能力，对语言的交际能力认识不足，强调不够。

③ 认知法在教学实践中过分关注语言的"结构"。转换生成理论与结构主义有一个根本性的相同点，它仍然是语言结构的研究。正如结构主义语言学过分强调形式而忽视了意义研究而受到批评，认知法也有这样的诟病。

（三）社会语言学的教学理论及以其为基础的教学方法

1. 社会语言学理论

社会语言学的语言系统观强调语言环境，侧重研究语言的社会功能，研究语言在社会中如何运用的问题。它主张语言的社会交际功能是语言最本质的功能。在外语教学中,认为把语言放在社会交际中来学习,在实际环境中进行交际,正确处理结构意义和环境意义的关系,目的是让学生学会使用所学外语进行社会交际。它提出的"交际能力"这一概念已成为外语教学的主要目的,主张竭力让学生学到地道的外语。

2. 交际教学法

(1) 交际法的教学特征。

① 培养学生掌握交际能力。语言是人们在社会中进行交际的工具,培养学生掌握交际能力最能体现语言的社会本质职能。交际法改变了传统的以语言结构为主要线索安排教学,而主张以交际功能为主要线索安排教学,同时考虑意念、情景、话题、语音语调、词汇和语法结构、语体等。

② 从学生实际需要出发,确定教学目的和要求以及教学内容和方法。交际法以学生为中心,学生将来工作需要什么就学什么,自己可以定大纲、计划,根据个人需要设置课程。从教材内容到具体方法的选择都集中在特定的目标上。从而达到要求适当、力量集中、学会结合、效果良好。

③ 教学过程交际化。过去的教学从语言形式出发,句型练习机械、生硬、乏味。交际法把外语教学过程变成言语交际的过程,在适当的语言情景和适当的交际情景中恰当地使用语言,使得学生感受到运用所学语言成功地达到交际目的后的愉快。这样做有利于调动学生的积极性。一旦学生对外语学习产生了兴趣,他就会产生极大的动力去克服困难,获得成功。

④ 鼓励学生多接触和使用外语,特别是真实的语言材料,即实用性强的、来自于实际生活中的活的语言材料。学生经过反复使用,逐步做到正确地使用语言,因为,学习语言必须经过一个由不完善到完善的中继语言阶段。

交际法能够抓住语言的社会本质职能,掌握语言发展的规律,而且善于发挥学习者的主观能动性。交际法在我国也引起了广泛的注意,不仅在大学,在中小学也有不少人在试验这种新的方法。

(2) 交际法的优势。

① 注意语言的运用能力,培养学以致用的意识。

② 强调学生的主动性和互动性。

③ 课堂上的交际活动以学生为主体,有利于激发学生的学习兴趣、钻研精神和自学能力。

(3) 交际法的主要局限性。

① 交际法要求根据学生需要来选择教学内容,确定教学要求。这对于我国实际情况来

说是不现实的。我国的学生学习英语不是目前生存的需要,没有融合型动机,大部分学生的需要只是知识和能力的提高。

② 交际法主要适合小班型教学,使得学生使用语言的机会较多。而我们国家目前中学的班型都在 45 人左右,甚至更多,学生使用外语交流的机会相对较少,不利于发挥交际法的优势。

第四节　教学基本理论对英语教学的指导作用

我们之前介绍了结构主义语言学下的听说法、转换生成语言学下的认知法和社会语言学下的交际法。很难说三种语言观中哪一种正确,哪一种先进,它们只是反映语言的不同侧面以及语言学家研究的不同领域。作为语言教学工作者,教师不能单纯地追求某一种语言观,而应该让学生接触完整的语言,包括语言的形式和意义,也应该懂得一个人习得语言的认知心理过程,要从多种语言观和方法中找到适合我国外语教学的观点和做法。

一、结构主义语言学及语言教学观下的中国外语教学原则

（一）强调知识教学,特别是知识的系统性和结构性

对于学生来说,学习英语,除了课堂外基本没有自然语言环境,只能靠课堂教学来学习英语,所以学习语言的结构和系统十分必要。而且中学生的认知水平和能力完全可以接受母语之外的语言体系和结构,如句法结构。另外,我们可以通过对比分析避免一些共性的语言错误。

（二）强调模仿,特别是语音、语调

任何一种语言的语音系统都是相对独立的,其语音、语调有别于其他语言的语音、语调。要想发出纯正的语音是需要模仿的。

（三）强调语际对比,提高学习效率

英语和汉语都属于分析型语言,其句法关系是由功能词即虚词和词序来表达的。这一同种类型之间的语际对比有利于学生应用母语的正迁移学得英语结构。另外,英语词汇的结构也具有分析性,和我们汉字的偏旁部首结构类似。学生掌握了结构的基本构词方式和语素形式,就可以举一反三地认识、掌握许多词汇,能产生事半功倍的效果。

二、转换生成语言学及语言教学观下的中国外语教学原则

（一）强调培养并运用演绎、观察、发现等思维品质

这一原则符合新一轮课程改革主张的探究式学习方式，在外语教学中很有价值。在语言教学和学习中有些直观的规则完全可以采用观察—发现的模式来进行，在获得知识的同时培养学生的合作意识和探究性思维能力。

（二）强调语言规则的生成与创造

学生学习外语时，总能听懂或说出他从来没有听过的句子，总有创造性行为发生，这就是语言的生成与创造。因此，在教学中，教师应多为学生创设思考的情境，鼓励他们大胆表达，培养他们的创新性思维品质。大胆尝试美国语言教育家克拉申（krashen）的可理解的语言输入理论，为学生接触新的语言创设机会。

（三）强调重视语法规则

转换生成语言教学观与结构主义语言教学观都主张语言规则的学习。然而，在注重意义和语境的交际法兴起之后，有一部分教师从过去的专门讲语法这一极端走到了忽视语言教学的另一个极端，这是不正确的。尤其是近十多年，语法教学在外语教学中的地位被削弱。有的语言学者公开排斥语法教学在外语教学中的地位，反对在任何教学阶段控制语法教学项目的做法。他们认为，只要在课堂上提供有意义的交际，语法就会被学习者自动习得。然而，经过一段时间的实践和反思，人们终于意识到了削弱语法的弊端。新课标标准明确"要改变英语课程过分重视语法和词汇知识的讲解与传授"，意思是改变"过分"，不等于不要讲语法。

三、社会语言学及语言教学观下的中国外语教学原则

（1）社会语言学的语言教学观强调将交际能力作为其教学目标，强调对学习者的交际能力的培养。这种教学理念完全符合初中英语新课标的精神。

（2）社会语言学的语言教学观强调以学生为中心，这更是符合新课标标准的教学理念，也符合《国家中长远教育改革和发展规划纲要》提出的"以学生为主体，以教师为主导"的教育思想。尽管我们目前还无法满足学生的需要，但至少我们要在思想上、教学理念上、教学方式上体现以学生为中心这一理念。

（3）社会语言学的语言教学观强调教学中不仅要教给学生语言规则，更重要的是教会学生语言运用的规则。这是其他语言教学观和教学法中都没有提到的要求。我们在实际语言交际中经常因为对语用规则无知而发生交际失败，因此语用规则在交际法或任务型教学法中变得非常重要。事实上，人们使用语言的最高准则不是语法的正确性，而是语用得体性。

第四章 英语教学理论

本章知识结构

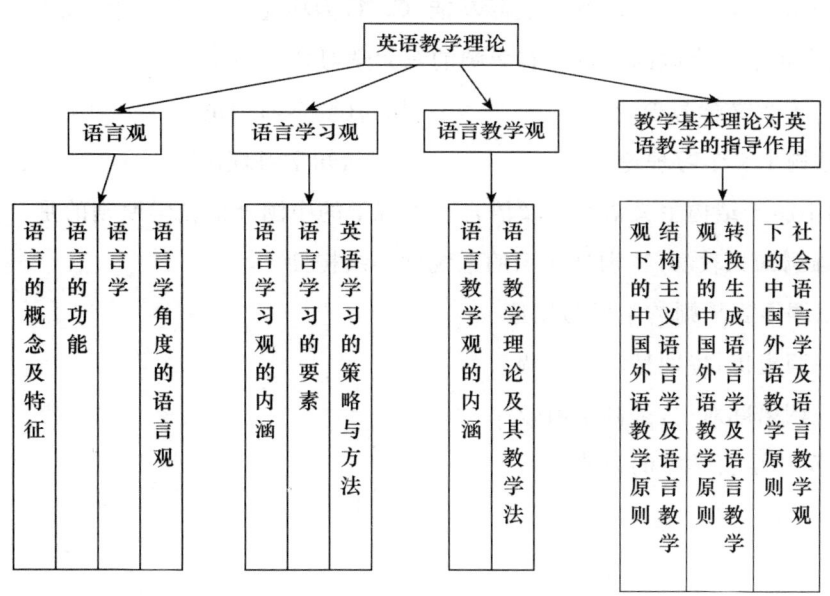

本章小结

关于语言观,考生需要掌握:语言的概念及五种基本特征,语言的八种功能,语言学的概念及其五种主要分类,以及从语言学角度的不同理论下的语言观;关于语言学习观,考生需要掌握语言学习观的内涵和语言学习的基本要素;关于语言教学观,考生需要掌握语言教学观的内涵和相关语言教学理论及相对应的语言教学法;关于教学基本理论对教学的指导作用,考生则需要掌握在不同语言学分类及语言教学观的前提下中国外语的教学原则。

备考指南

本章内容是英语教学的理论基础,考试中体现在教学设计中。要了解不同时期的语言观、学习观流派与相对应的教学应用。能够根据各流派的优缺点和适用情况设计教学活动,综合运用到不同目标的教学环节中。

自测训练

1. "Come here." "Don't stop."等话语体现了语言的_____。
   A. 指示功能　　B. 指使功能　　C. 表达功能　　D. 召唤功能

2. 社会语言学家认为语言的最本质功能是 _____。

   A. 指示功能　　　B. 社会交际功能　C. 行为功能　　　D. 应酬功能

3. 下列不属于当今国内外较为有影响的三大学习理论的是 _____。

   A. 行为主义学习理论　　　　　B. 社会学习理论

   C. 结构主义学习理论　　　　　D. 认知学习理论

4. 下列不属于结构主义语言学及语言教学观下的中国外语教学原则的是 _____。

   A. 强调知识教学，特别是知识的系统性和结构性

   B. 强调语言规则的生成与创造

   C. 强调模仿，特别是语音语调

   D. 强调语际对比，提高学习效率

5. 简述英语语言学习的策略。

第五章 高中英语课程标准

考纲内容

理解国家颁布的英语学科课程标准的目标内容（语言技能、语言知识、情感态度、学习策略和文化意识），以及课程标准的其他相关知识，并能在教学设计与实施中运用。

考纲解读

根据考纲的内容，本章知识多以单项选择题和简答题的形式进行考查。其中，英语课程目标、教学建议和评价建议是本章的考查重点。

第一节 高中英语课程性质和基本理念

一、高中英语课程的性质

语言是人类最重要的思维和交流工具，也是人们参与社会活动的重要条件。语言对促进人的全面发展具有重要意义。当今社会生活和经济活动日益全球化，外语已经成为世界各国公民必备的基本素养之一。因此，学习和掌握外语，特别是英语，具有重要意义。

高中英语是普通高中的一门主要课程。高中学生学习外语，一方面可以促进心智、情感、态度与价值观的发展和综合人文素养的提高；另一方面，掌握一门国际通用语言可以为学习国外先进的文化、科学、技术和进行国际交往创造条件。开设英语课程有利于提高民族素质,有利于我国对外开放和国际交往,有利于增强我国的综合国力。

二、高中英语课程的基本理念

（一）重视共同基础,构建发展平台

普通高中英语课程是义务教育阶段课程的自然延伸,是基础教育阶段课程的重要组成部分。因此,普通高中英语课程要在义务教育阶段英语课程的基础上,帮助学生打好语言基础,为他们今后升学、就业和终身学习创造条件,并使他们具备作为21世纪公民所应有的基本英语素养。高中英语课程应根据高中学生认知特点和学习发展需要,在进一步发展学生基本语言运用能力的同时,着重提高学生用英语获取信息、处理信息、分析和解决问题的能力;逐步培养学生用英语进行思维和表达的能力;为学生进一步学习和发展创造必要的条件。

（二）提供多种选择,适应个性需求

高中阶段的英语课程要有利于学生个性和潜能的发展。因此,高中英语课程必须具有选择性。而课程的多样化是实现课程可选择性的基础。高中英语课程既关注社会的需求,也满足不同学生的发展需求。在完成共同基础的前提下,高中英语课程力求多样化,为每个学生提供自主选择和自我发展的机会,使学生在选择中提高规划人生和自主发展的能力,确立自己未来的发展方向。

（三）优化学习方式,提高自主学习能力

高中英语课程的设计与实施,要有利于学生优化英语学习方式,使他们通过观察、体验、探究等积极主动的学习方法,充分发挥自己的学习潜能,形成有效的学习策略,提高自主学习的能力;要有利于学生学会运用多种媒体和信息资源,拓宽学习渠道,形成具有个性的学习方法和风格。

（四）关注学生情感,提高人文素养

高中英语课程要关注学生的情感,使学生在英语学习的过程中,提高独立思考和判断的能力,发展与人沟通和合作的能力,增进跨文化理解和跨文化交际的能力,树立正确的人生观、世界观和价值观,增强社会责任感,全面提高人文素养。

（五）完善评价体系,促进学生不断发展

高中英语课程要建立旨在促进学生全面发展的多元化评价体系。评价要有利于学生的发展,对学生的学习起到促进作用;要采用形成性评价和终结性评价相结合的方式,着重评价学生的综合语言运用能力以及在学习过程中表现出的情感、态度和价值观。评价体系要有助于学生监控、调整自己的学习目标和学习策略,要有助于学生增强英语学习的信心。

第二节 高中英语课程目标和内容标准

一、高中英语课程目标

（一）总目标

高中英语课程的总目标是使学生在义务教育阶段英语学习的基础上,进一步明确英语学习的目的,发展自主学习和合作学习的能力;形成有效的英语学习策略;培养学生的综合语言运用能力。综合语言运用能力的形成建立在语言技能、语言知识、情感态度、学习策略和文化意识等素养整合发展的基础上。语言技能和语言知识是综合语言运用能力的基础。情感态度是影响学生学习和发展的重要因素。学习策略是提高学习效率、发展自主学习能力的先决条件。文化意识则是得体运用语言的保障。

根据高中学生认知能力发展的特点和学业发展的需求,高中英语课程应强调在进一步发展学生综合语言运用能力的基础上,着重提高学生用英语获取信息、处理信息、分析问题和解决问题的能力,特别注重提高学生用英语进行思维和表达的能力;形成跨文化交际的意识和基本的跨文化交际能力;进一步拓宽国际视野,增强爱国主义精神和民族使命感,形成健全的情感、态度、价值观,为未来发展和终身学习奠定良好的基础。

为此,高中英语教学要鼓励学生通过积极尝试、自我探究、自我发现和主动实践等学习方式,形成具有高中生特点的英语学习的过程与方法。

（二）分级目标

高中英语课程的目标以义务教育一至五级的目标为基础,共有四个级别（六至九级）的目标要求。其中七级是高中阶段必须达到的级别要求,八级和九级是为愿意进一步提高英语综合语言运用能力的高中学生设计的目标。各个级别的要求均以学生的语言技能、语言知识、情感态度、学习策略和文化意识等五个方面的综合行为表现为基础进行总体描述。表5-1是高中英语课程六至九级课程目标的描述。

表 5-1　高中英语课程目标

级别	目标总体描述
六级	进一步增强英语学习动机,有较强的自主学习意识 能理解口头或书面材料中表达的观点,并简单发表自己的见解 能有效地使用口头或书面语言描述个人经历 能在教师的帮助下策划、组织和实施英语学习活动 能主动利用多种教育资源进行学习 能初步对学习过程和结果进行自我评价,调整学习目标和策略 能体会交际中所使用语言的文化内涵和背景
七级	有明确和持续的学习动机和自主学习意识 能就熟悉的话题交流信息,提出问题并陈述自己的意见和建议 能读懂供高中学生阅读的英文原著简写本及英语报刊 具有初步的实用写作能力,例如事务通知和邀请信等 能在教师的指导下,主动参与计划、组织和实施语言实践活动 能主动扩展和利用学习资源,从多渠道获取信息并能利用所获得的信息进行清楚和有条理的表达 具有较强的自我评价和自我调控能力,基本形成适合自己的学习策略 理解交际中的文化差异,初步形成跨文化交际意识
八级	有较强的自信心和自主学习能力 能就熟悉的话题与讲英语的人士进行比较自然的交流 能就口头或书面语言材料的内容发表评价性见解 能写出连贯且结构完整的短文 能自主策划、组织和实施各种语言实践活动,例如商讨和制订计划、报告实验和调查结果 能有效利用网络等多种教育资源获取和处理信息,并根据需要对所获得的信息进行整理、归纳和分析 能自觉评价学习效果,形成有效的英语学习策略 了解交际中的文化内涵和背景,对异国文化能采取尊重和包容的态度
九级	能独立、自主地规划并实施学习任务 能听懂有关熟悉话题的演讲、讨论、辩论和报告的主要内容 能就国内外普遍关心的问题(例如：环保、人口、和平与发展等)用英语进行交谈,表明自己的态度和观点 能做日常生活方面的口头翻译 能利用各种机会用英语进行真实交际 能借助词典阅读题材较为广泛的科普文章和文学作品 能用常见的应用文体完成一般的写作任务,并具有初步使用文献的能力 能自主开拓学习渠道,丰富学习资源 能关注时事,具有较强的世界意识

二、高中英语课程内容标准

按照基础教育阶段英语课程分级总体目标的要求,高中课程标准对语言技能、语言知识、情感态度、学习策略和文化意识等五个方面分别提出了相应的具体内容和标准。各个级别的目标所描述的能力都是通过必修课程和选修课程的学习构建成的。图 5-1 是高中英语课程目标的示意图。

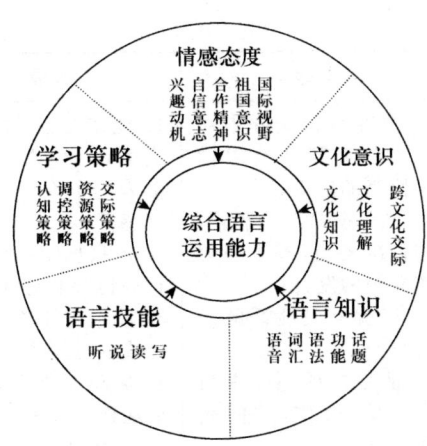

图 5-1　高中英语课程目标示意

（一）语言技能

语言技能是语言运用能力的重要组成部分。语言技能包括听、说、读、写四个方面的技能以及这四种技能的综合运用能力。听和读是理解的技能，说和写是表达的技能。这四种技能在语言学习和交际中相辅相成、相互促进。学生应通过大量的专项和综合性语言实践活动，形成综合语言运用能力，为真实语言交际打基础。因此，听、说、读、写既是学习的内容，又是学习的手段。

根据高中学生的交际需求和认知发展水平，高中英语教学应该着重培养学生以下几方面的能力：在人际交往中得体地使用英语的能力；用英语获取和处理信息的能力；用英语分析问题和解决问题的能力以及批判性思维能力。高中阶段听、说、读、写的训练应该立足于学生对这几个方面的发展需求。表 5-2 反映了新课标中六至九级中对语言技能目标的要求。

表 5-2

技能	目标描述			
	六级	七级	八级	九级
听	1. 能抓住所听语段中的关键词，理解话语之间的逻辑关系； 2. 能听懂日常的要求和指令，并能根据指令进行操作； 3. 能听懂故事或记叙文，理解其中主要人物和事件以及他们之间的关系； 4. 能从听力材料、简单演讲或讨论中提取信息和观点。	1. 能识别语段中的重要信息并进行简单的推断； 2. 能听懂操作性指令，并能根据要求和指令完成任务； 3. 能听懂正常语速听力材料中对人和物的描写、情节发展及结果； 4. 能听懂有关熟悉话题的谈话并能抓住要点； 5. 能听懂熟悉话题的内容，识别不同语气所表达的不同态度； 6. 能听懂一般场合的信息广播，例如：天气预报	1. 能识别不同语气所表达的不同情感； 2. 能听懂有关熟悉话题的讨论和谈话并记住要点； 3. 能抓住一般语段中的观点； 4. 能基本听懂广播或电视英语新闻的主题或大意； 5. 能听懂委婉的建议或劝告等	1. 能听懂有关熟悉话题的演讲、讨论、辩论和报告； 2. 能听懂国内外一般的英语新闻广播； 3. 能抓住较长发言的内容要点，理解讲话人的观点及意图； 4. 能从言谈中判断对方的态度、喜恶、立场及隐含意思等； 5. 能理解一般的幽默； 6. 能在听的过程中克服一般性的口音干扰

续表

技能	六级	七级	八级	九级
说	1. 能传递信息并就熟悉的话题表达看法； 2. 能通过重复、举例和解释等方式澄清意思； 3. 能有条理地描述个人体验和表达个人的见解和想象； 4. 能用恰当的方式在特定场合中表达态度和意愿； 5. 能用英语进行简单的语言实践活动，如访谈	1. 能在日常交际中对一般的询问和要求做出恰当的反应； 2. 能根据熟悉的话题，稍做准备后，有条理地作简短的发言； 3. 能就一般性话题进行讨论； 4. 能根据话题要求与人交流、合作，共同完成任务； 5. 能用恰当的语调和节奏表达意图	1. 能在交流中使用恰当的语调、语气和节奏表达个人的意图和情感等； 2. 能根据学习任务进行商讨和制订计划； 3. 能报告任务和项目完成的过程和结果； 4. 能经过准备就一般话题作3分钟演讲； 5. 能在日常人际交往中有效地使用语言进行表达，例如：发表意见、进行判断、责备或投诉等； 6. 能做一般的生活翻译，例如：带外宾购物或游览等	1. 能在交谈中把握分寸，并根据交谈对象调整用语和表达方式； 2. 能经过准备就一些专题作5～10分钟演讲，并回答有关提问； 3. 能用英语接受面试； 4. 能作一般性口头翻译； 5. 能在交际中恰当地表达自己的情感； 6. 能对交际中产生的误会加以澄清或解释； 7. 能就国内外普遍关心的问题（例如：环保、人口、和平与发展等）用英语交谈，表明自己的态度和观点
读	1. 能从一般文字资料中获取主要信息； 2. 能利用上下文和句子结构猜测词义； 3. 能根据上下文线索预测故事情节的发展； 4. 能根据阅读目的使用不同的阅读策略； 5. 能通过不同信息渠道查找所需信息； 6. 除教材外，课外阅读量应累计达到18万词以上	1. 能从一般性文章中获取和处理主要信息； 2. 能理解文章主旨和作者意图； 3. 能通过上下文克服生词困难，理解语篇意义； 4. 能通过文章中的线索进行推理； 5. 能根据需要从网络等资源中获取信息； 6. 能阅读适合高中生的英语报刊或杂志； 7. 除教材外，课外阅读量应累计达到23万词以上	1. 能识别不同文体的特征； 2. 能通过分析句子结构理解难句和长句； 3. 能理解阅读材料中不同的观点和态度； 4. 能根据学习任务的需要从多种媒体中获取信息并进行加工处理； 5. 能在教师的帮助下欣赏浅显的英语文学作品； 6. 除教材外，课外阅读量应累计达到30万词以上	1. 能阅读一般的英文报刊或杂志，从中获取主要信息； 2. 能阅读一般英文原著，抓住主要情节，了解主要人物； 3. 能读懂各种商品的说明书等非专业技术性的资料； 4. 能根据情景及上下文猜测不熟悉的语言现象； 5. 能使用多种参考资料和工具书解决较复杂的语言疑难； 6. 有广泛的阅读兴趣及良好的阅读习惯； 7. 能有效地利用网络等媒体获取和处理信息

续表

技能	六级	七级	八级	九级
写	1. 能用恰当的格式写便条和简单的信函； 2. 能简单地描述人物或事件，并简单地表达自己的意见； 3. 能用恰当的语言书写问候卡； 4. 能给朋友、笔友写信，交流信息和情感； 5. 能对所写内容进行修改	1. 能用文字及图表提供信息并进行简单描述； 2. 能写出常见体裁的应用文，例如：信函和一般通知等； 3. 能描述人物或事件，并进行简单的评论； 4. 能填写有关个人情况的表格，例如：申请表等； 5. 能以小组形式根据课文改编短剧	1. 能根据所读文章进行转述或写摘要； 2. 能根据用文字及图表提供的信息写短文或报告； 3. 能写出语意连贯且结构完整的短文，叙述事情或表达观点和态度； 4. 能在写作中做到文体规范、语句通顺	1. 能用英文书写摘要、报告、通知和公务信函等； 2. 能比较详细和生动地用英语描述情景、态度或感情； 3. 能阐述自己的观点和评述他人的观点，文体恰当，用词准确； 4. 能在写作中恰当地处理引用的资料及他人的原话； 5. 能填写各种表格，写个人简历和申请书，用语基本正确、得当； 6. 能做简单的笔头翻译； 7. 能在以上写作过程中做到文字通顺，格式正确

（二）语言知识

高中学生应该学习和掌握的英语语言基础知识包括语音、词汇、语法、功能和话题等五个方面的内容。语言知识是语言能力的有机组成部分，是发展语言技能的重要基础。表 5-3 是七、八、九级语言知识的目标描述。本标准对六级的语言知识不作单独描述，六级的教学可参照七级目标要求。

表 5-3

技能	七级	八级	九级
语音	1. 在口头表达中做到语音、语调自然和流畅； 2. 根据语音、语调了解话语中隐含的意图和态度； 3. 初步了解英语诗歌中的节奏和韵律； 4. 根据语音辨别和书写不太熟悉的单词	1. 在交际中逐步做到语音、语调自然、得体和流畅； 2. 根据语音、语调了解和表达隐含的意图和态度； 3. 了解诗歌中的节奏和韵律； 4. 根据语音辨别和书写不太熟悉的单词或简单的语句	1. 在用英语与各国人士进行交谈时或在听不同国家人士讲英语的录音时，能克服不同口音带来的困难，听懂大意。 2. 能运用恰当的语调、节奏和重音变化等手段有效地表达不同的语意和态度等交流意图

续表

技能	七级	八级	九级
词汇	1. 理解话语中词汇表达的不同功能、意图和态度等； 2. 运用词汇给事物命名、进行指称、描述行为和特征、说明概念等； 3. 学会使用2400～2500个单词和300～400个习惯用语或固定搭配； 4. 了解英语单词的词义变化以及日常生活中新出现的词汇	1. 运用词汇理解和表达不同的功能、意图和态度等； 2. 在比较复杂的情况下，运用词汇给事物命名、进行指称、描述行为和特征、说明概念等； 3. 学会使用3300个左右的单词和400～500个习惯用语或固定搭配	1. 学会使用4500个左右的单词和一定数量的习惯用语或固定搭配； 2. 能根据交际话题、场合和人际关系等相关因素选择较为适当的词语进行交流或表达
语法	1. 掌握描述时间、地点和方位的常用表达方式； 2. 理解并掌握比较人、物体及事物的常用表达方式； 3. 使用适当的语言形式描述事物，简单地表达观点、态度或情感等； 4. 掌握语篇中基本的衔接和连贯手段，并根据特定目的有效地组织信息	1. 在七级要求的基础上，进一步掌握描述时间、地点和方位的表达方式； 2. 在七级要求的基础上，进一步理解并掌握比较人、物体及事物的表达方式； 3. 使用适当的语言形式进行描述和表达观点、态度和情感等； 4. 学习并掌握常见语篇形式的基本篇章结构和逻辑关系	1. 在八级要求的基础上，进一步理解语法形式的表意功能，并能有效地运用； 2. 逐步接触和了解较为复杂的语言现象，对较复杂的语言现象具有一定的归纳、分析和解释的能力
功能	1. 了解日常交际功能的主要语言表达形式； 2. 在语境中恰当地理解和表达问候、告别、感谢或介绍等交际功能； 3. 在日常人际交往中有效地使用得体的语言进行表达，例如发表意见或进行判断等； 4. 运用已学过的功能项目有效地表达情感、意图和态度	1. 在更广泛的语境中恰当地理解和表达问候、告别、感谢和介绍等交际功能； 2. 在日常人际交往中有效地使用得体的语言进行表达，例如发表意见、进行判断、责备和投诉等； 3. 灵活运用已经学过的常用功能项目，进一步学习并掌握新的功能项目； 4. 在实际生活中能够较熟练地、自信地进行沟通	1. 能综合运用学过的常用功能项目，并能灵活、得体地进行交流； 2. 能根据交流需要，进一步学习并掌握新的语言表意和交际功能； 3. 在学习和交流中，能有效地运用语言提高认知水平，发展思维能力
话题	1. 熟悉个人、家庭和社会交往等方面的话题； 2. 进一步熟悉有关日常生活、兴趣爱好、风俗习惯和科学文化方面的话题； 3. 熟悉我国一般社会生活的话题，例如职业、节日、风俗和社交礼仪等； 4. 了解英语国家有关日常生活习惯的话题	1. 熟悉有关个人、家庭和社会交往等方面的话题； 2. 熟悉有关风俗习惯、科学文化和文学艺术等方面的话题； 3. 熟悉有关我国一般社会生活的话题，例如职业、节日、风俗和社交礼仪等； 4. 了解英语国家有关日常生活习惯的话题	1. 能综合运用在八级目标要求中所列的话题内容进行有一定深度的思想交流； 2. 在交流中尊重文化的差异，表现出较强的跨文化交际意识和能力

(三)情感态度

情感态度指兴趣、动机、自信、意志和合作精神等影响学生学习过程和学习效果的相关因素,以及在学习过程中逐渐形成的祖国意识和国际视野。保持积极的学习态度是英语学习成功的关键。在高中阶段,教师应引导学生将兴趣转化为稳定的学习动机,以使他们树立较强的自信心,形成克服困难的意志,乐于与他人合作,养成和谐与健康向上的品格。通过英语课程使学生增强爱国主义意识,拓展国际视野。表 5-4 为七级和八级的情感态度目标描述。

表 5-4　七级和八级的情感态度目标

级别	七级	八级
目标描述	1. 保持学习英语的愿望和兴趣,主动参与有助于提高英语能力的活动; 2. 有正确的英语学习动机,明确英语学习的目的是为了沟通与表达; 3. 在英语学习中有较强的自信心,敢于用英语进行交流与表达; 4. 能够克服英语学习中所遇到的困难,愿意主动向他人求教; 5. 在英语交流中能理解并尊重他人的情感; 6. 在学习中有较强的合作精神,愿意与他人分享各种学习资源; 7. 能在交流中用英语简单介绍祖国文化; 8. 能了解并尊重异国文化,体现国际合作精神	1. 能全面和正确地认识英语学习的意义; 2. 有稳定和持久的英语学习动机; 3. 有学好英语的毅力和克服困难的意志; 4. 能用英语恰当地表达自己的情感、态度和价值观; 5. 在用英语交流的过程中,能理解语言隐含的情感、态度和价值观; 6. 有较强的祖国意识和国际视野

(四)学习策略

学习策略指学生为了有效地学习语言和使用语言而采取的各种行动和步骤。英语学习策略包括认知策略、调控策略、资源策略和交际策略等。认知策略是指学生为了完成具体学习任务而采取的步骤和方法;调控策略是指学生计划、实施、评价和调整学习过程或学习结果的策略;交际策略是指学生为了争取更多的交际机会、维持交际以及提高交际效果而采取的各种策略;资源策略是指学生合理并有效地利用多种媒体进行学习和运用英语的策略。高中学生应形成适合自己学习需要的英语学习策略,并能不断地调整自己的学习策略。

高中学生已走近成年阶段,人际交往和社会体验都会不断扩展。因此,高中学生应该积极利用多种渠道使用英语,在真实交际中培养有效的交际策略。同时,高中学生应在义务教育阶段所培养的自主学习能力的基础上,进一步掌握资源策略,学会独立地获取信息和资料,并能加以整理、分析、归纳和总结,从而扩展知识,开阔视野,充实生活,更自觉地规划自己的人生。表 5-5 是七级和八级学习策略的目标描述。

表5-5 七级和八级学习策略的目标

技能	七级	八级
认识策略	1. 借助联想建立相关知识之间的联系； 2. 利用推理和归纳等逻辑手段分析和解决问题； 3. 总结所接触语言材料中的语言规律并加以应用； 4. 在学习中,善于抓住重点,做好笔记,并能对所学内容进行整理和归纳； 5. 在听和读的过程中,借助情景和上下文猜测词义或推测段落大意； 6. 在学习中借助图表等非语言信息进行理解或表达	1. 从不同角度认知新学语言项目,既关注语言项目的形式,又关注其意义和用法； 2. 在新旧语言知识之间建立联系； 3. 根据形式、意义或用法对新学语言项目进行分类； 4. 做笔记时能利用关键词、缩写、符号和数字等； 5. 遵循记忆规律,提高记忆效果； 6. 把一个领域的技能转移到另一个领域,例如,把母语学习技能转移到英语学习之中,把读或写的某些技能转移到听或说之中
调控策略	1. 根据需要制订英语学习计划； 2. 主动拓宽英语学习的渠道； 3. 创造和把握学习英语的机会； 4. 学习中遇到困难时知道如何获得帮助； 5. 与教师或同学交流学习英语的体会和经验； 6. 评价自己学习的效果,总结有效的学习方法	1. 根据学习进展情况,调整学习计划和目标； 2. 了解自己使用学习策略的效果,并根据需要进行调整； 3. 能根据学习活动的需要,合理地分配注意力(把注意力集中在重点学习活动上)； 4. 学习中遇到困难时能分析原因并尝试解决； 5. 控制和调整英语学习过程中的情绪和情感
交际策略	1. 在课内外活动中积极用英语与同学交流； 2. 借助手势和表情等非语言手段提高交际效果； 3. 通过解释或重复等方式克服交际中的语言障碍； 4. 利用各种机会用英语进行真实交际； 5. 监控交际中语言运用的得体性	1. 通过解释、重复、举例和证实等方式澄清或论证观点； 2. 能在必要时使用委婉语言来表达意思或想法； 3. 根据语言使用环境,得体地使用语言； 4. 交际中善于克服语言障碍,维持交际； 5. 在真实交际中注意并遵守英语交际的基本礼仪
资源策略	1. 有效地使用词典等工具书； 2. 通过图书馆、计算机网络、广播和电视等资源获得更广泛的英语信息,扩展所学知识	能通过图书馆、互联网、报纸、杂志、广播或电视等多渠道资源查找所需信息和材料,例如百科知识、专业文献、公共信息、统计数据或新闻报道等

（五）文化意识

语言有丰富的文化内涵。在英语教学中,文化主要指英语国家的历史、地理、风土人情、传统习俗、生活方式、文学艺术、行为规范和价值观念等。接触和了解英语国家的文化有利于对英语的理解和使用,有利于加深对本国文化的理解与认识,有利于培养世界意识,有利于形成跨文化交际能力。教师应根据学生的年龄特点和认知能力,逐步扩展文化知识的内容和范围。教学中涉及的有关英语国家的文化知识应与学生的日常生活、知识结构和认知水平等密切相关,并能激发学生学习英语文化的兴趣。要扩大学生接触异国文化的范围,帮助学生拓展视野,使他们提高对中外文化异同的敏感性和鉴别能力,为发展他们的跨文化交际能力打下良好的基础。表 5-6 是七级和八级的文化意识目标描述,其他级别不再单独列出。

表 5-6　七级和八级的文化意识目标

级别	七级	八级
目标描述	1. 理解英语中的常用成语和俗语及其文化内涵; 2. 理解英语交际中的常用典故或传说; 3. 了解英语国家主要的文学家、艺术家、科学家、政治家的成就、贡献等; 4. 初步了解主要英语国家的政治和经济等方面的情况; 5. 了解英语国家中主要大众传播媒体的情况; 6. 了解主要英语国家人们与中国人生活方式的异同; 7. 了解英语国家人们在行为举止和待人接物等方面与中国人的异同; 8. 了解英语国家的主要宗教传统; 9. 通过学习英语了解世界文化,培养世界意识; 10. 通过中外文化对比,加深对中国文化的理解	1. 初步了解英语语言与英语国家文化的关系,例如有些词汇或表达方法与文化背景的关系; 2. 在使用英语的过程中,能发现隐含在语言中的对他国文化的态度,例如文化崇拜或文化歧视; 3. 对英语和英语国家的人民及其文化传统有比较客观和公平的认识; 4. 了解英语国家最突出的文化特色; 5. 初步了解主要英语国家重要(历史)文化现象的渊源; 6. 初步了解英语国家文化在日常生活和人们价值观中的体现

第三节　高中英语教学建议

一、面向全体学生,为学生终身发展奠定共同基础

高中英语课程的必修课是为每一个高中学生奠定终身发展的共同基础的课程。因此,高中英语课程的教育教学要面向全体学生。高中学生应该形成的英语共同基础是持续的学习动机和初步的自主学习能力以及综合语言运用能力。高中英语课程要特别注重培养学生用英语获取信息、处理信息和传达信息的能力,分析问题和解决问题的能力,以及用英语进行思维和表达的能力。

为了帮助学生打好高中英语课程的共同基础,教师要鼓励学生通过体验、实践、讨论、合作和探究等方式,发展听、说、读、写的综合语言技能,要创造条件让学生能够探究他们自己感兴趣的问题并自主解决问题,要特别强调让学生在人际交往中得体地使用英语。

由于学生现有的语言能力以及学习方式等方面存在差异,高中英语课程的教学设计不但要符合学生的生理和心理特点,还要考虑不同学生的不同情况。只有尊重学生的差异并满足不同学生的不同学习需求,才能真正实现面向全体学生,为学生的终身发展奠定共同基础的目标。

二、鼓励学生学习选修课程,加强对选修课程的指导

设置选修课是高中课程改革的一个重要举措。开设选修课程的主要目的是为学生提供多样化选择的余地和发展个性的空间。开设选修课还有利于扩大学生的知识面,并在一定程度上实现跨学科学习,也为学生的人生规划提供实践的机会。必修和选修课程共同促进学生的英语素养的形成,满足学生的个人需求。因此,选修课程与必修课程的内容应该相辅相成。

(一)关于选修课的设计

选修课的设计必须以课程目标和学生的需求为依据,要充分考虑学生的学习现状,既要有新内容、新发展,又不能超出学生的实际水平。不能把选修课开设成应试的复习课或必修课的补习课,也不能简单照搬大学层面的选修课。要在充分调查学生的学习兴趣、学习水平和学习需求的基础上,合理地设置选修课程,以保证每个学生都有选择的可能。选修课的教学内容既要有多样性,也要有目的性;既要有拓展性,也要考虑可行性;既要有地方特色,也要体现跨文化的特性。

选修课的设计与实施必须从学校实际出发,要综合考虑社会发展的需求、学生的学习愿望和学校条件,逐步开设和完善,并形成学校的办学特色。

(二)对学生选课的指导

必修课与选修课并行的课程体制对学生自主规划学习的能力提出了新的要求。学校有责任给予学生指导,要让学生理解选课既是为了满足自己当前学习的需求,又是在学习如何规划自己的人生。教师要让学生充分了解选修课的主要内容和特点,指导学生自主选课。

(三)选修课的教学内容

选修课的教学内容和教学方法要符合课程目标和学生的需要,不应仅凭教师的兴趣和现有的知识储备实施教学。

三、关注学生的情感,营造宽松、民主、和谐的教学氛围

学生只有对英语学习以及英语文化有积极的情感,才能保持并提升对英语学习的动力并取得成绩。高中生正处于向成年转化的特殊时期,也是人生观初步形成的重要时期。因

此,在高中英语教学中,教师要特别关注学生的情感,平等对待每个学生,尊重每个学生,尤其要格外关注性格内向或学习有困难的学生,积极鼓励他们在学习中努力尝试并有所收获。教师要创设各种合作学习的活动,鼓励学生互相学习、互相帮助,发展合作精神,建立融洽的师生交流渠道,努力营造宽松、民主、和谐的教学氛围。

四、加强对学生学习策略的指导,帮助他们形成自主学习能力

高中学生应该形成适合自己学习特点的学习策略,并能根据自己的学习需要不断地调整学习策略。教师要引导学生主动学习,帮助他们形成以能力发展为目的的学习方式,鼓励学生通过体验、实践、讨论、合作和探究等方式,发展听、说、读、写的综合语言技能。要为学生独立学习留有空间和时间,使学生有机会通过联想、推理和归纳等思维活动用英语分析问题和解决问题,获得经验,增强自信,提高能力。在教学中教师还要引导和鼓励学生积极利用其他学习资源完成学习任务,解决学习中的困难。要通过设计丰富多样的课内外学习活动,使学生在参与交际活动的过程中形成交际策略。教师要注意帮助学生独立制订具有个性的学习计划,并根据自我评价不断修正和调整自己的学习计划。教师要经常与学生一起反思学习过程和学习效果,互相鼓励和帮助,做到教学相长。

五、树立符合新课程要求的教学观念,优化教育教学方式

教师的教学理念、教学方式与教学方法要符合新课程的需要。课堂教学应改变以教师为中心、单纯传授书本知识的教学模式。教师应帮助学生发展探究知识的能力、获取信息的能力和自主学习的能力。

教师在教学中要注意发展学生的批判性思维能力和创新精神。课堂教学活动的设计应有利于发挥学生的创造力和想象力。在教学中应增加开放性的任务型活动和探究性的学习内容,使学生有机会表达自己的看法与观点。教师要鼓励学生学会合作,发展与人沟通的能力。教师在设计教学任务时,可以根据不同学生的情况设计不同的任务,使所有的学生都能进步。

英语教学中的任务指有利于学生用英语做事情的各种语言实践活动。任务的设计一般应遵循下列原则:(1)任务应有明确的目的;(2)任务应具有真实意义,即接近现实生活中的各种活动;(3)任务应涉及信息的接收、处理和传递等过程;(4)学生应在完成任务的过程中使用英语;(5)学生应通过做事情完成任务;(6)完成任务后一般应有一个具体的成果。

在设计任务时,教师应以学生的生活经验和兴趣为出发点,要有助于英语知识的学习、语言技能的发展和语言实际运用能力的提高,要积极促进英语学科与其他学科间的相互渗

透和联系,使学生的思维能力、想象力、审美情趣、艺术感受、协作和创新精神等综合素质得到发展。

六、利用现代教育技术,拓宽学习和运用英语的渠道

教师要充分利用现代教育技术,开发英语教学资源,拓宽学生学习渠道,改进学生的学习方式,提高学生的学习效率。在条件许可的情况下,教师应充分利用各种听觉和视觉手段,例如挂图、音像等,丰富教学内容和形式,促进学生课堂学习;要利用计算机和多媒体教学软件,探索新的教学模式,促进学生的个性化学习;要开发和利用广播电视、英语报刊、图书馆和网络等多种资源,为学生创造自主学习的条件。

教师要努力学习现代教育技术,开发并合理利用以现代信息技术为载体的英语教学资源,实现现代信息技术与英语教学的整合。

七、教师要不断提高专业化水平,与新课程同步发展

(1) 在实施新课程的过程中,教师要转变教育教学观念,以适应新课程提出的新要求。教师不仅要关注学生的语言学习,而且要关注学生整体素质的发展,把学生的全面发展作为教学的基本出发点。

(2) 教师要转变在教学中的角色,不应仅仅是知识的传授者,还应成为学生学习的促进者、指导者、组织者、帮助者、参与者和合作者。教学的过程是教师与学生交流的互动过程,教师需要根据课程的目标、学习活动的要求、学习过程的需要以及学生的需要扮演不同的角色。教师要有意识地引导学生发展自主学习能力,使学生真正成为学习的主体。

(3) 教师要具备开发课程资源的能力,创造性地完成教学任务。课程标准是教师进行教学和评价的重要依据,教材是完成课程目标的途径或媒介。教师应根据课程的要求,对教材进行分析,对学生的需求和水平进行深入了解,并根据自己的教学条件和教学环境,补充和调整教材的内容,创造性地完成课程标准中提出的教学目标与任务。

(4) 教师要形成开放的教学和研究的工作方式,经常开展教师间的合作与研究,共同反思,相互支持,相互学习,共同提高业务素质。

(5) 教师必须具备终身学习的意识与能力,努力适应社会发展对教师专业化能力提出的新要求。为了适应社会、经济和科技的发展提出的新挑战,教师要不断提高业务水平,善于调整自己的知识结构和扩大知识面;要根据教学目标和本地区的条件以及学生的需求,积极而有创造性地探索能促进学生全面发展的行之有效的教学方法,努力使自己成为具有创新精神的研究型教师。

第四节　高中英语评价建议

评价是英语课程的重要组成部分。科学的评价体系是实现课程目标的重要保障。英语课程的评价应根据课程标准的目标和要求,实施对教学全过程和结果的有效监控。通过评价使学生在英语学习过程中不断体验进步与成功,认识自我,建立自信,调整学习策略,促进学生综合语言运用能力的全面发展。评价应能使教师获得英语教学的反馈信息,对自己的教学行为进行反思和调整,不断提高教育教学水平。评价应能使学校及时了解课程标准的执行情况,改进教学管理,促进英语课程的不断发展和完善。

一、体现学生在评价中的主体地位

学生是学习的主体,评价应以学生的综合语言运用能力发展为出发点。评价应有益于学生认识自我,树立自信;应有助于学生反思和调控自己的学习过程,从而促进综合语言运用能力的不断发展。教师应使学生认识到自我评价对于学习能力发展的意义,学会自我评价的方法并在学习中积极、有效地加以运用,不断提高学习的自主性。在各类评价活动中,学生都应是积极的参与者和合作者。

二、建立多元化和多样性的评价体系

英语课程的评价体系要体现评价主体的多元化和评价形式的多样化。评价应关注学生综合语言运用能力的发展过程以及学习的效果。

为了使评价有机地融入教学过程,应建立开放和宽松的评价氛围,鼓励学生、同伴、教师以及家长共同关注和参与评价,实现评价主体的多元化。

提倡形成性评价与终结性评价相结合,既关注结果,又关注过程,以形成性评价为主;定性评价与定量评价相结合,以定性评价为主;他评与自评相结合,以自评为主;综合性评价和单项评价相结合,以综合性评价为主。

每个学生的认知风格、学习方式及阶段性发展水平是有一定差异的。在日常教学中,教师应注意根据学生的差异采取适当的评价方式,设计出不同层次的评价目标,并允许学生自主选择适合自己的评价方式,以利于学生充分展示自身的优势,让水平不同的学生都能体验成功。

三、注重形成性评价对学生发展的作用

形成性评价是教学的重要组成部分和推动因素。形成性评价的任务是对学生日常学习过程中的表现、所取得的成绩以及所反映出的情感、态度、策略等方面的发展做出评价。其目的是激励学生学习,帮助学生及时而有效地调整自己的学习过程。使学生获得成熟感,增强自信心,培养合作精神。形成性评价有利于学生从被动接受评价转变成为评价的主体和积极参与者。

形成性评价有多种形式,如课堂学习活动评比、日常家庭作业评定、课外活动参与点评、学习效果自评、学习档案、问卷调查、访谈、家长对学生学习情况的反馈与评价、平时测验等。高中阶段形成性评价要适合学生的年龄特点和认知水平;高中阶段形成性评价的任务应具有综合、语用、合作和思维等方面的特征,而不只是对简单的微观语言行为的评价。评价应更关注学生在完成综合性语言任务中表现出的自主收集信息和处理信息的能力;与人讨论合作、沟通和协调的能力;有条理地展示任务成果的能力。形成性评价可采用描述性评价、等级评定或评分等评价记录方式。无论采用何种方式,都应注意评价的正面鼓励和激励作用。教师要根据评价结果与学生进行不同形式的交流,充分肯定学生的进步,鼓励学生自我反思和自我提高,并应注意与家长的交流,争取家长的有效合作。

四、终结性评价要注重考查学生综合语言运用能力

终结性评价(例如期末考试和结业考试等)是检测学生综合语言运用能力发展程度的重要途径,也是反映教学效果和学校办学质量的重要指标之一。终结性评价必须以考查学生综合语言运用能力为目标,学段课程终结评价可采用期末考试或结业考试等定量评价的方式,也可以采取项目报告、小论文、表演或演示等形式,力争科学地、全面地考查学生在经过一段学习后所具有的语言水平。考试应包括口试、听力考试和笔试等形式,全面考查学生综合语言运用能力。口语测试应着重检测学生的表达与沟通能力和交际的有效性。听力测试在学期、学年考试和结业考试中所占比例应不少于20%。听力测试应着重检测学生理解和获取信息的能力,不应把脱离语境的单纯辨音题或语法知识题作为考试内容。笔试也应避免单纯语音知识题和单纯语法知识题;增加具有语境的应用型试题的比例;适当减少客观题,增加有助于学生思维表达的主观题。不得公布学生考试成绩,也不得按考试成绩排列名次。

五、注重评价结果对教学效果的反馈作用

教师要时刻关注评价对学生学习和教师教学的反馈作用。例如:

(1) 评价是否促进了学生自主性的发展和自信心的建立？
(2) 评价是否反映了学生的学习成就？
(3) 评价是否反映了学生学习中的问题或不足？
(4) 评价是否反映了教师教学中的成功与不足？

教师要客观分析和认真研究评价结果，找出教学中存在的问题及产生问题的原因，及时调整教学计划和教学方法，并针对每个学生的具体情况及时提出建议，给予指导。

六、评价应体现必修课和选修课的不同特点

普通高中英语课程分为必修和选修两种类型，它们既有联系又有区别，共同为提高学生综合语言能力服务。评价时，既要注意两者的相互联系，也要注意它们的不同特点。必修课的评价应立足于共同基础，而选修课的评价应根据选修课本身的特点和要求进行评价，注重差异性和多样性。要突破传统的和刻板的评价模式，根据选修课本身的特点和要求，根据学生个体差异和个性发展的需求，努力探索新的、生动活泼的和灵活多样的评价方式，促进教学目标的实现。

高中英语课程选修课的终结性评价应开拓思路，根据选修课的基本理念和教学模式，尽可能采用丰富多样的考核和评价方式，如小论文、实验报告、观察记录、课堂表述、专题演讲、辩论、表演等形式，成绩记录方式也可以尝试多种方式和它们的组合。

七、注重实效，合理恰当地使用评价手段

评价既是保证课程实施的重要手段，又是教学活动的有机组成部分。在教学过程中使用的各种评价方式应有利于教学活动的开展，有利于学生学习能力的提高；评价方式应简单易行，避免使用过于烦琐的程序，干扰日常教学。应注重评价活动的质量和使用时机，让学生感到评价是积极的、有意义的学习活动；要防止评价流于形式，或因评价活动不当使学生产生心理负担和厌倦情绪。总之，不能为评价而评价或以评价为目标进行教学。

八、各级别的评价要以课程目标为依据

对学生学习的评价应以课程目标及相应级别的教学目标为依据。七级、八级和九级的评价应在国家或省市教育主管部门的指导下进行。课程的评价由学校组织实施，以形成性和终结性相结合的方式进行。选拔性考试应依据本课程标准的要求，结合本地情况，确定适用级别，制定考试要求。

要努力探索适合于不同目的的不同评价手段和方法。要有计划地开展英语评价的研究，鼓励建立有权威的专门从事英语考试和评价工作的机构，编制、实施和指导基础教育阶

段的英语评价，有效发挥评价和考试的积极导向作用。

本章知识结构

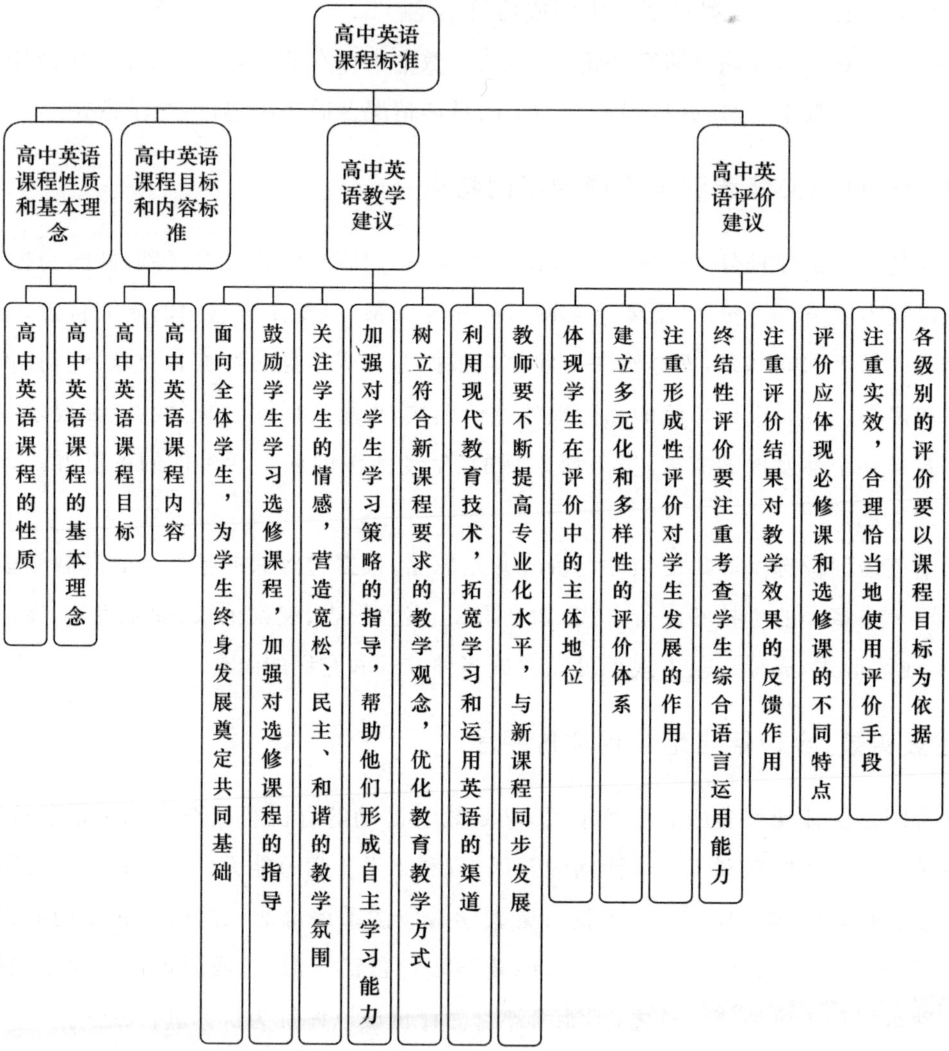

```
                        高中英语
                        课程标准
    ┌──────────┬──────────┼──────────┬──────────┐
 高中英语    高中英语   高中英语     高中英语
 课程性质    课程目标   教学建议     评价建议
 和基本理念  和内容标准
```

- 高中英语课程的性质
- 高中英语课程的基本理念
- 高中英语课程目标
- 高中英语课程内容
- 面向全体学生，为学生终身发展奠定共同基础
- 鼓励学生学习选修课程，加强对选修课程的指导
- 关注学生的情感，营造宽松、民主、和谐的教学氛围
- 加强对学生学习策略的指导，帮助他们形成自主学习能力
- 树立符合新课程要求的教学观念，优化教育教学方式
- 利用现代教育技术，拓宽学习和运用英语的渠道
- 教师要不断提高专业化水平，与新课程同步发展
- 体现学生在评价中的主体地位
- 建立多元化和多样性的评价体系
- 注重形成性评价对学生发展的作用
- 终结性评价要注重考查学生综合语言运用能力
- 注重评价结果对教学效果的反馈作用
- 评价应体现必修课和选修课的不同特点
- 注重实效，合理恰当地使用评价手段
- 各级别的评价要以课程目标为依据

本章小结

本章介绍了高中英语课程性质、基本理念、目标和内容标准，并列出了高中英语教学建议和评价建议。

本章的核心就是高中英语课程标准的目标内容，如何理解高中英语课程目标的示意图也正是本章重点中的重点。英语课程目标分为五个关键的部分：语言技能、语言知识、情感态度、学习策略和文化意识。

备考指南

本章的核心就是高中英语课程标准的目标内容,也就是如何理解高中英语课程目标的示意图。根据考纲的内容,本章知识多以单项选择题和简答题的形式进行考查。简答题除了要能够记背要点外,还要能够结合运用到教学设计与实施中。

自测训练

1. 高中英语课程的目标以义务教育一至五级的目标为基础,共有四个级别(六至九级)的目标要求。其中( )级是高中阶段必须达到的级别要求。
   A. 六　　　　B. 七　　　　C. 八　　　　D. 九

2. 高中课程内容标准包括五个方面的内容,以下( )不是内容标准。
   A. 语言技能　　B. 学习策略　　C. 文化意识　　D. 价值观

3. 《普通高中英语课程标准》规定英语课程总体目标是培养学生的( )。
   A. 文化意识　　　　　　　　B. 综合语言运用能力
   C. 阅读能力　　　　　　　　D. 听说能力

4. 根据《普通高中英语课程标准》,请简述高中英语教师应当如何在教学过程中不断提高专业水平,与新课程同步发展。

5. 根据《普通高中英语课程标准》,请简述教师在教学中应当如何进行评价。

第六章　高中英语语言知识教学

> **考纲内容**

1. 词汇教学

(1) 让学生真正体会词语的含义,提供机会让学生运用词汇。

(2) 词汇教学应注意词不离句,将词汇学习置于情境之中。

(3) 在课堂上选择与学生兴趣、爱好和生活相关的话题,使目标词汇反复再现。

2. 语法教学

(1) 改变过度重视语法知识讲授、忽视学生语言运用能力的英语教学现状。

(2) 把培养学生实际运用能力作为英语教学的最终目标,语法教学要帮助学生提高其综合语言运用能力。

(3) 对语法内容进行集中分析、归纳和总结,引导学生梳理语法知识,并加以巩固和运用。

3. 语篇教学

(1) 培养学生阅读兴趣,通过有效引导丰富和激活学生的背景知识。

(2) 帮助学生掌握速读、精读、略读等阅读技巧,提升阅读理解能力。

(3) 注重向学生传授各方面知识,扩大知识面。

4. 功能教学

(1) 根据学生实际需求和兴趣出发,进行取材和教学活动设计。

(2) 在选择教学对象和安排教学过程中,做到不脱离语言形式。

(3) 教学过程需交际化,让学生接近真实的交际场合进行练习。

5. 话题教学

(1) 加强学生的基础知识训练,并使基础知识转化为言语技能。

(2) 创设学生感兴趣的话题,使学生用鲜活的语言针对话题中的人或事表达自己的观点,表述事件发生过程。

(3) 恰当选材,为学生提供具有启发性的话题,让学生体会言外之意,领悟话外之音。

第六章 高中英语语言知识教学

考纲解读

> 英语语言知识的教学对于学生掌握基础知识点和提升英语实际运用能力有着举足轻重的作用。在新课改的背景下,教师应深刻领悟新课改的指导思想,在进行英语语言知识的教学过程中,深入浅出,准确把握重点和难点。由于英语语言知识教学包含语音、词汇、语法、语篇、功能、话题等方面,涵盖领域较广,因此教师应该丰富教学手段和教学形式,具备完善的分层设计和巩固性练习,将教学工作做到位,让学生学到位。同时,教师要因材施教,根据学生实际学习情况和需要,进行教学设计,并及时进行恰当的反馈。

第一节 词汇教学

人类所使用的语言的最基本要素是词汇,学习英语如果没有足够的词汇量,就不能进行快速的阅读,同时也不能进行流畅通顺的日常对话。著名的语言学家 George W. Wilkins 曾经说道:"如果没有语言和语法,还可以传达一点点信息,但是如果没有词汇,那就什么信息也传达不了。"因此,帮助学生识记新单词,扩充其词汇量是英语教学的重点。

一、词汇教学的内容

(一)意义

所谓意义是指词的含义,帮助学生理解词义是词汇教学的重点。指导学生全面了解词语含义的方法有:运用字典自学词义;结合课文理解词义;借助朗读体会单词的不同含义。诚然,在教学中具体的方法不止这三种,但不管采用何种方法,都要注意因词定法,区别对待。

(二)词汇用法

词汇的用法包含很多方面,不同的谈话情境或语境可能会用到不同的单词。因此教师要培养学生正确使用单词的能力。词汇用法大体包括词语的固定搭配、短语、语域等方面。

(三)词汇信息

词汇本身包含很多重要方面,例如词类、前后缀、单词的发音和拼写等。同时单词还有可数与不可数,正式与非正式,及物与不及物之分,都是需要教师引导学生认真掌握的内容。

(四) 策略

要想快速准确地学习和记忆单词，教师需要向学生传授一定的单词识记策略，而不是让学生死记硬背，教学过程中也应该注重学习技巧和策略的培养。

二、词汇教学的原则

(一) 直观性原则

直观性原则即通过实物、图表、案例、课件等教学手段，配合手势、动作等开展词汇教学。这种方法可以直观、生动地向学生呈现单词的含义，让学生在学习之初，在头脑中就将某些动作与单词的符号联系起来，能够加深记忆。荀况说过，"不闻不若闻之，闻之不若见之"。捷克教育家夸美纽斯说过，"在可能范围内，一切事物都应尽量地放到感官的跟前"。他认为，"按直观原则进行教学应当尽可能观察事物，如果不能够直接观察实物，可以利用模型或图片代替"。可见，直观教学对于加深学生理解词汇和记忆词汇有着重要意义和作用。例如在教授"book"一词时，教师向学生展示书的实物，并指着书说"This is a book."，重复几遍后学生便会将 book 一词与书在大脑中联系起来。

(二) 情景性原则

单词是组成句子的单元，句子是对话的基础，因此词汇是运用在一定情景之中的，有着其特殊的情景意义和价值。教师在教学过程中，要有目的地引入或创设具有一定情绪色彩的、以形象为主体的生动具体的场景，让学生在体验中学习单词的含义，从而更好地理解词汇。当一个单词脱离了具体的语境，学生会在识记词汇时感到突兀和困难，若能将其和日常生活及熟悉的情境互相联系，必然会提高学生词汇学习效率。

(三) 循环记忆原则

循环记忆法是机械记忆法中最好的一种学习方法，非常适用于词汇学习。它实际上是不自觉地利用了"遗忘曲线"的规律，使得记忆对象在即将遗忘的时候再重新给予刺激，再次予以重复识记，从而加深印象，强化记忆。因此，在教学过程中，教师要组织和安排复现所学过的单词，在不同时间、不同情境中提升单词的复现率，帮助学生加强记忆所学过的词汇。同时教师要给予个别难记忆的单词更多"复现机会"，重点突破。

三、词汇教学方法

(一) 词汇教学与语音教学相结合

学习英语单词，首先是要能正确发音。进入中学的大部分学生都已经较好地掌握了英语音标,但是并非所有同学都能正确朗读每一个音标,在词汇教学中,教师仍有必要重视语音教学,要纠正学生的错误发音,帮助学生正确朗读每一个新出现的单词。

正确发音还有利于学生正确拼写单词。英语是一种拼音文字,它的发音与拼写之间有着非常密切的联系。有时我们会发现学生仍然采用按照逐个字母死记硬背的方法来记忆单词,所以有必要给这样的学生讲授英语单词拼写与发音之间的内在联系,帮助他们科学记忆,提高记忆效果。

（二）在词汇教学中融入词法

英语词汇量庞大,但它本身却有其内在的规律可循。掌握基本的构词法将会大大有助于突破记忆单词的难关。构词法通常有转化、派生、后缀等,可帮助学生掌握单词,如 rewrite,recover,discover,discourage 等许多单词。转化法则可以帮助学生扩大词汇的使用功能,如 map,inch,head,dirty 等名词、形容词均可以转化成为动词使用。合成法也可以帮助学生掌握如 classmate,classroom,foot,volleyball 等大量单词。因此,在教学中,教师有必要向学生介绍构词法的基本知识。

（三）对比法

英语中有很多词形或词义相近的单词。教学过程中对词形相近的词进行对比对于学生正确使用单词很有帮助。如 form 和 from,effect 和 affect 等许多单词常被学生混淆,及时加以对比就可以帮助学生加深理解它们之间的差别,避免用错单词。对常用的同义词或词组,如 divide 和 separate,speak 和 tell 等,应该及时帮助学生弄清楚它们之间的异同点,以便他们在实际运用中能正确使用。

（四）在语境中进行词汇教学

所谓语境是指上下文,即词、短语、语句或篇章及其前后关系。众所周知,孤立的东西不容易记忆。要有效地掌握单词,就应该将词汇与句子、语篇结合起来,让学生学会掌握词的用法并自己造句。每当学生学完一个对话、一篇文章后,我们可以复述或自编对话,背诵课文或进行相关的写作练习。

（五）及时复习,及时巩固

要掌握词汇就要与遗忘作斗争。我们知道,未经复习的内容容易遗忘,遗忘的进程不均衡,有先快后慢的特点。因此,在词汇教学中,首先要组织学生及时复习,以便及时强化,复习要"趁热打铁"。其次,复习要形成习惯,切忌三天打鱼,两天晒网。

（六）课内、课外相结合

课本中有要求的词汇是教学中的基本词汇。对于这些词汇,不仅要求认知,更要求熟练运用,但是应该明白,许多知识仅靠学习课本是不够的,还需要通过阅读课外书籍进一步学习巩固,进而掌握好其用法。课外书籍除了帮助学生巩固课本中的基础词汇外,还能扩大学生的知识面。在科技迅猛发展的今天,学生必须将英语当做一种信息交流工具进行灵活自如的应用。为了适应形势需要,教师需要引导学生多看课外书籍,使学生掌握尽可能多的英语词汇,使他们英语词汇量覆盖到现代生活的各个领域。

四、词汇教学策略

(一)词汇呈现策略

词汇呈现应该采用直观性、情景性和趣味性策略。直观性指利用事物、手势、图片来呈现词汇的意义。情景性是指词汇意义受到社会文化环境、言语情景和上下文情景的影响。例如,uncle 一词可代表汉语中的多个意义:舅舅、伯伯、叔叔、姨父、姑父等。教师在词汇呈现时应尽量结合听力材料或阅读材料进行,如果是在听前或读前,教师可以通过引出话题、语境提示等方法先呈现学习者要掌握的单词。如果是在听后或读后,教师可以借助语篇材料的内容通过提问、举例、解释、问答来呈现词汇意义、结构和用法。

趣味性是指词汇呈现策略要能够吸引学生的注意力,激发其想象力,增强其记忆力。尽量避免机械而枯燥的单词记忆法。

(二)词汇策略训练

词汇策略训练是词汇教学的内容之一。教师应该根据具体的单词特点向学习者介绍相应的策略。词汇学习在很大程度上依赖于策略的运用这些策略的训练包括:阅读记忆策略训练,兴趣记忆策略训练,最佳时期记忆策略训练,联想记忆策略训练,猜测记忆策略训练,拆词记忆策略训练,词汇图记忆策略训练。

(三)词汇应用策略

词汇运用是词汇学习中最为重要的环节,如果缺乏运用环节,学习者即便是暂时记住了单词,由于没有通过运用得以巩固,将导致学习者无法真正掌握这个单词。因此,教师应该根据所教词汇的特点,结合学习者的具体情况设计一定量的词汇运用活动。例如,看图说话、词汇游戏、看图等活动。

(四)词汇评价策略

评价学生是否掌握一个单词包含几个准则:发音正确;拼写正确;掌握词性;能够辨认这个单词的书写和口语形式;能随意回忆起这个单词;能够将这个单词与一个恰当的实物相联系;能够将这个单词用在一个恰当的语法形式中;无论在口语还是书面语中,学生能熟练地辨识这个单词;了解并掌握关于这个单词的搭配关系。

课堂评价一般采用完成句子、完形填空、多项选择、纵横字谜、听写、提问等方式进行。同时为了培养学生自主学习能力，教师应该采用形成性评价的方式，以体现学生在评价中的主体作用。

链接阅读

基于语料库的英语词汇教学理论

"图式是我们头脑中的关于普通事件、客体与情境的一般知识结构。"（王小明 1999）作为认知基础，图式在大脑中一旦形成，会重新组织、理解和记忆以后获得的信息。人们在理解信息时，储存在大脑中的信息会将新信息与背景知识（已知概念、过去经历）联系起来。一旦输入信息与这些图式吻合，图式便起作用，完成对信息的接受、解码、重组和储存。图式理论强调人已有知识和知识结构对当前认知活动的决定作用，是"人们用已有的结构来记住新资料的一种方法"（桂诗春 2003）。英语学习者头脑中已储存的知识对他们吸收新知识的方式和运用效果起到关键作用。学习者可以通过建构图式的方式来提高学习质量、培养熟练的外语能力。研究表明，语料库的语境可以为建构和重构图式的途径提供合适的语言材料。这样，用语料库设计出各类教学任务，引导学习者进行甄别、选择、分类、分析、综合，可以促使学习者不断提升和改善外语知识与能力，使早期习得的基本词汇及其搭配不固化。

知识拓展

基于语料库进行英语词汇教学的意义

语料库应用于英语词汇教学可以帮助教师科学地确定词汇教学的内容，找出教学重点，合理安排教学次序，使学生在有限的时间内学到最常用的语言知识，使教师及时、客观地纠正学生的用词错误，为制定教学大纲和编写教材提供参考。学生通过语料库调出大量语言实例后，根据其语境特征进行多层次分类和归纳，逐步挖掘出其中带有规律性的东西，从而激发自己的批判性思维和学习潜能，使词汇自主学习能力得到培养和提高。如今，语料库知识越来越普及，语料库的创建和使用越来越便利。互联网上不少语料库和一些语料库检索工具（如词频统计软件、自动词性附码软件和中文分词软件等）可以通过申请注册后免费使用，或下载后免费使用。我们相信，随着语料库、语料检索工具的不断创建、开发和更新，语料库的研究方法和技术手段将会不断运用到英语词汇教学实践中，基于语料库的英语词汇教学研究也将得到不断的发展和深化。

英语学科知识与教学能力（高级中学）

第二节 语 法 教 学

语言是一个体系,需要语法规则来使其得到规范。语法是用于选择词语将词语组织起来使其有意义的规则,在语言教学中扮演着重要的角色。语法的掌握是语言熟练的基础。语法教学应该考虑到学生的认知基础,不可过于简单或复杂,利用学生的分析能力,使其掌握语言的使用规则。

一、语法教学目标

《普通高中英语》对于语法知识八级目标描述如表 6-1 所示。

表 6-1 语法知识八级目标

知识类别	级别	目标
语法	八级	1. 进一步掌握描述时间、地点、方位的表达方式 2. 进一步理解、掌握比较人、物体及事物的表达方式 3. 使用适当的语言形式进行描述和表达观点、态度、情感等 4. 学习掌握基本语篇知识并根据特定目的有效地组织信息

二、语法教学内容

（1）名词（名词的分类,复合名词,可数名词,不可数名词,名词所有格,名词修饰语,名词的句法功能）;

（2）代词（人称代词,物主代词,反身代词,相互代词,指示代词,不定代词,疑问代词,连接代词,关系代词）;

（3）数词（基数词,序数词,其他数词,数词的用法）;

（4）介词和介词短语（介词的分类,介词短语与介词短语的句法功能,介词的位置,介词的省略,介词与其他词类的搭配,介词的用法比较）;

（5）连词（连词分类,并列连词,从属连词,连词的用法比较）;

（6）形容词（形容词的特征、分类及句法功能）;

（7）副词（副词分类,副词的句法功能,副词的比较等级,副词的位置）;

（8）冠词（冠词的用法,不用冠词的情况,冠词的省略,冠词的位置,冠词有无意不同）;

（9）动词（动词的种类和形式,短语动词）;

（10）时态（一般现在时,一般过去式,一般将来时,现在完成时,现在完成进行时,现在

进行时,过去进行时,过去完成进行时,过去完成时,过去将来时,将来进行时);

(11) 被动语态(被动语态的各种句式和各种时态形式,被动语态的用法,主动语态与被动语态的转换,被动语态的注意事项);

(12) 非谓语动词(不定式,动名词,现在分词,过去分词,非谓语动词的用法比较,独立主格结构);

(13) 构词法(合成法,派生法,转化法,缩写和简写);

(14) 句子种类、成分和主谓一致(句子成分,基本句型,句子种类,主谓一致);

(15) 并列复合句(主语＋系动词＋表语,主语＋不及物动词,主语＋及物动词＋宾语,主语＋及物动词＋间接宾语＋直接宾语,主语＋及物动词＋宾语＋宾语补足语,there be 句型);

(16) 主从复合句(主语从句,宾语从句,表语从句,状语从句,定语从句);

(17) 间接引语;

(18) 省略;

(19) 倒装;

(20) 强调;

(21) 虚拟语气。

三、语法教学原则

(一) 语言输入原则

刘润清(2004)认为:教师水平要高,要提供高质量的语言输入。假说认为人们是通过接触并理解略高于自己目前已经习得的语言能力的材料输入而习得语言的。只要交流是成功的,输入能得到理解并有足够的输入,语言能力就自然会得到提高。父母和儿童讲话,采用的是一种"关注者语言",这种语言的特点之一是"简化"。语言被修正有助于儿童理解。利用输入理论的原则进行语法教学,即简化语法规则与内容。设置适当的内容,要首先找到学生的已知能力,并在此基础上确定下一步要提高的内容。这样通过知识的逐步累加,使学生系统扎实地理解、学会每个知识点。

(二) 真实生活原则

美国社会语言学家海姆斯(1966)认为:"语言使用者必须掌握语言在真实社会语境中的使用原则。"《普通高中英语课程标准》(2011)也明确指出,要重视从学生的日常生活出发,培养学生实际运用语言的能力。语言的交际性和实践性决定了要让学生在情境中、在活动中学习语言和感受语言。

（三）交际性原则

语法教学中，交际是教学的手段和结果，学生可通过协作、交流探究语言内在的规律、本质，在老师的帮助和引导下实现自主学习，逐渐形成良好的学习习惯、方法、策略，也可通过交际表达自己的观点，喜好憎恶，学以致用，师生、生生情感互动，师生共同创建真实的英语学习氛围。语法教学过程中，教师总是按一个个专题讲给学生许多语法规则。规则是必须掌握的，但容易使学生产生错觉，以为语法学习就是背诵许多条条框框，只要死记硬背，考试就能过关。这就大大地误解了语法的学习。语言是活的，具有实用性和交际性，学习语法的目的是为了培养交际能力。因此，教师在总结完语法规则后，要把学习引入实际练习中，引入真实或模拟交际情景中。同时，语法规则不是一成不变的。在实践中要变通运用，通过运用自然掌握，克服语法教学中的"五重"和"五轻"，即重知识传授，轻技能训练；重详细讲解，轻反复练习；重书面练习，轻口头练习；重语法分析，轻语法使用；重掌规则，轻掌实例。

（四）趣味性原则

语法教学应脱离以前枯燥乏味的教学方式，应引入大量的教学手段，来增加语法教学的趣味性。能否激起学生的学习热情是衡量教师所创设的教学情境是否有效和高效的重要指标之一。富有趣味性的情境，才能让学生产生主动探究的需求，学生的思维才会被激活，一起参与学习活动的积极性也会被调动起来。教学实践使我们体会到，上语法教学课也同样可以在轻松愉快、充满趣味的学习氛围中达到学习的目的，关键是教师要转变观念，放下包袱。设计时，要充分考虑到学生的认知特点，始终以学生作为学习的主体，使他们在不断观察、发现和实践中体验学习的乐趣，从而产生自主学习的愿望和动力。语法教学要重视学生的参与，形式要不断变化，不时改变教学活动，来激化学生的学习兴趣。在语法讲解的过程中，需要用到很多例句，如果能找些学生们感兴趣的话题做例句，往往能够提高同学们的注意力，并更好地理解语法要点。在英语学习过程中必须要记忆许多语法知识点，而许多看似错综复杂的语言知识其实是有规律可循的，用歌曲、口诀、顺口溜的方式整理那些需要记忆又比较容易混淆的知识点，往往能起到事半功倍的效果。

（五）循环渐进原则

一个语法项目有很多内容、很多规定和例外，不能全部灌输给学生，也不能碰到什么就讲什么。复习讲解语法不但要注意系统有条理，还要注意层次性。由一般到例外，由简单到复杂，由表及里，由浅入深，循序渐进。层次性和渐进的程序既符合语言规律，又符合学生的心理规律，有助于学生掌握正确的学习思路。

（六）适量原则

在解释语法项目时还要注意适量原则，即讲解要适时适量，解释清楚就可以了，不要啰嗦,不但费时费力,还会弄巧成拙,导致学生糊涂及生厌。有些教师认为只有把语法尽可能详尽地解释,才能保证学生正确运用,而且往往把学生犯的语言错误归因于语法(语言点)讲解不够。其实,学英语就像学计算机或学驾驶汽车一样,太多的理论解释反而适得其反。

四、语法教学方法

（一）直观展示法

《全日制普通高中英语新课程标准》(2011)中明确指出：课本、教学参考书是教学的必备用具。教学挂图、照片、幻灯片及计算机软件等直观教具也是配套的教学辅助用具。学校和教师应有目的、有计划地搜集,以备于教学时选用。在直观教具中,比较推崇多媒体中的图片和实物,因为利用图片和实物很容易激发学生的学习兴趣,吸引其注意力。例如,在讲解有关"如何描述人物的外貌和性格"这一语法点时,教师从网上下载了许多明星的过去和现在的照片,从发型、身高、体重等方面形成强烈的对比,要求学生利用所学的语法进行描述。看到自己心目中的偶像,学生的学习兴趣异常高涨,争先利用所学知识来造句子,此举的成功也印证了"直观展示法"的有效性。

（二）场景激趣法

场景激趣法有利于充分发挥学生的主观能动性,让学生自由运用语法规则来进行表达,一方面有利于学生复习语法知识,另一方面对于学生交际能力的培养也大有裨益。如选择学生比较感兴趣的场景,给出部分关键词,让一组学生先根据场景造一个句子,然后让下一组学生在上述基础上进行内容的适当扩展和演绎,看看最后一个学生将用怎样的结局收尾。这不仅锻炼了学生的创新能力,更锻炼了学生的表达能力和语法知识运用能力。

（三）角色对调法

角色对调法即让学生来充当教师的角色,这主要是在习题讲解中出现,教师先给学生划分小组(四人为宜),然后让学生之间互评语法练习题或作文等,通过自己掌握的语法知识找出其他同学的语法问题并予以改正,最后由教师评阅,在学生互评的练习中,教师可以发现学生的薄弱环节及存在的问题。在以上这些开放性的教学活动中,学生既提高了主观能动性,又加深了对所学语法现象的理解。这种方法使紧张的学习氛围得到了缓和,使语法教学既轻松又有效。

（四）归纳总结法

学生从具体学习中归纳、总结,找出其中语法的规律。比如：在讲解动词的用法时,学生归纳出哪些动词后面必须跟动词的"ing"形式；哪些跟带"to"的动词不等式；哪些动词主动语态"to"省略,被动语态"to"回来等。

（五）背诵法

比如背诵语法集中的句子，背诵喜爱歌曲的歌词、谚语、故事句子等来学习语法。教定语从句时，让学生记住谚语"God helps those who help themselves."等。教学中我们可以想出很多的方法来教学生记住语法，也可以鼓励学生找适合自己的学习语法的方法，效果一定会比枯燥乏味的讲解好得多。

（六）小组合作法

小组合作教学，它采用两人或多人活动或整组活动形式，避免了班级人数多，不同学生之间知识水平和智力发展参差不齐，同时师生之间、学生之间的交际得不到充分的发挥等教学问题。运用小组合作式教学，可以改变目前语法教学过于重视语言形式而忽视语言实际运用能力的培养的状况，从而优化英语语法教学，使学生由被动变为主动，使枯燥的语法学习变得生动活泼，增强学生的学习自主性，促进学生之间的合作与交流，提高其解决问题的能力。

（七）语篇教学法

语法教学应与听、说和阅读活动紧密结合。阅读过程是学生发现问题和思考问题的过程，通过分析阅读中遇到的一些语法现象，学生会加深对这些语法现象的理解，这绝非单纯向学生灌输语法知识所能替代的。既可以加深对知识的印象，又不会使学生感到乏味。总之，针对不同的教学目标、教学内容，教师可以采用灵活多样的教学模式和教学方法使语法教学不再枯燥，让学生在运用语言的过程中学习语法知识，只有这样，新课改下的英语语法教学才能在英语教学的全过程发挥重要作用。

五、语法教学策略

（一）把握语法教学的层次

语法教学包含的内容广泛，从词法到句法再到篇章，从语言的形式分析到语篇的分析，语法贯穿于整个语言教学中。从整个英语课堂来说，何时侧重语法教学，何时侧重交际能力的培养，从语法教学来说，何时讲授句法，何时讲词，何时讲授语篇，英语教师必须认真研究、仔细策划并做到灵活把握。

（二）适当运用母语，加强正迁移

英语教学中，学生是在基本掌握了母语的情况下才开始学习英语的，因此母语的知识必然会对英语的语言系统的掌握产生影响。根据语言的迁移理论，外语学习者在用所学外语进行交流时，有试图借助母语的语音、语义结构规则或文化习惯来表达思想的现象。英语与汉语在语法结构上,既有不同点,又有相似之处。利用英汉语言的相似的语法结构,加强英语学习的正迁移,尽量避免由英汉语言的不同而导致的负迁移。如 burn one's boat, fish in troubled water 这样的英语成语与汉语中的"破釜沉舟""浑水摸鱼"在内容和形式上都相合。它们不但有相同的意义或隐义,并且有相似的形象或暗喻。

(三)灵活使用语法教学方法

英语语法教学的方法主要有归纳法和演绎法。归纳法的语法教学程序为:词句或语段→分析比较→归纳总结→语法规则。归纳法有利于调动学生学习的积极性,培养学生的分析、观察和总结的能力。演绎法与其相反,是一种由一般到个别的方法。演绎法简便易行,节省时间,但是易造成课堂气氛沉闷。教师可以根据不同的语法规则和现象,考虑运用不同的方法。对于一些显而易见的语法现象,教师要让学生自己去归纳,这样易于牢记与运用。对于复杂的语法规则,教师则运用演绎法,给学生讲解,然后练习,省时高效。

(四)注重文化语境

文化语境是指语言所体现的文化习俗、社会价值观、传统与现状等。这就是说学生在学习英语语法知识的同时,还需具备英语语言所包含的文化知识和使用的习惯及倾向。比如以英语为母语的人常用名词和介词,而中国人则常习惯使用动词。英语句子结构倾向复合,汉语句子结构倾向简化。通过对母语和所学外语两者之间的比较,可以有效地使学生意识到母语和所学外语之间的异同,避免以汉语的语言习惯去使用英语。

(五)运用各种电化教学手段

语法课教师应尽所能开发语法课件,或利用校园网络进行零课时教学。制作出一套具有较强实用性和交互性的英语语法课件,除了适时地在多媒体教室使用,同时还适用于在校园网上进行交流学习。学生可以轻松地在网上下载内容,完全自我支配学习进度,并有选择性地进行学习。这既可以解决扩招带来的师资不足问题,又能够促进学生进行自主学习,从而使现代化教育手段更好地为教学服务,提高教学效率和教学质量。此外,多媒体语法教学利用声音、图像、文字等多种形式刺激感官,让学生闻其声,观其形,临其境,使原本枯燥单调的语法教学课变得生动有趣,学生的学习兴趣也能得到更好的激发,学习动力也将得到进一步增强。

六、语法教学模式

(一)输入处理语法教学模式

输入处理语法教学也称为过程性语法教学,是建立在"VanPatten 语言输入处理模式"基础上的一种显性的语法教学法。此教学模式以语言输入为导向,通过提升学习者的意识,使学习者在形式与意义之间建立起正确的联系并从语言输入中获取更多的语言吸收以促使语法知识的内化。

（二）互动式反馈教学模式

互动反馈指在语言实际运用过程中,师生之间、生生之间针对语言形式或意义的各种协商与修改策略,如重复、请求澄清、检查确认等。通过互动反馈策略,学习者有目的地调整、矫正语言输出,以促进英语水平的提高。

（三）显性与隐性相结合的语法教学模式

显性与隐性相结合的教学方法也称为归纳与演绎相结合的语法教学。显性语法教学采用教师先讲解语法规则,然后引导学习者做练习的演绎的方法;隐性语法教学采用归纳的方法,学习者在具体的语言实践和大量的语言材料中归纳出语言的规则,然后通过"讲解—练习—观察—发现—讨论—巩固—运用"这一模式将显性与隐性语法教学相结合。教师通过演绎法设计语言环境,布置任务让学生将刚学到的语法项目运用于语言实践,通过不断实践归纳验证语法规则,真正内化语法规则。

（四）任务型语法教学模式

此模式是指让学习者在完成任务的过程中习得语言的一种教学模式。它注重学习者在执行任务过程中的能力培养和完成任务过程中的参与和交流活动,其目的在于提高学习者对形式的意识程度,使其参与以意义为主的交际性交流。

（五）语篇教学模式

语篇教学是指在具体的语境、语篇中实施语法教学。语篇是含有一定语境的各种语法形式的有机组合,它可以为语法规则的比较、归纳和总结提供良好的上下文语境。语法教学和练习只有在具体语境中进行才能达到较好的效果。教师通过广泛使用地道的语篇,向学生提供大量含有语言使用情景的外语语言结构,让学生在形式与意义之间建立起联系。

（六）系统理论教学模式

其教学核心是对概念的内化。此理论基于三个基本原则：以概念为教学单位;将概念具体化;将言语表达作为概念内化的途径。在教学的第一阶段,学生可以只借助代表某一概念的实物而获得调节支持从而实施某一活动;第二阶段即言语表达阶段,在此阶段学生已不再需要实物支持,取而代之的是自言自语形式的符号言语支持。这一阶段,学生已经具备了在语境化课堂活动中理解概念的能力,因此适宜用更为简洁凝练的行为导向基础来调节学生的行为表现。在系统理论教学模式中,行为导向基础是调节学生行为表现的方式和途径,对引导学生对学习目标有一个彻底而正确的理解有重要作用。

> **知识拓展**

在任务型教学中教授语法

1. 传达信息

此类任务指交际一方向另一方获取信息所进行的交际活动。通过活动,学生在获取信息的同时也运用了所学语法。如在祈使句直接引语变间接引语教学时,教师可要求学生以小组形式相互询问家长对孩子的要求,再派代表向全班汇报,在此任务中学生须使用间接引语。例如:

Parents ask us to get up early.

Parents told us not to talk in class.

2. 解决问题

此类任务是将任务和相关信息分配给学生,学生讨论后方能找出解决问题的方法。学生在运用实际语言的过程中熟悉并掌握时态,还能探求一些规律,学习效果也远胜于传统的满堂灌式教学。

第三节 语篇教学

一、语篇教学的概念

语篇教学是针对传统的注重词、句、语法点的教学方式而提出的。它倡导把教学的重点放在指导学生从篇章的角度理解和把握所学语言材料。语篇教学是指在具体语境中教学单词和句型,主张把单词融入句子进行教学,从整体入手,展现给学生完整的语言概念。

在进行语篇教学时要注意教学方法的巧妙整合。我们应该以学生为主体,以发展学生的能力为目的,在具体语境中教学单词和句型,把单词融入句子中教学,从整体入手,展现给学生完整的语言概念,让学生在教师的引导下感知、理解和运用所学语言,从而使语篇教学的效果达到最优。

二、语篇教学的意义

语篇教学的意义在于培养学生从整体上正确把握语篇信息的能力,而不是只看到局部;培养学生结合上下文对具体语境中的生词词义作出合理推断的能力;培养学生运用语篇文本信息解决问题的能力以及培养学生的英语写作能力和发展学生的话语交际能力，丰富学生的话语表达内容和方式。

语篇教学是对传统的语法翻译教学法的重大突破。它将课堂的重点从讲解单词、句子、语法转移到对文章的整体理解上。语篇教学不仅能够让学生更加积极地参与到英语学习的过程中来，而且能够加深学生对于文章主旨的理解，提高英语教学的效果和质量。因此，教师应该重视语篇教学，提高学生运用语言进行交际的能力，真正提高他们的实际英语水平。

三、语篇教学注意事项

（一）对课文进行整体教学

语篇教学应遵循整体教学原则，不应只对文中的词汇、句型及语法结构等作简单处理。教师可引导学生从文章的插图、标题或段首句入手，并提出一两个问题，让学生带着问题速读全篇，从整体上了解全文后，找出每段的主题句，最后让学生说出整篇文章的中心思想。文章的自然段落可以分成几个部分，用图表或摘要等方式归纳出来，使文章脉络一目了然。这不仅有助于提高学生的阅读理解能力和分析能力，而且有助于学生日后写作能力的提高。之后需要细读课文，理解每句话的含义、词句的表达、语法的运用。对于生词，要教会学生根据上下文或构词法等去猜测，掌握一定的阅读技能。因此，在课堂中教师要让学生多读文章，以读促进学生去想，以读促进学生去说，以读促进学生去做。而且要让学生每次带着问题有目的地去读，读过之后要及时检查阅读的效果。实践证明，通过大量的阅读，可以提高学生的英语阅读能力。

（二）灵活处理单词和句型、语法的教学

在教学过程中，有些教师常常把生词提出来单独教，遇到某个句式反复训练，把阅读课上成了单词课或句式训练课。因此，在阅读课中，教师要灵活处理单词和句型。对于重点难点单词、短语、句型要适当精讲，精讲细析无疑会使学生更深刻地理解文意及语言，提高他们的阅读理解能力。

在语篇中教学单词。阅读理解的一个难点是词汇量的缺乏，但词汇量不是整天泡在单词堆里就可以提高的。实践证明，阅读是扩大和巩固词汇量的最好方法。可以利用"词不离句，句不离文"的方法在阅读中积累词汇，并鼓励学生把这些新单词积累到单词本上，放在身边，利用零散时间反复记忆，加深印象，不知不觉中词汇量就扩大了，从而为语篇分析理解能力的加强打下良好的基础。正如有些同学所说，原来拼命背单词过眼就忘，而现在没有刻意去背，反而记牢了，也会用了。这种做法正符合了在语篇中学单词、在用中学单词的学习原则。

（三）精心设计课堂练习，及时巩固

课前教师要做好充分准备，根据语篇内容，精心设计课堂练习。练习的形式有以下几种。(1) 精心设计问题。问题要典型，有针对性、连贯性，对于学生容易混淆的问题，要加以点拨。如 how soon,how long,how often,when,what time 都是针对时间提问，但时间的表达有多种情况，教师应给学生指出，以便于其准确理解。经常训练，学生就会熟能生巧，对答如流。(2) 设计英汉互译。运用所讲重难点词、短语、句型填空，要提醒学生注意词形的变化。如：They are interested（有趣的）in swimming（游泳）。(3) 设计短文填空、首字母填空。从语篇中挖出重点单词、短语，进行有针对性的训练，加深印象。(4) 设计单项选择、完形填空，等等。通过这些课堂练习，学生能及时巩固基础知识并能灵活运用，有效地提高了学生掌握知识的能力和写作能力。(5) 复述课文。学完课文后，让学生用自己的话来改写或复述，有时也可通过看图的形式，再现情境并让学生复述。这样做既提高了学生的口头表达能力，强化了记忆，又使学生感到新颖、有趣。教师可把这种方法应用于中考写作复习中，通过听读范文要求学生根据自身情况用自己的话来复述文章，有能力的学生在复述中可以改写文章或提出自己的观点，从而提高写作能力。

（四）注重双边活动

学生往往对阅读课不感兴趣，一个重要的原因就是教师把阅读课上得死气沉沉。如果每一节课老师都能设计各种各样的活动，如唱歌、聊天、表演、新闻联播、结对活动、小组活动等，那么每节课都会生动有趣，受到学生的喜爱，而且这些活动均应有明确的目标与要求，并能够安排在一定的语境和情景中进行，突出培养学生用英语完成任务和用英语进行交流的能力，达到较好的课堂教学效果。但是活动不能太多，那样阅读课就变成了活动课，阅读课的教学目标就不可能达到。活动也要和文章内容联系紧密，要注重活动的实效性。

（五）要听说读写有机结合

听说读写是紧密联系的，听是说和读的基础，听得多了，自然而然地就会说会读。当听说读达到一定水平，就能够进行书面表达了。要提高学生的阅读能力，只有将听说读写有机地结合起来，才能不断提高学生的语言综合运用能力。目前初中和高中使用的英语教材中都已包含听力材料，教师可充分利用每一课中的听力材料对学生进行听力训练，这其中要让学生理解并听懂听力材料。在训练过程中，应教给学生如何去听，给学生介绍一些基本的听力技能，如理解中心思想和重要细节，以及判断说话人的观点、态度等。同时，教师还可利用听力材料对学生进行口语训练，让学生大胆地开口说英语。还可让学生口头复述听力材料，其目的在于培养学生的初步交际能力，训练口头表达能力。教师可逐步引导学生把听与说结合在一起，然后通过读和写让学生把所学展示出来。

（六）重视语篇的背诵，培养良好语感

英语教学是语言教学，它和语文教学一样，重在反复读，时刻练，通过大量背诵积累语言素材，学生将来在生活中遇到类似的情景时能够将英语脱口而出。背诵可以培养学生良好的语感，提高口语表达能力。英语阅读中有许多精彩对话、变化多端的句型，学生只有通过反复朗读背诵才能领会到词句的深层含义。这样做将不断教会学生许多词汇及短句，还将帮助学生在表达的时候避免许多错误。在背诵的基础上还可以进行课文表演，这有利于学生在模拟的情景中加深感悟。

总之，语篇教学有不可忽视的作用，教师要善于捕捉训练的机会，多学习，多实践，使教学策略和方法不断完善，提高学生的英语学习水平、语言能力、思维能力及交际能力。

四、语篇教学的方法

（一）分析学情的"有效性"——明确目标

教师在拿到一篇语篇材料时，首先应该对教材、学情做一个详细的分析，做到心中有数。在明确语篇中的教学目标、分析了学情后，就可以对教学内容进行有效、精美的设计。

（二）指导预习的"有效性"——有备而学

《普通高中英语课程标准》指出：在英语教学中，教师要有意识地帮助学生形成适合自己的学习策略，帮助学生有效地使用学习策略，不仅有利于他们把握学习的方向、采用科学的途径、提高学习效率，而且还有助于他们形成自主学习的能力，为终身学习奠定基础。因此，教师需加强预习指导，使学生有所了解、有所准备地进行语篇学习。对于一般性的文章，教师可让学生听录音、跟读语篇、适当翻译中文意思，对自己不理解的词组与句子做出标记，有的比较简单易懂的对话文章，就可让学生找出问句，再根据问句先找找答案。对于一些有趣味性、文化性较强的语篇，教师可先让学生了解相关文化。语篇内容主要是讲纽约唐人街的一些饮食及风俗习惯。课前准备时，教师可以在教室的屏幕上播放关于唐人街的图片，漂亮的舞蹈、美味的饮食图片配合着优美的音乐，让学生们兴致勃勃地观看图片。在欣赏图片的同时，孩子们心里会下意识地复习这些曾经学过的动词短语，这样就会很快进入英语学习状态，为下一步教学打好基础。

（三）学前导入的"有效性"——情境创设

语篇教学课基本上可分为三个基本步骤：pre-reading（阅读前），while-reading（阅读中），post-reading（阅读后）。pre-reading 的目标是激发学生学习动机，提供背景知识，引出话题。教师要想办法设计有意义的情景，为学生创造产生语篇的条件，学生才能实现高效的输出。情境创设的方法有：利用实物，巧设情境；语言描述，引入情境；利用动作、表情等体

态语,展现情境;利用图片、简笔画、图画,展示烘托情境;利用多媒体教学手段,模拟创设情境;音乐(歌曲)伴随,展现情境;利用表演,体会情境;利用教学光盘,移植情境。

(四)把握主线的"有效性"——问题引领

语篇教学中,教师首先要让学生整体感知和理解课文内容,然后教师呈现与本课内容相关的问题,便于学生在理解的过程中抓住有用信息,抓住主要信息,使学生能听、会听语篇,加深对语篇的理解。同时让学生用自己的语言回答问题,提高学生说的能力。当然,教师还要注意,所呈现的问题应具有以下几个特点:问题要针对课文主要内容,如时间、地点、人物、数、事情、结果等;问题要有利于理清文章脉络和层次,使学生在问题的引领下整体把握课文;问题所用句型贴近学生的能力,便于学生理解;问题要有一定的坡度,有信息差,能调动学生的学习积极性和兴趣,能调动学生听的积极性和回答问题的积极性。在平时课堂教学中,教师可以时常呈现课文部分的情景作为听力材料,同时,出示一些简单问题,让学生做到边听边思考问题,把注意力放在对文章的整体认识上,而不使思维停顿在某一个音或词上,从而促使学生积极主动地利用已有的语言知识进行搜索,猜测意义,预设内容的发展。

(五)指导阅读的"有效性"——适当练习

在所有的语言技能中,阅读能力是最容易保持的。学生一旦掌握了阅读的方法,他们不用老师的帮助就能进行自主学习,在阅读中进步。在指导阅读的同时,适当地结合练习,以达到读与写的结合,一方面加深学生对语篇的理解,另一方面有利于学生综合能力的培养。例如,教师可结合语篇内容如此呈现主要内容:当学生在阅读中掌握这些问题时,也就读懂了文章;再通过学生回答,又提高了语言表达能力;当学生已经基本理解掌握了课文,我们就要根据课文内容设计一些适当的练习,如朗读指导训练、分角色朗读、仿写、表演、画画等一些符合学生兴趣的活动和一些接近生活实际的活动,以达到对所学内容的复习和运用,培养学生的思维能力和运用能力。

(六)拓展阅读的"有效性"——培养习惯

语篇教学的目的之一就是培养学生良好的阅读习惯。在日常教学中,我们单靠语篇教学的材料是不够的,这样会限制学生的能力和兴趣的发展。我们应该将课堂知识进行必要的拓展,将课堂教学延伸到课后。教师可根据教材中语篇内容,收集相关的阅读材料,发给学生阅读,或利用已订阅的英语报刊,有选择地进行阅读,或介绍相关的英语故事网站。另外,可指导学生和家长自由选择适合自己水平的阅读材料进行阅读,鼓励定时定量阅读,定期开展阅读交流汇报。让学生在课外拓展阅读中积累知识,丰富经验,提高阅读能力和阅读兴趣,养成阅读习惯。

总之,语篇教学是一个特殊的感知和理解的过程,它对教师提出了更高的要求。教师要根据学生的学习情况、学习内容和进展情况,精心备课,深入研究教材和学生的学习心理。从整体教学原则入手,在培养和发展学生的英语阅读理解能力和英语语篇阅读技巧的同时,使他们在学习过程中发展综合语言运用能力,提高人文素养,增强实践能力,培养创新精神,使语篇教学的质量与有效性得到进一步的提高。

链接阅读

课堂教学中的语篇模式

1. "一般—特殊型"(general particular pattern)。这是语篇组织中最常见的模式。Hoey 认为这种语篇结构可分为两类:"一般—例证型"(generelization example)和"预览—细节型"(preview detail)。在"一般—例证型"模式中,首先对事物做出一般概括,然后提出特殊见解,或者举例说明前述概论。而在"预览—细节型"中,语篇开头对所述问题先给出总体轮廓,然后叙述细节。说明文和论说文体裁的语篇常采用"一般—特殊型"语篇模式组织语篇。

2. "问题—解决型"(problem-solution pattern)。Hoey(1983)对这种语篇模式进行了十分详尽的研究,他将其分解为四个组成部分:"情景—问题—反应—评价/结果"(situation, problem, response, evaluation of response)。一般来说,"问题—解决型"结束的标志是对"问题"提出肯定的解决办法。而否定的评价则标志着另一轮"问题"的开始。

3. "设定—真实型"(hypothetical real pattern)。在"设定—真实型"里,作者在"设定"部分列举他人提出的观点,并不证实其真实性。在"真实"部分,作者才提出自己认为正确的观点,证实或反驳前面列举的观点。议论文常采用这种语篇模式。

4. "匹配比较型"(matching patterns)。这种语篇模式常用来比较事物异同。比较事物相似之处称为"匹配相容"(matching compatibility),比较事物差异则称为"匹配对比"(matching contrast)。"匹配比较型"常用于说明文、议论文、书信中,也见于叙事结构和诗歌中。

知识拓展

体裁、语篇模式与语篇教学

在语篇教学中将特定体裁的体裁结构与语篇模式结合应用,分析语篇的建构,无疑为语篇教学提供了方法,弥补了语篇教学中仅分析体裁结构而缺乏对具体语篇建构的阐释的缺陷。而在应用文的教学中采用体裁分析的方法则可帮助学生了解和掌握建构语篇的宏观认知结构。从长远来看,这种教学方法更能培养学生的写作能力和语言应用的能力。

第四节　功　能　教　学

　　功能教学法产生时又叫意念法、交际法或意念—功能—交际法，它是 20 世纪 70 年代兴起于西欧的学派。20 世纪 80 年代以来逐渐发展为交际法并衍生了许多变体，如结构—功能法，功能—结构法，平衡活动法，等等。此法的主要教学思想是根据学生表达、交流的观念、思想来选学能够负载那些观念、思想的言语形式和语言规则，即按学生需要取材，由内容决定形式。在这一点上，功能教学法真正把语言和思维分开了。功能教学法认为，意念、思想不是词句对话所能表述和交流的，而是必须使用传达信息的连续话语，或使用具有语境的一段话来表达的。功能教学法的基本教学单位是话语（discourse）。话语是一系列连续的话段或句子所构成的语言整体，它是语言交际中所说的话，是实现交际目的的手段。因为仅仅学好听说读写技能并不能表达意念和理解思想。

一、功能教学的方法

　　（一）营造课堂交流氛围

　　一堂课的开端就像人们见面一样，是通过互相问候建立交流感情的过程。在英语课上，师生见面时，适当地即兴"寒暄"几句，对安定学生情绪、吸引学生进入英语课堂情境、营造良好的交际气氛会有好处。

　　课前 3～5 分钟自由交谈，能够训练学生对各种句式、时态、语态的快速反应和运用能力。为了培养学生的连贯表达能力，提高他们的兴趣，可定期给学生布置话题，让学生课下准备，课前充分展示。

　　（二）组织学生进行小组活动

　　小组活动形式更有利于学生自主学习、合作学习，它强化了学生之间的交流，高效率地利用了课堂时间。教师在小组活动时应给学生充分的自主权，变被动接受为主动探求。小组活动形式还可以很好地消除学生的心理障碍，为学生创造轻松、自然的学习环境，人人都能畅所欲言，极大地调动了学生"说"的欲望。

　　（三）情景反应训练

　　经常进行情景反应训练，学生自然会在交际中反应迅速，既"有话说"，又"说得出"。语句中的错误会随着英语水平的提高自然减少，激励学生敢于实践，树立学好英语的目标。

（四）角色扮演

角色扮演要求学生熟悉情景、背景和各种相关信息，依照情景设定演绎某一角色。通过角色扮演，学生能够将课文内容完整且生动地演示出来。形象立体的表演还可以加深学生们对文章内容的理解和记忆。

二、语言形式和功能之间的关系

作为人类交际的工具，语言具有双重性，即形式和功能。一方面，语言在形式上有一定的规律性、稳定性，并且可以脱离语境而单独地进行分析和解释。例如"The policeman is coming,"是由一组词按一定的语法规则组织而成的句子，其意义也相对稳定，表示"某一警察正朝说话人这里走来"。另一方面，语言又具有可变性，是变化不定的话语，在不同的交际环境中体现为不同的语言功能，即表现不同的交际意义。

语言形式和语言功能（即语言的结构体系和语言在使用中的表意作用）是语言的两个不同的方面，它们既有联系又有区别。语言是交际的工具，从理论上讲，当我们有话要说时，应当实话实说，因为这样做，既容易表达自己又容易被他人理解。在幼儿的语言里，语言结构也是直接反映其语言功能的。在成人的语言里，实话实说的言语环境无疑也是存在的。例如，在做一个专题性的报告或学术讲座时，由于说话内容纯属情报或信息交流性质，我们运用的语言手段往往是直接表达思想内容的。但是，在大多数的言语环境中，闲谈的内容不是直接的就是间接的与谈话双方的利益有关，说话的目的不是为了指令某人做事，就是为了使听者改变或接受某种观点。而人又是社会的人，两个人接触就构成一定的社会关系，身份的不同也要求我们注意表达方式。这样，语言形式和语言功能之间便存在着一种多重性的关系。换句话说，在语言交际中，同一语言形式因交际环境的不同可以有不同的语言功能；同一语言功能在不同的交际环境中也可以用不同的语言形式来表达。例如"The window is open."这一语言形式，在不同的交际环境中至少可以起到以下几种不同的语言功能。

（1）陈述或说明"窗户是开着的"这样一个事实。

（2）提醒听话者离开时将窗户关上。

（3）责备听话者没有把窗户关上。

（4）暗示室内温度低，请求听话者把窗户关上。

同样，"要求听话者将窗户关上"这一语言功能，至少也有以下各种语言形式可供说话者根据不同的语境和不同的说话对象来选用。

(1) Close the window.

(2) I want you to close the window.

(3) Will you close the window?

(4) Can you close the window?

(5) Would you be so kind as to close the window?

(6) Would you mind closing the window?

(7) Don't you think it's cold here?

(8) It's cold here, isn't it?

(9) Why don't you close the window?

(10) You might close the window.

(11) How about closing the window?

由此可见，在外语教学过程中，要有效地培养学生的语用能力，使他们能根据不同的场合、不同的对象，正确、恰当地运用外语进行交际，就必须注重语言形式和语言功能之间的多重关系，也就是说，既要使学生懂得语言的形式结构，又要使他们学会如何在实际运用中发挥这些语言形式的功能，即实际的语言运用能力。

链接阅读

功能教法学三主张

第一，受制于使用场合的诸多社会因素。故同一形式可能有多种功能，多种形式也可能只具一种功能。因而教学对象应是语言的交际功能。

第二，语言的交际功能既然受制于语言活动的社会因素，则教学过程必须交际化。这意味着排斥机械操练，让学生到真实的或接近真实的交际场合进行练习，也就是在用中学。

第三，在交际化的教学过程中，学生不单是操练活动的主动者，还是构成影响所操练的话语功能的社会因素之一。因为在那个交际环境里，学生主观的意念、态度、情感、文化修养等会影响语言形式的选择和语言功能的发挥。所以教学过程的组织应以学生为主。教师的责任是给学生提供交际情景、场合，帮助学生创造性地、自由地表达、交流自己的意念、思想。既然如此，就必须放松控制，对学生言语的正确性要求也要放低，只要思想交流不发生误解就可以了。但必须保持一定的速度。因为结结巴巴和不当的停顿，会影响交际的进行。这一主张的发展，导致了自然途径(the natural approach)的产生。

知识拓展

教学交际化促使教学功能化

教学过程交际化促使我们用功能法去研究语言交际。它提了八点要素：情景、功能、意念、社会、性别、心理作用、语体、重音和语调、语法和词汇、超语言手段。它从交际要素的确定,进而研究交际能力的内涵和培养交际能力的途径。因而导致了独立的交际教学法学派(也称交际教学思潮)的产生。

在研究需要的过程中,功能法的专家们发现人们的需要取决于他在社会中的地位。按其实际从事或将来可能从事的职业对外语的需要,可以让他们只学需要用到的语言形式。这样,他们提出了专用语言(LSP 即 Language for Special Purposes)以及专用英语(作为外语)(ESP,即 English for Special Purpose)这一概念。学生只需学习在自己专业范围内开展意念、思想交流所必需的外语形式和用法,而可以不涉及其他。同一专业的科技人员,因其工作不同,学习的范围和要求也可互异。从这点出发,功能法认为,口头言语和书面言语的活动都同等重要。当然,起始学习还是得从口头语言的学习开始。

第五节 话题教学

"话题教学"指的是在阅读教学中,教师根据学习需要,预设好师生讨论的话题,为学生个性化阅读提供依据。话题就是问题,但不等同于问题,话题是比较集中的问题,它具有针对性,话题一提出,围绕它进行讨论、交流,就能帮助全体学生很快地读通读顺文本。话题应具有趣味性,为师生乐于接受,激发他们畅所欲言的兴趣。话题应具有启发性,能让师生体味言外之意,领悟话外之音。

一、话题教学的特点

1. 人文性

话题教学关注学生的情感、思想,注重培养学生的精神,它不单纯注重语言知识的传授和英语能力的培养,往往将人文精神铸炼于阅读教学中。

2. 民主性

话题教学的课堂形式是讨论交流式,是生与生、师与生的多向交流,在这个过程中,心灵之泉在自由地奔泻、流淌,表现出对学生的尊重,对其"主体"地位的承认,充满了民主性。这里没有话语霸权,没有教学独裁,师生是平等的。

3. 交际性

话题教学非常注重言语交际活动,"听"与"说"是其形式。作为一种交流性的教育活动,学生可畅所欲言,久而久之,学生的言语交际能力会得到提高。

4. 合作性

由于话题教学强调小组讨论和组间的交流与互动，所以合作学习成为课堂教学主要的组织策略。教师评价学生行为时，不是只依据个体的进步程度，而是注重一个小组的整体进步，每个小组获得的成功都依赖于小组中各位同学的共同努力，突出了学生之间的相互合作，使学生个人目标与群体目标之间密切联系，培养了学生团结协助的精神，发展了学生积极向上的良好心理品质。

5. 广泛性

教学话题是一个容量较大、能激发学生讨论欲望的教学中心议题，容量太小就与提问没有多大差别了，缺乏创意则不能引起学生的兴趣，因此教学话题的广泛性有助于学生思维的发展。

二、话题教学的方法

1. 关注学生的需求

就英语学科教学来说，学生的需求就是综合语言运用能力的发展需求，具体体现为语言技能、语言知识、情感态度、学习策略等方面的发展需求。教师要根据情况适当调控话题范围；话题要有创意，能激起学生的兴趣。所以，教师在设计话题时，要准确把握和处理教材内容、适当挖掘教材的深度、拓宽教材的广度，把对教材的应用建立在学生的"兴趣点"和"实际点"上。

2. 单元组合话题形式

教师在教学时，要有目的地使学生围绕本单元多个子话题展开教学讨论，注意话题之间的相关性、整体性。

3. 开发学生搜索无限话题"资源"

教师要有意识地让学生感知所谈论话题与所需词汇的必然关系，调动学生积极收集、整理和话题有关的词汇，为学生针对某个话题发言打下基础。

4. 营造和谐的教学氛围

教学活动没有良好的学习场景是无法进行的。在教学中，教师需要放下架子，平等地看待学生，给予学生更多的鼓励、尊重和信任。教师的教学活动要始终以学生发展为起点，以学生发展为归宿。师生、生生之间要互助合作。重点关注学生之间的互助与合作，做到取长补短，并让学生在不知不觉中感受合作的重要性，培养他们的合作创新能力。

总之，话题教学营造了生动自然的交际课堂，使学生敢想，也敢于表达自己；体现了语言丰富多彩的特色，给学生营造了广阔的交际背景，给学生创造了自我展示的机会，话题中习得的语言形式多样、真实自然，使学生能够流畅地表达自己，从而提高学生学习英语的综合能力。

知识拓展

以任务型教学拓展话题教学

在课堂教学中,要适时地采取任务型教学法,逐步培养学生的综合语言运用能力。学生在活动中使用语言,在使用所学语言做事的过程中发展语言能力。因此,在设计任务时,要给学生真实的语言信息,语言情境和语言形式要符合实际功能和语言规律,要使学生在一种自然真实或模拟的情境中体会和学习语言。英语教学以话题为中心,任务与活动、技能与知识以及语言运用都有了依托。

本章知识结构

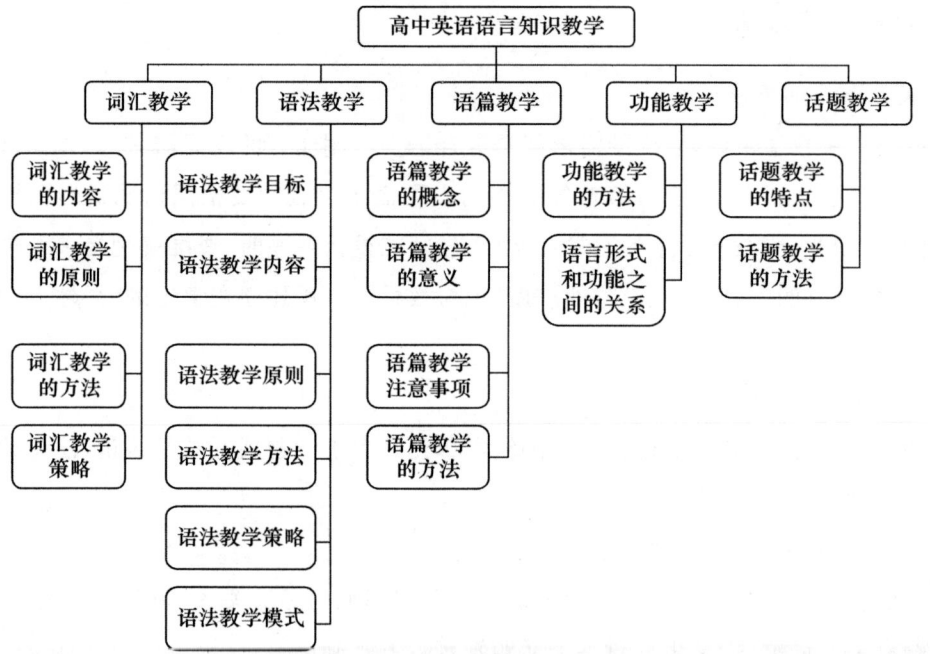

本章小结

本章的重点是对英语语言知识各部分教学方法和策略的掌握和熟悉,难点则是对这些策略和方法的现实应用。

本章学习时要注意以下几个方面。

1. 熟悉每种英语语言知识教学中的关键概念和方法。

2. 灵活沟通各方法之间的联系,切忌孤立理解各部分。

3. 深入理解相关案例,并将教学理念付诸于实践。

备考指南

高中英语语言知识教学这一章内容涵盖较多,知识点较为复杂。在备考过程中,学生要掌握各小节中的基本概念和知识点,因为这些知识内容是指导教学实践的基本原理,是进行教学实践不可缺少的方向保证,同时也要在学习中联系实际,务必做到知识的融汇贯通。本章一共包括五小节,每小节中详细列举了很多英语语言知识教学的原则,备考者要理解每一条原则的论述,掌握如何在教学实践中体现这些教学原则,在每一条原则的指导下会遇到的问题,以及如何去解决这些问题等。对本章内容的掌握关键在于是否能在教学实践中找到例证并加以理解,真正做到在自己设计课堂教学时自觉遵循这些原则。只有理论联系实际地学习,才能提高综合运用知识技能的能力。

自测训练

1. Mrs Black _____ and didn't look up when her husband entered the room.

   A. went on to write   B. went on with writing

   C. went on writing   D. went on write

2. I never drive _____ 60km on the road.

   A. more fast than   B. faster than

   C. much fast than   D. more faster than

3. She can't do it _____, but she could ask someone else to do it.

   A. she   B. her   C. hers   D. herself

4. He was so _____ that he couldn't even afford the carfare(车费).

   A. poor   B. rich   C. clever   D. bright

5. The sun light was coming in _____ the window.

   A. past   B. pass   C. through   D. across

第七章　高中英语语言技能教学

考纲内容

掌握英语语言技能(听、说、读、写)教学的基本原则和训练方法。

考纲解读

语言技能是语言运用能力的重要组成部分。英语新课程标准要求在教学中有计划地进行听、说、读、写四个方面的训练,有效地培养英语的运用能力和交际能力。听和读是理解的技能,说和写是表达的技能;这四种技能在语言学习和交际中相辅相成、相互促进。在英语语言技能教学时,学生应通过大量的专项和综合性语言实践活动,形成综合语言运用能力,为真实语言交际打基础。因此,听、说、读、写既是学习的内容,又是学习的手段。

第一节　听力技能教学

听力就是识别和理解别人说话的能力。在人类的交往活动中,听是最基本的形式,是理解和吸收口头信息的交际能力。在语言学习或习得过程中,听是吸收和巩固语言知识和培养说、读、写语言能力的重要手段。从交际角度看,听和读一样,都是被动接受技能,听的言语活动是机械地、被动地理解和接受信息的过程。但从生理学、心理学和信息加工的角度看,听是主动积极的交际行为,是高效率、快节奏的脑力劳动。在听的教学与听力的关系上,听的教学是为了培养听力,是教会学生"听"英语,达到用英语进行交际的目的,同时也可以为发展说、读、写的能力服务。听的教学要根据听力形成的这一独特的规律和特征,运用科学系统的言语活动方式,对学生进行与听力有关的各项技能的训练。此外,在听的教学中也有必要对学生进行听力策略的训练,因为能否恰当地运用听力策略来指导课堂教学是关系到听力训练成败的重要问题。

一、听力技能教学目标

根据《普通高中英语课程标准》对听力技能的目标描述,听力技能教学包括听的策略、培养语感、培养在听的过程中获取和处理信息的能力。

基本技能包括:排除口音、背景音等因素的干扰;抓住关键词;听并执行指示语;听大意和主题;确定事物的发展顺序或逻辑关系;预测下文内容;理解说话人的意图和态度;评价所听内容;判断语段的深层含义。

二、听力技能教学原则

（一）激发学生参与听的动机

任何活动的开展都以动机为前提,听力技能教学的有效进行同样依赖于学生的动机激发。动机的激发可以通过制造某种交际需求来实现。例如,适当增加听力活动中的竞争成分,教学活动中给学生自由发挥的余地,活动按由易到难的序列排列;增加听力材料的真实性,增加听力活动的趣味性。

（二）选择适当的听力材料

在听力技能教学中,要使听的能力得到最有效的训练,选择适当的听力材料具有很大的指导意义。听力材料(包括话题、输入、任务)要与学习者的目标和兴趣相关联,要包括自我选择和评价。真实的听力材料有助于听力教学,如自然的语速和语音、语调,高频词,口语化,节奏、语调和停顿。广泛的文体听力材料可以帮助学生掌握不同的听力策略。值得注意的是,听力材料如果难度过高,应当适当地简化输入。因为简化的语言输入使听者更加活跃,能启动听者的背景知识,有助于听者的推理。可从两方面进行简化,一是限制性简化,指使用和强调熟悉的语言项目(词汇、句法、语音、语篇等);二是详尽性简化,即丰富输入(如提高音调、重复或解释关键词、变化句式等)以帮助听者减少理解障碍。

（三）增强输入

足够的输入量是语言习得的前提。通过大量的听力输入,学生接触大量真实的语言实例,辅以有目的的任务,能帮助学生习得语言。课堂上,要把听的输入设计成学生学习语言的主要途径;材料的呈现通过听的形式进行;教师用目标语进行授课;师生间、学生间的互动尽量用英语。

（四）注重过程和注重意义相结合

听力技能教学中，注重过程，而不是注重结果，即强调听力技能的培养；注重意义，而不是语言形式，即强调听力材料中的内容。将两者相结合有助于听力教学的整体效率，改善听力教学的远期效果。

（五）听力技能教学和说、读、写教学相结合

听力的训练不能只局限在听力课上进行，要将听力技能教学和说、读、写教学相结合，做到听与说结合，听与写结合，听与读结合，这是培养听力的有效方式，将消极的、被动的、单向的听力过程转变为积极的、主动的、互动的学习过程。

三、听力技能教学内容与课堂教学策略

（一）听力技能教学内容

（1）听力知识。

听力知识包括语音知识、策略知识、文化知识、语用知识等。语音知识不仅是语音教学的内容，而且是听力教学的内容，因为听力的首要任务是语音解码。因此，有必要掌握发音、重读、连读、意群和语调知识。

对于听力理解，策略知识、文化知识、语用知识同样必不可少。缺乏一定的策略知识，就难根据不同听力任务选择适当的听力方式。缺乏对所学外语国家的文化知识的了解，听的时候会产生歧义，无法理解听到的内容。缺乏相关的语用知识，也就难以理解对方说话的内涵，进而影响交际的质量。

（2）听力技能。

基本的听力技能主要包括以下几种。

① 辨音能力：辨音能力是听力理解最基本的能力，包括音位辨别、重读辨别、意群辨别、语调辨别等。

② 交际信息辨别能力：实施有效交际的关键之一是培养交际信息辨别能力，包括辨别新信息指示语、例证指示语、话题终止指示语、语轮转换指示语等。

③ 大意理解能力：大意理解能力包括理解谈话或独白的主题和意图等。

④ 细节理解能力：细节理解能力指获取听力内容中的具体信息的能力。

⑤ 词义猜测能力：词义猜测能力指借助各种技巧猜测谈话中所遇到的生词、难词等未知表达方式的能力。

⑥ 推理判断能力：推理判断能力指对谈话人之间的关系、说话人的意图、情绪、态度和言外之意等非言语直接传达的信息，通过推理判断其深层含义，进而理解说话人的意图、谈

话人之间的关系、说话者的情感态度等的能力。

⑦ 预测下文能力:预测下文能力指对谈话者下文所要出现的内容的猜测和估计,从而确定事物的发展顺序和逻辑关系的能力。

⑧ 评价能力:评价能力是对所听内容发表自己的观点的能力。

⑨ 记笔记:根据听力要求选择适当的笔记记录方式,适当的记录方式有利于听力信息的获取。

⑩ 选择注意力:根据听力的目的和重点选择听力中的信息焦点。

(3) 听力理解。

听力理解包括字面意思的理解和隐含意思的理解,其理解过程主要有辨认、分析、重组与再现、评价和应用五个要素构成。任何级别的听力教学都必须经历由辨认到分析再到应用的一系列过程,然后才能逐步提高听力能力。

(二) 课堂教学策略

1. 精听和选听结合

精听是指要求准确地分辨出音、词、短语、语法单元和语用单元的听。听写(dictation)由于在听的基础上还涉及词汇、语法以及根据语境推理等能力而成为精听的经典活动。根据任务设置的不同,听写分为以下六种形式。

(1) 听释(dictogloss):是根据"可理解输出"研究提出来的听写方式。听释让学生在词汇、结构较复杂、信息量较大的情况下,不记笔记听完几分钟长的语篇,再单独或小组合作,完整和准确地重构语篇。同样的文章可以让学生重复进行"听—重构"的听写活动,前期能训练学生如何在听中把握中心大意,后期是把握细节。

(2) 快速听写(fast-speed dictation):是在自然的速度和语音语调情况下的听写,训练学生集中注意力于语言的正常速度。

(3) 听写大意(pause and paraphrase):是听的过程间隔停顿,让听者写出大意,目的是训练听者表达的灵活性和听大意的技巧。

(4) 完型听写(listening cloze):是听者听的过程或听完后要完成相关的完型填空练习,主要是词和短语方面的,目的是训练听者对语言的注意。

(5) 纠错听写(error identification):提供听者带有几处语法或语义错误的完整文本,让听者听并纠错,以训练听者对细节的关注。

(6) 线索听写(jigsaw dictation):配对的学生各拿听力书面材料的一部分,互相读给对方,让对方各自了解完整的内容。

2. 采用适当的教学模式

对于听力理解过程，可通过自下而上模式(bottom-up model)、自上而下模式(top-down model)、交互模式(interactive model)等加工模式进行解释。

自下而上模式又称作文本驱动模式，从语言的角度对听力理解过程进行解释，属于微观加工模式。该模式认为，听力就是一个语音解码的过程。听者利用语音、词汇和句子本身的知识进行语言因素分析，达到对听力材料的理解，而且是从语音、单词、句子再到篇章的顺序逐步理解。

自上而下模式又称作图式驱动模式，从学习者已有的图式知识和情景知识的角度对听力理解过程进行解释，属于宏观加工模式。该模式认为，听力不只是语音解码，而是一个预测、检验和证实的过程。在这一过程中，听者利用非语言手段，如文化知识、语用知识、社会知识、策略知识以及利用与听力材料相关话题知识、与说话人和场景相关的知识，对听力材料进行预测、分析和处理，从而达到对所听信息的理解。

交互模式把听力理解看作大脑长期记忆中的背景知识与听力材料相互作用的动态过程，即学习者对听力材料的理解不仅要运用语言知识，还要主动借助大脑中的相关背景知识，对所听到的语言材料进行信息加工处理，进而理解听力材料中的意义与内涵，是微观加工模式和宏观加工模式的结合。

在听力教学的实践中，教师应当结合学生的学习特点、掌握程度、听力材料难易程度等方面综合考虑，采取适当的听力教学模式。

3. 培养有意识地听的策略

有意识地听要求在听的过程中听者必须有意识地转换听的意图，监控自己的听力活动。听力理解的成败与听者能否运用有意识的听的策略紧密相关，所以外语听力教学不仅应关注听的内容，而且应强调听的方法。策略作为学生对待和完成听力任务的行为和思维方式，是可以教授和训练的。

4. 有效地利用多媒体进行听力教学

利用多媒体等手段，多角度呈现听力材料，能加强教学效果。将视频和音频结合起来可使学生处于声音和影像相互作用的语言环境中，从而达到强化学生听觉输入的效果，对不同水平的英语学习者均能起到积极作用。多媒体手段能促进学习策略的使用；有助于词汇的学习和对内容的记忆；使用媒体辅助时，声、像、母语字幕、外语字母、无字幕的组合不同，学习效果也会有差异；幻灯片辅助教学会使学生更多依赖"读"而非"听"来完成理解任务。有条件的话，要在教学中充分利用多媒体手段辅助教学，同时也要避免不合理的使用，以免带来负面作用。

四、听力技能教学活动设计

（一）听前活动

听前活动设计是为了使学生进入主题听力状态，为更好地听做各方面准备，可采用以下几种方式进行听前教学活动：

- 介绍相关背景知识，使学生对历史文化等知识更加了解；
- 用图片、音响等吸引学生注意力，激发学生对画面潜在的观察能力、描述能力、思维能力；
- 提供少量词汇或相关问题，让学生预测听力主要内容；
- 提供一些开放性问题，锻炼学生的想象能力和分析能力。

（二）听时活动

听时活动是理解语篇承载的信息和感知新语言结构在实际情景中的运用。教师应根据学生的认知水平和需求，创造有效的听力教学活动设计。这个阶段最重要的是培养学生泛听主旨、精听细节的能力，设计语言任务应当循序渐进、由易到难、泛精结合。要鼓励学生第一遍听大意，抓住内容要点和前后文中的线索，第二遍听取一些具体的信息。

可采用以下几种方式进行听时教学活动：

- 为了培养学生的概括和提取主要信息的能力，可以进行笔录主要信息的练习；
- 为了引导学生辨别所听内容的脉络、整理信息线索，可以设计一些决定情节发生前后顺序的题目；
- 为了多层次、多角度地锻炼学生对所听内容的理解，可采用信息转换、图文转化，行为表现的方式；
- 为了考查对细节的理解，可以将文中难词和容易混淆的词句设计成选择、填空、是非判断等形式的练习。

（三）听后活动

听后活动设计要围绕教学目标展开，活动内容尽可能贴近生活实际，使学生在真实情景中完成任务，做到形式多样，力求能提高学生的学习兴趣，创造一种轻松愉快的学习气氛。

可采用以下几种方式进行听后教学活动。

- 听后跟读、模仿、朗读，提高学生的语感；模仿录音者的语音、语调，提高对英语语音、语调的感悟力和用正确语音、语调进行口语输出的能力。
- 小组根据所听信息回答教师就细节提出的问题。
- 为培养学生的合作学习和表达能力，开展对话、角色扮演和辩论等活动。

- 为发挥学生的推理想象能力,设计一些对信息进行扩展和添加后文的任务。
- 为增加学生的书面表达能力,根据记录的摘要和补充练习,完成一些相关写作练习。

第二节 口语技能教学

口语是一种利用语言表达思想、进行口头交际的能力。英语口语教学则是加强培养学生把所获得的语言知识、语言信息转换成口语交际的过程。在此过程中,学生对由听读所输入的语言信息,经过思维、加工、重组,产生与主题有关的丰富联想,从而激发出表达思想的强烈愿望,即进行口头交际。说是在听的基础上发展起来的,听和说是口语交际中密切相关、形式却截然不同的行为过程。口语技能教学的目的是培养和训练学生的语言知识转换能力,即让学生通过读和听等输入手段获取语言信息,经过思维对所获取的内容和语言进行加工和重组,然后以语言的形式输出;以及培养学生思维能力、创新能力、分析问题和独立提出见解的能力。

一、口语技能教学目标

《普通高中英语课程标准》对口语技能的目标包括:提高说的准确性、得体性、流利性和连贯性,增强语感;以及引出话题,维持交谈,插话,转移话题,话轮转换,引起注意,澄清意思,请求澄清,表示倾听和理解,预示和结束谈话,利用语音、语调表达意思。

二、口语技能教学原则

(一)鼓励学生大胆说英语

在英语口语教学中,大部分学生不是一开始学习英语就不想表达,但所掌握的词汇与句型有限,使他们不能正常发挥,不敢开口。也有一些学生想说,但不知道从何说起。已经背了不少单词和句型等,但心中没题目,不知道说些什么、如何说。面对这些情况,更应该将学生置于一定的语言环境中进行英语交际的活动。要引导学生遵循英语的表达规则、习惯和功能意念进行口语训练。课堂教学可设计难度适当的"任务",采用复述、描述、讲故事、问答、情景对话、讨论、角色扮演等练习形式,提高学生讲英语的流畅性、准确性及恰当程度。鼓励学生大胆说英语,以培养兴趣为主,让学生敢开口。兴趣是成功的关键之一,课堂上要注意培养学生想说的兴趣,了解他们感兴趣的话题,耐心加以启发,适当引导,诱发他们的学习动力,焕发学生讲英语的热情,使学生自觉地、积极主动地进行英语口语表达。

（二）平衡流畅性和精确性

既要开展以训练学生语言准确性为中心的活动，也要开展有利于培养学生语言流利性的活动。在技能的获得阶段，要优先考虑语言的精确性；对于高级水平的学习者来说，应要求能以正常的速度自然地讲英语，同时要保证语言的准确性。所以在教学中，教师应根据学生的程度进行分层教学，平衡语言的准确性和流利性。

（三）以语言意义为中心的活动

非交际性口语活动在操练过程中也同样以语言形式为重点，强调的是操练结果的准确性，不管口语的表达是否合理。而交际性口语活动的重点是口语表达的流畅性和合理性，主要目的是让学习者在相应的语境下进行有目的的口语活动。非交际性口语活动强调训练的过程，而交际性口语活动强调口语训练的结果，即口语训练的目标，以使学生能进行有效的交流。从通常的做法分析，非交际性口语活动的教学内容主要以课本内容为主，特别是以听说、朗读、背诵、对话、复述、问答、替换操练、猜谜语、绕口令、口头作文、看图说话等为主要训练模式，目的明确，虽然内容受限，有一定的局限性，但是其意义不可忽视。

（四）情景化

语言是交际的工具。交际必然发生在一定的场合，使学生在情真意切的环境里感知、理解新语言材料的意义、用法、功能及作用，并通过操练与练习使学生达到"见景生情"的目的。在创设情景中，应该注意语言情景清晰准确，使学生容易上口，达到锻炼学生开口说的能力并获取新的语言知识的目的。教师可以根据不同阶段的学习内容不定期地组织一些英语场景模拟活动，例如模拟就餐、住宿、问路、看病、购物等场景。学生们通过扮演不同的角色，从人物语言与感情的变化中实际地使用语言，不断了解中西文化及语言的差异，理解不同场景的社会意义，从而达到提升口语能力和交际水平的目的。

（五）口语技能教学和听力技能教学相结合

英语口语技能教学是加强培养学生把所获得的语言知识、语言信息转换成口头交际的过程。说是在听的基础上发展起来的，听和说是口语交际中密切相关、形式却截然不同的行为过程。听是语言最基本的输入方式，也是进行语言交流的第一步，学生在开口之前必须听懂了，再加上大量的语言储备，才会产生开口说话、表达思想的交际愿望。因而听是说的先导，要做好口语技能教学，必须将听力水平加以提高。

三、口语技能教学策略

（一）采取适当的口语技能教学模式

在英语口语技能教学的实践中，教师应当结合学生的学习特点、掌握程度、口语材料难易程度等方面综合考虑,采取适当的口语技能教学模式。

(1) PPP 口语技能教学模式。

PPP 模式即呈现(presentation)、训练(practice)、运用(production),遵循由控制到自由、由机械到交际、由准确到流畅的教学流程。呈现的教学目的是确立形式、意义和功能并且导入话题,激活背景知识,为训练做准备。训练阶段多为控制性或半控制性活动,教师给学生提供很多练习机会以提高语言的准确性。训练阶段主要是开展交际性、创造性活动,将所学的语言形式在语境中灵活运用。

(2) 任务型口语技能教学模式。

任务型口语技能教学模式一般包括任务前、任务中、任务后三个环节,通常以完成某个任务为教学的起点,通过任务掌握语言技能。任务设计要注意信息传递的功能、交际的特色以及真实性。

(二)培养学生掌握交际策略

为了促进意义的表达和思想的沟通,教师应让学生了解和使用交际策略。下面是几种常见的交际策略。

(1) 积极回应对方。

与别人谈话时,要不断地对对方的谈话内容进行积极响应,通过使用各种停顿词(如 Yeah,Good)和答语、感叹词表达你在注意对方说话,同时也表达自己的感受,这是谈话的礼貌。

(2) 适当使用补白词。

适当使用补白词是日常生活中常见的交际策略之一,说话的人为了延长思考时间,往往在话语间插入 well,um,you know 等补白词。

(3) 迂回策略。

迂回策略是指用解释或用近意词的办法来表达自己一时忘记或不会表达的词语。

(4) 回避策略。

如果在交流当中,对方问到一些不熟悉的问题或不想回答的问题,为了保持礼貌和交流的顺利进行,可以使用部分或完全回避这个话题的策略。

(5) 求助策略。

在英语交流中,如果遇到不会表达的词,可以向对方或第三方求助,以使得交际顺利进行。

(6) 借助形体语言。

形体语言也能传递丰富的信息。如果遇到不会表达的单词,可以运用形体语言把这个词表达出来。

（7）掌握常规程序套语。

英语国家的人士在交谈的开始和结束时都遵守大致相似的表达习惯,因此要熟悉一些较为固定的程序性套话。例如,和陌生人交谈时可使用 Excuse me/ How do you do 等。

四、口语技能教学活动设计

口语技能教学活动,除了语言结构方面的训练,还可以设计有意义的交际活动。

（一）信息差活动

信息差活动是听说教学中常见的教学活动,创设真实情景,形成交际双方的信息差异,活动采用的方式很多,可以通过图表、卡片、事物,也可以利用图画。图画可以给学生提供一个情景,便于交际的开展。

（二）角色扮演

让学生把故事性的课文改编成短剧式对话并表演出来。把程度不同的学生组合成一组,对白多的角色由英语较好的学生扮演,对白少的角色由英语欠佳的学生扮演。这样能够促使学生在准备过程中相互帮助,团结协作。角色扮演的活动寓语言训练于娱乐之中,巩固了所学的知识,口语表达能力也得到锻炼。通过情景设计进行角色扮演,不仅能活化教学内容,同时还可以激发学生的创造性思维和想象力,从而有效地完成语言创设构建。

（三）复述

学生在复述活动中,将听到、看到和读到的内容经过思维加工,用自己的语言口头表达出来,表述的过程实际上就是大脑思维的过程。因此,复述可以训练学生的思维能力。

（四）小组讨论

教师以所教授单元的内容为基础,结合学生的实际语言表达能力设计一些话题,将学生分为2—4人的小组,对所规定的话题进行讨论。教师应根据话题制定讨论提纲,便于学生沿着一定的逻辑顺序进行叙述。这些讨论话题不但与课文紧密相关,而且贴近日常生活。学生在讨论时可以畅所欲言,从而激发他们浓厚的学习兴趣。

（五）辩论

热点问题为人们所关注,也是高中学生感兴趣的话题之一。基于这一认识,教师可让学生针对热点问题展开辩论,来激发学生的灵感,活跃其思维,从而达到训练口语、训练思维、学习谈论身边事物的目的。辩题可大可小,大到一些世界范围所关注的问题,如"Is it more difficult for women to succeed than men?""Is money everything?"小到一些涉及自己生活、学习的小事,如:"Smoking: for or against?" "Where to live, in the city or in the country?" 值得注意的是,在辩论中教师绝对不能袖手旁观,而应帮助学生把知识从课堂延伸到课外。

第三节 阅读技能教学

阅读是英语教学的重要环节,也是学生使用英语的重要方面。读的教学是为了使学生学会从书面语言中吸取信息的教学活动。阅读是一个复杂的心理和智力活动,是不断假设、证实、想象、推理的积极能动的认知过程。这一过程有识别和释义两个阶段:识别就是寻找并确定字符的词义、句法结构和语句之间的关系;释义就是运用有关主题、文章的语境等非语言知识对上述信息进行处理。理解能力是阅读中最重要的能力。阅读理解就是在阅读中对有效信息进行处理的能力,它不是认识文章中的每一个单词、看懂每一个句子的低层次理解,而是跨出句子平面,走向语篇的深层次理解(即理解作者的言外之意),以及评价性理解(即对作者所表达的内容的看法)。

一、阅读技能教学目标

《普通高中英语课程标准》对阅读技能的目标包括阅读教学包括培养阅读策略、培养语感、特别强调培养学生在阅读过程中获取和处理信息的能力。

阅读基本技能包括:略读,找读,预测下文,理解大意,分清文章中的事实和观点,猜测词义,推理判断,了解重点细节,理解文章结构,理解图表信息,理解指代关系,理解逻辑关系,理解作者意图,评价阅读内容。

二、阅读技能教学原则

(一)激发阅读动机,减少焦虑情绪

在影响学生英语阅读能力提高的种种因素中,心理因素占了一定的比例。阅读时的一些消极心理或者心理误区直接或间接地影响着学生的阅读。在阅读教学中我们常常发现一些学生在开始时还能表现出正常、自然的状态,随着阅读的进行,他们显得焦虑不安,面露难色,自信心明显下降,最后囫囵吞枣,草草完成阅读任务,阅读效果可想而知。对于背景知识,缺乏了解,知识面不够广博,或是认为背景知识对学习语言、对提高考试成绩无多大关系,因此往往一带而过,甚至干脆置之一旁。教师应帮助学生在阅读前了解所读文章的有关背景知识。最简单的方法就是直接介绍。这种方法虽然快速,但容易使学生感到枯燥无味。

最佳办法就是设计一些与课文的背景知识有关的,但又在课文中找不到答案的问题,让学生分组讨论。这样不仅使他们可根据自己的生活经历,相互提供背景知识,教师稍后作补充,而且还能活跃课堂气氛,使学生兴趣盎然。

(二) 注重输入和激活相关背景知识

学生经历或熟知的故事类文章,由于能与自己的生活经历和体验结合起来,产生联想、迁移、猜想和推断,所以阅读理解效果较好。而对他们不甚了解的说明类文章,阅读理解的效果却不太理想,主要是因为学生缺乏相关背景知识,不理解文章所表述的内容。可见,给学生介绍相关的背景知识对提高学生的阅读理解能力很有必要。高中阶段学生的阅读材料主要包括两类文章:记述类文章和说明类文章。记述类文章主要是西方的幽默故事、名人故事和一些重大的历史事件。说明类文章主要是介绍一些名人的生平以及名胜、西方的风俗习惯、英美概况和一些科普知识。介绍背景知识时,教师可以结合教材内容,或集中讲解,或有意渗透。在学生阅读前,教师介绍文章的相关背景知识,让学生了解文章的大致内容,可降低阅读理解的难度。讲解阅读练习时,可通过分析学生习题中出现的错误,及时补充背景知识。此外,还可要求学生加强课外阅读,了解名人轶事、西方文化、科普知识和最新的科技成果,在课上或课外相互交流、共同提高。

背景知识的缺乏会造成阅读理解障碍,无法真正读懂英语语篇的内涵。所以,在语篇教学前,可利用教学图片、多媒体等教学设施,给学生提供语篇理解所需要的背景知识,逐步引入课文话题,让学生适度了解话题内容,激活学生已有的与课文相关的知识网络,引导学生正确地理解和体会所读语篇。

(三) 训练阅读元认知策略

元认知策略是指控制信息的流程,监控和指导认知过程进行的策略。

监控也称调节,是指在阅读中对自己的思维活动进行监控和调整以达到预定目标的过程。在课外阅读中,监控调节策略会增长元认知体验、丰富元认知知识。在阅读过程中可运用以下监控策略:(1) 方向监控,即明确阅读目的,确定阅读的方式;(2) 进程监控,即边阅读边思考,观察识别阅读材料提示的重要信息,通过上下文猜测词义等手段,根据有关线索判断信息,完成相关的阅读要求;(3) 策略监控,即善于自我提问,检验自己的答案正确与否;多角度分析推理,懂得运用有效策略处理综合性问题。

三、阅读技能教学策略

(一) 采取适当的阅读技能教学模式

在英语阅读技能教学的实践中,教师应当结合学生的学习特点、掌握程度、阅读材料难易程度等方面综合考虑,采取适当的阅读教学模式。

(1)"自下而上"的阅读技能教学模式。

自下而上模式,从语言的角度对阅读理解过程进行解释,属于微观加工模式。该模式认为,读者利用语音、词汇和句子本身的知识进行语言因素分析,达到对阅读材料的理解,理解是根据单词、句子再到篇章的顺序逐步理解。

(2)"自上而下"的阅读技能教学模式。

自上而下模式,从学习者已有的图式知识和情景知识的角度对阅读理解过程进行解释,属于宏观加工模式。该模式认为,阅读是一个预测、检验和证实的过程。在这一过程中,读者利用非语言手段,如文化知识、语用知识、社会知识、策略知识,以及利用与阅读材料相关话题知识,对阅读材料进行预测、分析和处理,从而达到对所读信息的理解。

(3)交互作用的阅读技能教学模式。

交互模式把阅读理解过程看做大脑长时记忆中的图式知识与阅读材料相互作用的动态过程,即学习者对阅读材料的理解不仅要运用语言知识,还要主动地借助大脑中的相关背景知识,对所读到的语言材料进行信息加工处理,进而理解阅读材料中的意义与内涵,是微观加工模式和宏观加工模式的结合。

(4)PWP三阶段英语阅读技能教学模式。

PWP阅读技能教学模式是我国中小学英语阅读教学中普遍采用的教学模式,主要属于自上而下或交互作用的阅读模式,具体属于哪种模式主要依据阅读材料的题材和教师的教学活动而定。一般也要遵循任务前、任务中、任务后三个环节,即PWP模式,通常以完成某个任务为教学的起点,通过完成任务掌握语言技能。

(二)培养学生掌握阅读策略

为了提升对文章的理解,教师应让学生了解和使用阅读策略。下面是几种常见的阅读策略。

(1)略读。

略读即通过对文章标题和首尾句的阅读,对文章的内容结构有一个整体的印象,让学生在短时间内了解作者的意图或文章所涉及的问题。在进行略读时,学生不需要详尽地理解所读材料,只是了解阅读材料的基本信息,要求学生快速浏览全篇,领会主旨或抓住主要内容。略读是一个人可能达到的最快的阅读速度。在5分钟内了解报纸上一篇文章的大概内容,采用的就是这种阅读技巧。一般情况下,学生通过略读可以:抓住段落特点;抓住主题句;抓住关键词。

(2)寻读。

寻读是为获得特定的信息而进行的符号辨认的过程。同略读一样,寻读也是一种快速阅读的方法。两者的不同之处有两个方面：略读是学生从阅读材料中获得大意，其目的是了解阅读内容的概要，而寻读是从阅读材料中寻找某些特定的信息；略读是学生事先对阅读材料一无所知，而寻读则是在对阅读材料有所了解的情况下进行的，要求学生在较短时间内找到相关信息。

（3）精读。

精读指学生在对全文有整体印象的前提下所进行的深入细致的阅读，了解各段落的主要意思和文章的细节，并在此基础上提出新的问题或观点，发展学生的思维能力。

在精读过程中，应设计一些具有推理性、概括性、评价性、启发性的问题，或是通过制作图表等手段，把文章的问题提出来，进行分析、总结和概括，并揭示它们之间的内在关系，使学生能够深入到文章的内部结构中去理解文章，理解作者意图，掌握文章的中心思想。

（4）猜测生词意思。

在阅读过程中，猜测生词的意思是扩展词汇量有效的方式。可采取根据定义线索猜测词义，根据同义词或反义词猜测词义，利用构词法猜测词义。

（5）预测。

阅读并不是学习者被动地接受和理解信息的过程，而是不断地预测—修正—进一步预测的无限循环过程。在进行推读时，学生应学会推测文中作者未直接写明的含义，猜测在自学过程中遇到的新的单词、表达法或语法结构的含义。这样既提高了阅读速度又形成了一种能力，因而是英语阅读的关键所在。培养学生猜词的能力是我们在外语教学中十分重要而有意义的一个环节。但是若遇到了关键的词句且影响对文章的理解则要提倡学生使用手中的工具书，自行查阅解决学习中遇到的困难。

（6）识别指代关系。

作为一种语篇连缀手段，指代关系的作用仅次于关联词，注意代词的所指有助于抓住作者的思路。

四、阅读技能教学活动设计

阅读活动可以按照读前活动、读中活动和读后活动三个阶段设计。

（一）读前活动

读前活动为阅读的导入阶段，此阶段有两个主要任务：一是背景知识的激活，二是提前学习新词。教师应根据学生阅读材料的具体情况选择适当的操作方式，主要目的是激发学生阅读动机；激活和提供必要的背景知识；引出话题；进一步阅读，解决理解上的语言障碍。

（二）读中活动

读中活动主要以学生阅读为主，教师必须交代清楚阅读的任务。该阶段所设计的活动以训练学生的阅读技能为目标,如:略读文章大意;捕捉具体信息;将信息图表化;记录文章的要点或具体信息;勾画文章的结构;回答事实性问题;回答推理性问题;将事件排序;推测词义;理解文中指代现象等。

(三)读后活动

读后活动主要是根据阅读内容进行各种思维活动,并且鼓励学生将所阅读的内容和自己的经历、知识、兴趣和观点相联系。如,评估学生的阅读表现;评估策略使用状况;检查阅读质量;依据阅读材料进行口头或笔头练习等。

第四节 写作技能教学

写作技能教学是培养学生运用书面语的表达能力的教学。英语写作是一个复杂的、有目的的活动,它包括构思阶段、转换阶段和执行阶段。根据教学的特点,写作分为控制性写作(语言的控制,如句型转换、填空等)、提示性写作(提出关键性词语或提出启发性的问题)和自由写作(无提示的命题作文)。"根据训练的目的,写作可以分为巩固型、操练型、指导型和交际型四种。"巩固性写作训练的目的是巩固所学的短语和句型,旨在通过让学生做大量的有关练习,帮助学生记忆和运用所学语言结构,使之能够写出意思完整、语法正确的句子。操练型写作训练侧重于在段落水平上的操练,引导学生从单句转到句与句的连接上,用适当的连接手段把孤立的句子串连成段落,训练时重视词语选择和语法结构的准确性和正确性。指导型写作训练旨在通过各种提示,如词语提示、要点提示或结构提示等,让学生利用规定的提示进行有指导的由段落到篇章的写作。交际型写作训练的目的在于培养学生在没有任何控制的情况下自由表达的能力,如做读书笔记、写日记和写读后感等。根据训练的任务,写作可以划分为回忆性写作、归纳性写作和标题性写作。回忆性写作要求学生先看一段短文,然后在没有原文的情况下尽可能地把短文内容回忆出来,所用的语言形式可以全是原文中的,其目的是让学生更多地把注意力集中到表达内容细节的语言形式上。归纳性写作也是要求学生先看一篇短文,然后用自己的话概述原文内容,长度一般不超过原文的四分之一,旨在训练学生解码、合成、减缩和重新组织的能力。标题性写作是给学生一个熟悉的题目,并要求他们以自己认为合适的方式表达他们对这一题目的观点和看法,这种训练方式对学生的认知要求较高,涉及不同的知识储存,寻找能表达各种意义的词语手段。

一、写作技能教学目标

根据《普通高中英语课程标准》,对写作技能的目标,包括表述事实、观点、情感、想象力,交流信息，培养规范的写作习惯，以及整理思路，组织素材，规划文章结构，列出提纲，起草文章，组织语言，遣词造句，修改文章，正确使用标点符号和字母大小写。

二、写作技能教学原则

（一）结果写作法和过程写作法相结合

在高中英语写作技能教学中，不仅要重视写作的结果，更应强调写作的过程。过程教学法保留了原有的教师对学生作文的修改，并引入同伴反馈，不仅有利于营造交互式的写作环境，而且有利于形成完善的循环反馈机制，提高写作评改效果。同伴互评不仅能够促使学生在写作中扮演更加积极的角色，增强学生修改的动力，还能给学生创造很多交互、协商和合作的机会。在这种写作教学模式的指导下，学生能够更加认真地修改自己的作文。

（二）设计恰当的写作任务

教师应当对所要讨论的内容和要达到的目的心中有数，在讨论过程中加以引导。在课堂讨论中，教师在设定问题时要认真选题，提出的问题和任务要适合讨论的开展，设置的问题要有启发性。

（三）小组协作和个人写作相结合

在课堂讨论教学中，教师的角色应当是一个引导者和参与者，可以将讨论分为小组讨论和个别讨论两部分。高中英语写作教学模式应将教学的重点放在培养学生写作过程中的语言策略以及社会情感策略的运用上。从调查中不难发现，社会情感策略的使用频率最低，说明学生不喜欢和同学合作或参与小组互动活动。对于社会情感策略的培养，教师要营造和谐民主的课堂气氛，帮助学生建立起团结友爱的融洽氛围。在教学实践中，教师利用师生之间、生生之间的互动来促进学生的学习，学生在互动过程中参与和评价自己及他人的学习行为和交往行为，共同达成合作技能目标和学术性目标。在写作教学的整个过程中，教师要起到协调、激发、合作、监控、反馈的作用，既关注学生在写的过程中做什么，又重视写前和写后学生在做什么；要强调学生间的合作交流和师生的互动，多多进行小组合作的教学策略，更要调动学生多维互动，激活高中英语写作课堂，切实提高学生的英语写作能力。

（四）使用多种评价方式

同伴反馈目前已越来越受到国内外外语界的重视，已成为英语写作教学中的重要一环。而我国英语写作教学反馈系统中教师反馈占据主导地位，甚至成为唯一的反馈方式，但这种传统的作文反馈方法对提高学生英语写作能力的效果并不如预期的那么理想。诚然，教师对学生作品的评价和反馈必然会影响英语写作教学的效果，因此教师应充分重视采取灵活多样的修改方法，如集中批改、抽样批改、当堂批改、当面批改、学生互改、自我批改等，并且及时提供有效的反馈。

（五）写作技能教学结合听、说、读教学进行

写作是一项综合技能。在听的过程中提高写作能力，例如在听力教学中，可以让学生复述听力材料，有时还可以让他们写在作文本上，这样既有助于学生听力的提高，同时还有利于学生写作能力的加强。在阅读教学中，可以让学生记录复述课文的内容、写读后感等，提高写作能力。学生口语句型结构和表达方法往往是他们学习写作的基础，在对话的教学中，除了听录音、对话、表演和编写相似的对话外，还可以要求学生把对话改写成一段短文，这样就要求学生在将对话变成短文的过程中，注意时态、语态、人称和前后的逻辑关系，从而为写作打下基础；在课文教学中，可以让学生根据体现课文内容的挂图、CAI、简笔画等进行分组讨论、看图说话或编对话等，然后进行完整的复述，最后让每个人写出相应的作文。

三、写作技能教学模式

（一）重结果的写作技能教学模式

这种教学方式是一种注重写作成品的教学方式，其主要特点是一稿写作。但是不等于传统的教师布置课外作业，学生独立完成作业，然后教师批改的方式。结果定向写作同样有控制性练习，多采用模仿写作的方式，突出文本形式的准确性。写作过程通常由范本分析到自由写作。

（二）重过程的写作技能教学模式

重过程的教学模式更多关注学生写作的过程。写作一般由写作准备、打草稿、同伴和小组编辑修改等几个环节组成。写前阶段主要是预期读者，确定写作目的和写作模式，采集信息和规划写作。初稿阶段提倡小组合作和教师指导，修改阶段强调互评和小组评议。

（三）重内容的写作技能教学模式

重内容的教学强调写作内容的丰富性，主张通过不同渠道采集素材，以丰富其写作。看中写作准备，鼓励在确定写作目的后，学生带着问题，通过读书、调查、上网检索信息等方式获取素材，修改阶段除语言之外尤其注意内容的删减和增补。

（四）体裁法写作技能教学模式

按照体裁法写作技能教学模式，教师应向学生介绍他们在未来生活中将会遇到的一些体裁，通过体裁的分析提高学生的写作能力。

四、写作技能教学活动设计

根据《普通高中英语课程标准》的教学建议，对写作技能教学活动建议如下。

（一）控制性写作练习

控制性写作是指学生在教师指导下进行写作活动。在这一阶段，学生很少有自由写作的机会。控制性写作的方式有：模仿以英语为本族语的人所写的东西；做一些语句排序、填空练习或解答问题；用适当的词句把答案重新组合起来，形成一个有意义的故事等。

（二）指导性写作练习

指导性写作是指学生有一些创作自由，但教师还应给学生一些有限的指导。指导性写作的方式有：写课文复述材料或写心得体会；教师和学生一起议定写作提纲，然后学生自己写作；"看图作文"；换范文中的人物、时态、语态或体裁来改写课文等。

（三）交流性写作练习

交流性写作指学生选择自己喜欢的主题进行创造性写作。交流性写作的最好的办法是要求学生每天用英语记日记、写信、办报纸等。此外，还可以根据他们所学的课文进行缩写（指导学生在细读的基础上写出原文的要点，省去细节和过程，即抓段落中心句或者关键句，构成课文概要）、扩写（将课文中的某个章节或某个内容展开）、改写（从课文中不同人物的角度，按照故事发生的顺序将课文进行重新编写）和仿写（模仿课文进行写作）。

本章知识结构

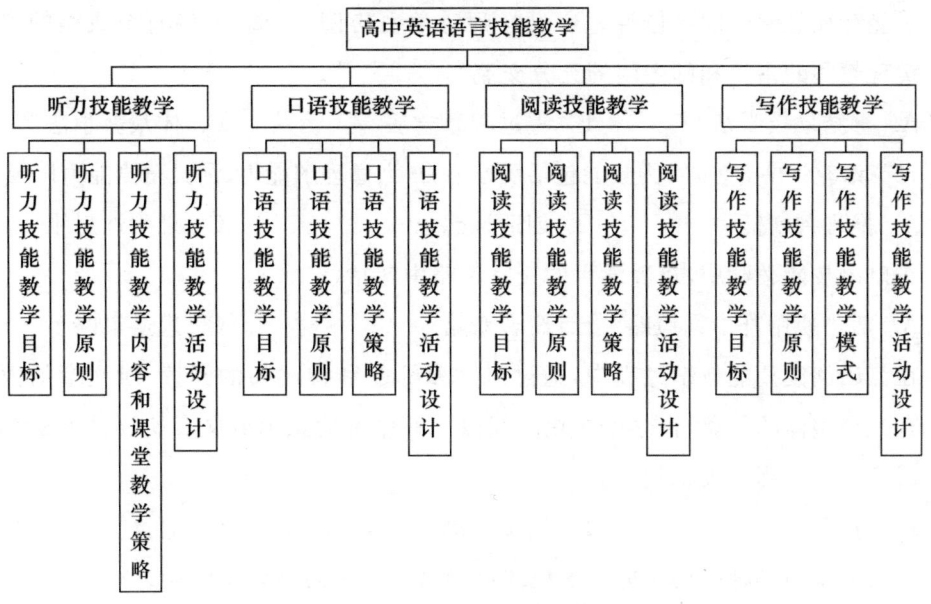

本章小结

本章的重点是对于英语语言技能各部分教学方法和策略的掌握和熟悉,难点则是策略和方法的现实应用。

本章学习时要注意下列几个方面:

1. 熟悉每种英语技能教学中的关键点和方法。
2. 灵活沟通各方法之间的练习,切忌孤立理解各部分。
3. 深入剖析相关案例,在教学实践中应用。

备考指南

高中英语语言技能教学一章是由听力技能教学、口语技能教学、阅读技能教学和写作技能教学四部分内容构成,考试题型为选择题、简答题、材料分析题和教学设计题。学习时首先理解并熟记四项语言技能教学目标、教学原则、教学策略和教学活动设计,并能够根据相关理念分析具体的英语语言技能教学行为。

自测训练

1. 英语写作技能教学有重结果教学法、重过程教学法和体裁教学法,其中(　　)的最明显特征是学生的主体性。通过教师对学生初稿、一稿、二稿直至成稿的多次评改实现教师的指导和师生间的充分交流。

   A. 重结果教学法　　　　B. 重过程教学法　　　　C. 体裁教学法

2. 在英语教学中,基本听力技能包括辨音能力、大意理解能力、词义猜测能力以及(　　)。

   A. 推理判断能力　　　　B. 创造性想象　　　　　C. 批判性思维

3. 在口语技能教学中,培养学生的交际策略中包括(　　)。

   A. 适当使用补白词策略　B. 辨音策略　　　　　　C. 逃避策略

4. 在英语阅读技能教学过程中,通过对文章标题和首尾句的阅读,对文章的内容结构有一个整体的印象,让学生在短时间内了解作者的意图或文章所要涉及的问题。这属于(　　)阅读策略的培养。

   A. 寻读　　　　　　　　B. 词义猜测　　　　　　C. 略读

5. 你认为采用哪种阅读技能教学模式最能培养学生的整体阅读能力?为什么?
6. 英语听力技能教学所遵循的教学原则有哪些?
7. 在口语技能教学中,有哪些口语教学活动能提高学生的交际能力?

8. 在英语写作技能教学中,有几种教学模式?

9. 在听力技能教学中,应采取哪些教学策略?

10. 教学设计题。

下面是人民教育出版社《英语》必修 2 第二单元"English Around the World"部分阅读课文选段,请根据这个语篇设计一个阅读教学方案。

THE OXFORD ENGLISH DICTIONARY

You may think that English dictionaries have been used for many, many centuries. The spelling of English has always been a problem but it was more of a problem in the days before a dictionary. Then people could spell words in different ways which you might find interesting. But it made reading English much more difficult. So dictionaries were invented to encourage everybody to spell the same. In fact, an English dictionary like the kind you use today wasn't made until the time of the late Qing Dynasty. Three men did most of the important early work on dictionaries: Samuel Johnson, Noah Webster, and James Murray. These men spent nearly all of their lives trying to collect words for their dictionaries. For them, it wasn't only a job; it was a wonderful journey of discovery. The largest dictionary in the world is the *Oxford English Dictionary*, or *OED* for short. The idea for this dictionary came from an important meeting in Britain in 1857. Twenty-two years later, Oxford University asked James Murray to be the editor of its new dictionary.

Murray had never been to college. At the age of fourteen, he left his village school in Scotland and taught himself while working in a bank. Later he became a great teacher. After Oxford gave him the job, Murray had a place built in the garden behind his house to do his work. Part of it was one metre underground. In winter it felt like a barn, he had to wear a heavy coat and put his feet in a box to keep warm. Every morning, Murray got out of bed at five o'clock and worked several hours before breakfast. Often he would work by candle light into the evening. Murray hoped to finish the new dictionary in ten years. But after five years, he was still adding words for the letter A! Then others went to work with Murray, including his two daughters. He worked on the dictionary until he was very old. Forty-four years later, in 1928, other editors finished it. It included more than 15,000 words in twelve books. And you thought *your* English dictionary was big!

第八章　社会文化背景下英语知识和技能教学与训练

考纲内容

能结合中外社会文化语境，设计并实施英语知识和技能的教学与训练。

考纲解读

本章重点考察教师把握文化背景差异进行教学设计的能力，挖掘教材及其他资料中的文化内容的能力，实施英语文化知识和跨文化交际训练的能力。

本章内容多以单选题、简答题和教学情境分析题的形式进行考察。

英语中的"blue eyed boys"如何翻译？在英语文化中，蓝色常用来表示社会地位高，有权势或出身于贵族、皇族，因此形容一个人受宠信或重视就说是"blue eyed boys"；而在中国文化中，则用"红人儿"来形容受宠信或重用的人。

汉语的"鸡皮疙瘩"在英文中并不翻译成与鸡皮有关的词语，而是"goose flesh"；汉语中考试得了个大鸭蛋中的"鸭蛋"在英文中也翻译成"goose egg"。

由此可以看出，汉语和英语表达上的差异与中西方文化的差异紧密相关。因此，在教学中，教师应注重中国文化和英语国家文化的差异对语言的影响。

第一节　英语知识和技能的教学设计

一、在英语教学中时刻具备文化教学的意识

教师的文化教学意识对文化教学的质量起着至关重要的作用，只有教师深知语言与文

化密不可分的关系,明确文化教学的目标,在教学设计和实施中把文化教学一以贯之地当作英语教学中一个必不可少的部分,才能把语言教学真正置于社会文化的背景下。

（一）语言与文化的关系

每个国家或民族都有自己的文化,包括价值观、思维方式、道德准则、宗教信仰、风俗习惯、社会礼仪、生活方式等。语言是文化的一个十分重要的组成部分。一个社会的语言是该社会的文化的一个方面。语言也是一面镜子,它反映着一个民族的文化,揭示该民族文化的内容。语言与文化又相互影响、相互制约。人总是生活在一定的社会文化环境之中,人的一切行为不可避免地要受到社会文化模式的制约,言语交际行为也不例外。因此,社会文化的差异会从语言交际中体现出来,语言的学习受到社会文化背景知识的影响,也是人们了解一个国家或民族社会文化的工具和途径。

（二）《高中英语课程标准》对文化意识的要求

教师应根据学生的年龄特点和认知能力,逐步扩展文化知识的内容和范围。教学中涉及的有关英语国家的文化知识应与学生的日常生活、知识结构和认知水平等密切相关,并能激发学生学习英语文化的兴趣。要扩大学生接触异国文化的范围,帮助学生拓展视野,使他们提高对中外文化异同的敏感性和鉴别能力,为发展他们的跨文化交际能力打下良好的基础。

（三）在教学设计中把文化内容融入教学目标、过程实施及评价中

文化教学的意识要贯穿在整个教学过程中,从教学目标的设定,到教学的实施,再到教学成果的评价。只有教学目标中有明确的社会文化知识和交际能力的要求,才能指导教师进行备课,才能使教师在教学过程中有意识地传授社会文化知识,注重学生跨文化交际能力的训练。也只有当教学评价中有专门针对社会文化知识和跨文化交际能力的评价时,文化教学才能真正落到实处,教师和学生才有进行文化教学和学习的动力和针对性。

二、学会应用教材及教材以外的资源进行文化教学

《高中英语课程标准》对英语教学的资源利用提出了建议。英语课程资源包括英语教材以及有利于发展学生综合语言运用能力的其他所有学习材料和辅助设施。英语教学的特点之一是要使学生尽可能多地从不同渠道、以不同形式接触和学习英语,亲身感受和直接体验语言及语言运用。因此,在英语教学中,除了合理有效地使用教科书以外,还应该积极利用其他课程资源,特别是广播影视节目、录音、录像资料、直观教具和实物、多媒体光盘资料、各种形式的网络资源、报纸杂志等。

（一）挖掘教材中的文化内容

目前的高中英语教材中有一部分教材专门设置了社会文化知识的学习板块，如某教材中的"culture corner"板块。除了教材中特定的文化板块外，教师还应充分挖掘教材中的社会文化内容。例如阅读和听力材料中通常包含着英语国家的生活方式、社会礼仪和风俗习惯，教师应在带领学生学习语言知识和技能的同时，学习教材中反映出的英语国家社会和文化知识。

（二）搜索、过滤、利用教材以外的资源

除教材以外，教师还应积极开发和利用其他课程资源，如广播影视节目、录音、录像资料、网络资源和报纸杂志等。在资料的选取过程中要注意符合学生的学习程度、阶段和特点，与课程内容相结合，系统性地介绍英语国家的社会文化知识和跨文化交际技巧。

三、将英语文化知识和跨文化交际能力融入语言知识、语言技能的教学和训练中

在英语教学中，社会文化知识不能脱离语言知识的学习，跨文化交际能力也不能脱离其他语言技能的训练。文化教学是整个英语教学中的一部分。在教学设计中，教师就应注重文化教学与语言知识和技能的融合。

（一）语言知识与文化知识的融合设计

1. 注重内容的融合设计

英语语言知识体现着英语国家的社会文化背景。例如，英语词汇有其历史文化根源，英语语法体现着以英语为母语的使用者的思维方式。社会文化知识的学习资料又能成为学习语言知识的资源。因此，教师在备课过程中要进行语言知识和社会文化知识的融合设计。充分考虑中国文化和英语国家文化的差异，预估差异会给学生的学习带来怎样的影响。凡是存在文化差异的现象就弄清楚差异所在，以及这些差异如何在语言中体现出来。在设计时把文化知识渗透在语言知识的学习中，把语言知识附于文化知识的介绍中。

2. 注重教学方式的设计

在文化教学的设计中更重要的是能够引领学生进行中国文化和英语国家文化的比较和思考的教学方式，而不是由教师一味地灌输文化知识。要变学生为主动的思考者和学习者，培养学生对异国文化的感知能力和包容能力。

《外语教学与文化》一书就有介绍文化教学的方法和技巧，包括文化渗透、文化旁白、文学作品分析、文化片段、文化包、文化丛、文化多棱镜和人种学方法训练。以下节选该书中文化渗透方法的例子。

第八章
社会文化背景下英语知识和技能教学与训练

所谓"文化渗透",就是将文化因素渗透在语言教学的过程中,以文化讲解保证语言教学的顺利进行。对于这种方法的定义及多种形式,我国学者已经有许多实践并有所总结(参见傅立,1993)。以下是几种最常用的方法。

(1) 词义挖掘法。在掌握词语概念意义的基础上,挖掘词汇内部的文化因素。如前所述,两种语言的一般常用词汇中完全对等的词较少。表面对应的词,可能表达不同的文化心理,引起不同的联想。因此,在讲解词汇时应注意挖掘词义中的文化内涵。这些做法可以帮助学生准确地理解词语、恰当地使用词语。

(2) 语法提示法。在进行语法教学时,把目的语文化对语法的影响融进教学之中,提醒学生注意具有目的语文化特点的语法现象。例如,含有形式主语或形式宾语的句式是英语常用句式,尤其是在科技英语中,它除表示客观性外,还充分表现了英美人注重形式思维的特征。如果向学生提示目的语文化的这些思维特征,语法教学会达到事半功倍的效果。

(3) 翻译对比法。在翻译练习时,将那些突出反映目的语文化特征的词汇、习语、句式、篇章结构、文体风格等语言项目提取出来,与母语进行对比,了解它们的特征和异同所在,选择最佳的对应方式,避免翻译时出现的欧式汉语或汉语式外语。

(二) 语言技能与跨文化交际能力的融合设计

在听、说、读、写四项语言技能的训练中,只有具备了文化差异的知识和意识,四项基本语言技能才能有效提高,也只有四项语言技能作为基础,学生才能具备良好的跨文化交际能力。教师在教学设计中应把语言技能的训练和跨文化交际能力的训练融合在一起,充分抓住语言技能训练的机会,培养学生跨文化交际的意识和能力。教师可以设计在不同的社会文化交际情景下的训练活动。例如,把听说能力的训练设置在跨文化交际的情境中,如在聚会上、在超市、在医院等场合,或是在不同话题的交谈中。

第二节 英语知识和技能的教学实施

一、介绍英语文化知识

在社会文化知识的教学中,教师的主要任务是带领学生了解英语国家的社会文化,介绍和示范在英语文化中如何恰当地使用英语,带领学生通过语言的学习了解目的语国家文化,也通过目的语文化的学习促进语言知识的学习。

（一）思维方式的差异

不同的社会文化孕育着不同的民族，不同的民族有着不同的思维方式。语言是人类的思维工具，不同的思维模式产生不同的语言。中西方不同的思维方式造成汉语和英语有着不同的语言基础结构。举几个思维方式差异在语言表达上的反映的例子。

1. 主体思维 vs. 客体思维

英语国家采取的是客体思维方式，注重事物对人的作用和影响，采取对物的客观审视态度，语言客观、严谨。因此，英语常使用不主动发出动作的词或无生命名词充当主语，如：It appeared to me that…（似乎，好像），It occurred to me that…（我想起）等。而中国人采取的是主体思维方式，以人为中心来思考一切事物，因此汉语常用生命名词做主语，多用主动语态。因此中国学生在造句时，喜欢用"We think" "I like"等句型结构。汉语中的"不同的人对考试有不同的态度"，在英语中则表达为"Attitudes towards the examination vary from person to person."

2. 个体思维 vs. 整体思维

英语国家的个体思维方式强调个体存在的价值和作用，尊重个体，重视个别，因此英语叙述和说明事物的顺序是从小到大，从特殊到一般，从个体到整体。中国人的整体思维方式以大为先，强调整体的作用。因此，汉语的排列顺序是从大到小，从整体和个体。例如，汉语和英语在姓氏和名字的顺序上、在地名和日期的顺序上都是相反的。

3. 抽象概括思维 vs. 形象直观思维

英语国家的抽象概括思维直取事物的本质，抽取事物的本质属性，对事物进行抽象的规定。中国人的形象直观思维以直观感性为主，偏重知觉、体验、感悟。

汉语应用了直观具体的实物，而英语应用了抽象概括的词汇。

（二）习俗文化的差异

我国与英语国家在习俗上有着很大的差异。这些差异涵盖方方面面，包括饮食习俗、礼仪习俗、节日习俗等。社会文化背景下的英语教学就是要让学生了解这些习俗文化的差异，尤其了解与语言交际有关的习俗差异，提高学生的跨文化交际能力。下面列举影响语言使用的习俗文化差异。

1. 称谓习俗

汉语和英语的称谓在亲属关系和社会交际关系中都呈现出不同。在亲属关系的称谓中，汉语的称谓能把亲属关系清楚地表示出来，英语里的此类称谓则比较笼统、模糊，一词多义，覆盖面广。除了辈分清楚外，其他关系只能从语境中得出。如"sister—姐妹"同为一词，年龄大小不分，"grandmother"既指奶奶也指外婆，"uncle"可指叔、伯、舅、姑父。在晚辈对长辈的称呼上,中国的习俗要按长幼称呼亲属称谓,而英语国家的习俗是互叫名字。

在社会交际关系的称谓中,中国习俗习惯以职业或职务作为称谓,如老师、工程师、医生、律师、局长、校长、院长等。英语中并不常见这样明确的职业或职务的称谓差别,而是更常以"Mr.""Mrs.""Miss"相称。

2. 个人隐私的习俗

个人隐私观的差异是中西方文化差异的一个突出体现。西方英语国家强调个人主义价值观,注重维护自己的隐私。中西方个人隐私的习俗有很大不同。例如,在中国人看来,询问他人的年龄、家庭、工作是对他人的关心,是礼貌的;而在英语国家的人看来则是对个人隐私的侵犯。

(三)语言运用的规则

1. 语法、句式、语篇的规则

英语语法、句式和语篇的规则是英语学习的基础及至关重要的内容,在社会文化背景下,教师在语法、句式和语篇的规则的教学中也应注重比较汉语和英语的异同,通过比较,以学生汉语的基础促进对英语语言运用规则的理解。另外,教师也可适当介绍英语语法、句式和语篇规则所反映出的英语国家社会文化的背景,如西方人的思维方式,一些规则的社会历史渊源等。

2. 不同语境下的语言运用规则

汉语和英语在很多语境中的运用规则有着很大的差异,有时候甚至是截然相反的。这种差异基于中国和英语国家的社会文化的差异,使得社会交际中人们对待同一问题的态度和方式不同。教师只有在教学中介绍不同语境中英语的运用规则,使学生在长期学习中积累各种语境的语言运用规则,才能使学生能够在跨文化交际中举止、交谈合宜。例如,在社会交际中,为了表现出礼貌,汉语和英语都有相应的语言运用规则。

在英语中,礼貌的语言运用规则有以下方面。

(1)策略准则(用于指令和承诺):使他人受损最小,使他人受惠最大。

(2)宽宏准则(用于指令和承诺):使自身受惠最小,使自身受损最大。

(3)赞扬准则(用于表情和表述):尽力减少对他人的贬损,尽力夸大对他人的称赞。

(4)谦虚准则(用于表情和表述):尽力减少对自身的赞扬,尽力夸大对自身的贬损。

(5)赞同准则(用于表述):尽力缩小自身与他人之间的分歧,夸大自身和他人间的一致。

(6)同情准则(用于表述):尽力缩小自身对他人的厌恶,尽力夸大自身对他人的同情。

在汉语中,相应的语言运用规则有以下方面。

（1）贬己尊人准则。中国式礼貌的最大特点是"夫礼者,自卑而尊人"。

（2）称呼准则。中国人视见面打招呼为礼貌,而打招呼就得有合适的称呼语。汉语称呼语比较复杂,主要可以归纳为职务名称、职称名称、职业名称、礼貌标记词、人名和亲属语。称呼准则即用适当的称呼语,主动与对方打招呼。

（3）文雅准则。礼貌语言显示说话人有教养,有教养即精神境界达到了较高层次。

（4）求同准则。指说、听者在诸多方面力求和谐一致,尽量满足对方的欲望。

（5）德、言、行准则。指在行为动机上尽量减少他人付出的代价,尽量增大对他人的益处。

以下举出不同语境语言运用规则差异的例子。

（1）语境：称赞。

在称赞的语境中,英语的运用规则是用感谢来回应他人的赞美和欣赏,而汉语中则要以谦辞作为回应,例如说"过奖""不敢当""惭愧"等。

（2）语境：请客。

在请客吃饭时,主人会问是否要再吃点或喝点什么时,中国人通常习惯于先客气一番,回答"不用了""别麻烦了"等。而按照英语国家的习惯,若想要什么,就不必推辞,说声"Yes, please."若不想要,只要说"No, thanks."就行了。这也充分体现了中国人交往中的含蓄和西方人的直率。

二、进行跨文化交际的活动

（一）创设跨文化交际的情境,学生进行角色扮演

在教学中,教师应充分利用教材中各单元或章节的主题,引导学生在不同的场景中进入不同的语境,或是根据各种话题进行跨文化交际的训练。训练的活动可以包括观看真实的跨文化交际的视频,或听音频,之后进行小组活动,让一方学生扮演英语国家人,另一方学生扮演中国人,或是学生都处在使用英语的环境中,让学生在角色扮演中体会跨文化交际的情境,思考跨文化交际需要掌握的知识和技巧。

（二）鼓励学生参与真实的跨文化交际

在经济全球化和网络高速发展的时代,学生在国内也有很丰富的机会与外国友人进行交流,或是运用网络社交工具与英语为母语者交流。教师可以鼓励学生积极地参与真实的跨文化交际,在与英语为母语者的交流中更深入、更真切地了解英语国家文化,掌握跨文化交际的技巧,提高跨文化交际能力。

第八章 社会文化背景下英语知识和技能教学与训练

> 知识拓展

中西方文化差异举例

1. 饮食文化的差异

中国的饮食文化体现在感性的饮食观,表现为复杂多变的烹饪法方式和共餐的饮食方式。中国的饮食注重色、香、味、形的多方面感官享受。因为物产丰富,食材的种类多样,烹饪方式也多种多样。在餐桌形式上,中国人通常是围坐,体现集体主义的观念。西方的饮食习俗则体现出理性的饮食观念,表现为简单模式化的烹饪方式和分食的饮食方式。西方人在饮食上更注重营养和人体所需,在烹饪时倾向于食材的单独烹制,在餐桌上每个人的饮食是定量配置,或是按需取食。

2. 节日习俗的差异

中西方节日习俗有着各自不同的历史文化渊源。中国的传统节日大多来自于人物、传说、历史故事,如清明节、端午节、重阳节;西方的节日则充满了宗教色彩,如庆祝耶稣诞生的圣诞节,三天后耶稣复活的复活节。在节日的庆祝习俗方面,中国人的庆祝方式有农耕文化的特点,很多与饮食有关,如清明节前后是点瓜种豆的好时机,中秋节庆祝丰收;很多节日都有专属的食物,端午节的粽子、雄黄酒,春节的饺子。西方人庆祝节日同样有着宗教色彩,在教堂举行结婚仪式,或全家的祷告,还有多种形式的狂欢活动。

3. 词汇禁忌

在中西方跨文化交际中,"老"字经常会造成交际的冲突。在中国,"老"是一种资历、尊严和权威的象征,汉语词汇中也有诸如"不听老人言,吃亏在眼前""姜是老的辣""老将出马,一个顶俩"等谚语,因此在中国与"老"有关的词汇多表达尊敬之意。而对西方人直言"老"是一种冒犯,一种很不礼貌的表现。"old man""old lady""old woman"这些词汇对称呼西方年长者是很不合礼仪的。

> 链接阅读

国外外语教学法及文化教学的沿革——文化教学目标的确立

在许多有关外语教学的政策性文件中,文化的重要性得到承认。下面是法国一个德语教学大纲的摘要。

性质与目的:

德语教学的目的有文化、教育和语言三个层面。

德语教学的文化目的是使学生接触以德语为母语的国家的文化事实。

德语教学的教育目的与文化目的密切相关。对于德语文化中有代表性的著作的探索将激起学生的求知好奇心,加强他们的敏感性。

学生对文化差异以及相关的行为差异的认识将使他们能以多元主义精神接受差异。因此,德语教学将有助于学生判断力和思维能力的增强。

德语教学的语言目的首先是使学生能够自如地掌握相关数量的语言特征。学生一旦在德语学习中熟悉了语言学习的方法,将来便可以较好地学习其他外语。

在英格兰和威尔士,《国家教学大纲》规定了以下外语教育目标:

- 理解目的语文化和文明;
- 培养对外语学习以及操外语者的积极态度,以及对异文化、文明的关切。

上述目的还有更具体的描述。根据该大纲,中学的外语学习者需有频繁的机会:

- 理解本族文化与目的语群体或国家之间的异同;
- 认同于目的语国家或群体成员的经验和思维角度;
- 运用这些知识,达到对本族文化习俗和思维习惯的更客观的认识。

本章知识结构

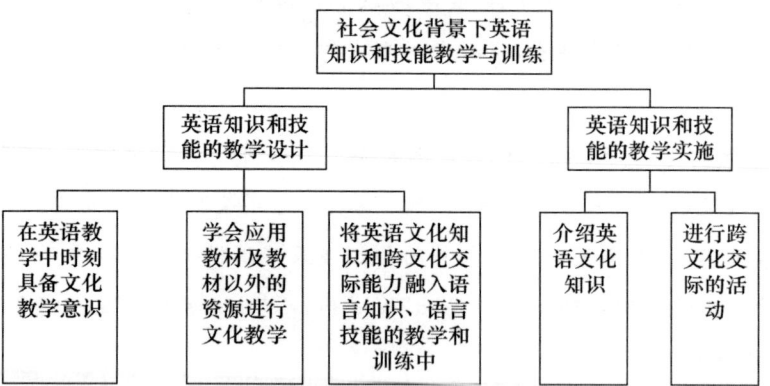

本章小结

本章的重点是从社会文化差异的视角进行英语教学,在英语教学的设计和实施中以社会文化差异为背景。难点是如何培养学生的跨文化交际能力,这需要教师从提高自身的文化素养、文化意识出发,在教学设计和实施的过程中掌握扎实的呈现文化知识、组织跨文化交际能力训练的功底。

在学习本章时应注意以下几个问题。

第八章 社会文化背景下英语知识和技能教学与训练

1. 掌握中西方社会文化的差异,尤其注重学习这些差异对语言学习的影响。
2. 认真学习针对教材内容的文化教学的教案或教学设计、实录,广泛组织学生进行跨文化交际能力训练的活动,学习其活动形式。
3. 在分析案例的题目中切不能忘记文化教学的视角和内容。

备考指南

这一章的考试题型为选择题、简答题,在教学情景分析题和教学设计题中,如果涉及文化教学的内容也应在回答中体现出来。在学习中,模块一"语言知识与能力"是本章的基础。只有教师本身具备扎实的语言基本功才能在社会文化的背景下进行教学设计和实施。本章的考察重点是教师能在教学设计中体现中西方文化的差异,注重引领学生比较文化差异;能够在教学实施中进行跨文化交际能力训练的活动。

自测训练

1. In English individualistic culture, one should not bother Englishmen without a good reason and making appointment beforehand seems to be important. It is best reflected by an English proverb _____?

   A. as welcome as a storm   B. an Englishman's house is his castle

   C. do not wear out your welcome   D. outstay one's welcome

2. —John and I will celebrate our fortieth wedding anniversary next month.

   —Oh, _____!

   A. cheer up   B. well done   C. go ahead   D. congratulations

3. "To know something like the palm of one's hand" means _____?

   A. to understand the nature of something and be competent in the performance of them

   B. to understand everything without any question

   C. to understand only something easy

   D. to be thoroughly familiar with the nature and details of something

4. 如何在教学中培养学生跨文化交际意识和能力?

模块三　教学设计

第九章　学生学情分析

> **考纲内容**
>
> 了解高中学生的认知特点、已有的英语知识、语言能力和学习需要,能够说明教学内容与学生已学知识之间的联系。

> **考纲解读**
>
> 学情分析是伴随现代教学设计理论而产生的,是教学设计中的重要一环。在学情分析方面,我们主要分析的是学生的认知特点、已有的知识基础与学习需要等。未来教师要充分重视教学设计中的学情分析,让自己所教的内容与学生已有的知识紧密相连,最重要的是能够通过学情分析发现教学中的问题,积极进行教学研究。因此,在学习过程中,要了解学情分析的主要内容,养成在教学设计中进行学情分析的意识,在教学设计案例中能独立完成学情分析,并且贯穿于整个教学设计中。

第一节　学习需要分析

一、学习需要分析概述

(一) 需要与学习需要

1. 需要

需要是有机体感到某种缺乏或不平衡的状态而力求获得满足的心理倾向,是有机体自身和外部生活条件的要求在头脑中的反映。

2. 学习需要

从教学设计的角度看，学习需要是指在某一特定情境下，学习者学习方面"目前的状态"与"所期望达到的状态或应该达到的状态"之间的差距。"目前的状态"是指学习者群体在能力素质方面已达到的水平；"期望的状态"是指学习者应该具备什么样的能力素质；"差距"则指出了学习者在能力素质方面的不足，指出了教学中实际存在和需要解决的问题，这正是经过教育或培训可以解决的学习需要。

（二）学习需要分析

1. 含义

学习需要分析，也称"前端分析""学习需要的评价"，它是指通过系统化的调查研究过程，发现教学中存在的问题，通过分析问题产生的原因，确定问题的性质，论证解决该问题的必要性和可性行性。

2. 内容

学习需要分析具体包括三方面的内容：一是通过系统化的研究，分析学习者学习过程是否存在要解决的问题；二是分析问题的性质和产生的原因，以判断教学设计是不是解决这个问题的合适途径；三是对现有的资源及约束条件进行分析，以论证解决该问题的可能性、方法和途径。

二、学习需要分析的过程

学习需要分析的过程可以概括为以下四步。

第一步是规划。这是学习需要分析之前的必要准备，包括分析对象、参与人员、分析方法及其他事宜的确定。这个阶段主要利用面谈、问卷、案件查询的手段。

第二步是收集数据。在这一阶段，首先要确定合适的样本，样本必须是每一类对象中具有代表性的个体。此外还包括日程的安排、问卷的分发。这项工作是第一项工作的延续，一般与同学科的教师之间一起进行，这样能更方便快捷。

第三步是分析数据。对收集到的数据，教学系统设计者必须要进行分析，并根据经济价值、影响、某种顺序量表、频数、时间顺序等对分析的结果予以优化选择和排列。

第四步是形成分析报告。

三、学习需要分析的方法

（一）内部参照需要分析法

内部参照需要分析法是指将组织机构内部已经确定的教学目标（期望状态）与学习者的

学习现状作比较,明确学习者目前状况与其之间的差距,从而鉴别确认学习需要的一种分析方法。我国普通学校教育中,多采用这种方法分析教学问题。在数据收集上,要将期望状态(包括知识、技能、态度等方面)的目标具体化,形成完备的指标体系,以作为收集学习者目前状态信息的依据。相对来说,内部参照法容易操作、省时省力,却无法保证机构目标的检测。

(二) 外部参照需要分析法

外部参照需要分析法是指根据社会实际需要确定期望值,并将期望值与学习者目前的学习现状作比较,明确学习者目前状况与其之间的差距,从而鉴别确定学习需要的一种分析方法。在数据收集方法上,由于期望值是根据社会实际需要而制定的,所以首先要收集与期望值相关的社会需求的信息。外部参照法能使教学系统与社会需要直接发生联系,从而保证系统目标的合理性,但是操作比较困难,要耗费大量的精力与时间。

(三) 内外结合参照需要分析法

在实际运行时,可以采取内外结合的方法,也就是根据外部社会要求调整修改已有的教学目标,并以修改后的目标提出的期望值与学习者现状相比较找出差距。

四、学习需要分析的意义

(一) 是教学设计的基础

教学设计者只有发现学习者学习中的问题、明确学习者真正的需要,才能设计有效的教学条件。学习需要分析是教学设计过程的开端,是一种差距分析,其结果是提供确切可靠的"差距"信息,以便确定教学目标,并且有效展开后续系列教学设计环节或步骤,如内容组织、方法/媒体或策略的选择与应用、教学评价等。

(二) 是课程设置的依据

一切的课程设置都要以目标为中心来展开。因此,保证目标本身的合理性是课程设置的关键。通过学习需要分析,一方面可以保证课程本身设计的目标以及整个课程开发的目标具有明确的宗旨;另一方面可以使总目标、分目标以及各个子目标具体化,具有明确的内涵。此外,通过学习需要分析明确学习者不同学习阶段的目标,可以保证课程的内容根据客观需要不断地更新,使课程设计的各个环节也处于动态之中。

(三) 是教学过程的先导

教学设计以学习需要分析开始,首先分析确定问题("为什么"),然后形成总的学习目标("是什么"),最后寻找解决问题的方法("如何做"),这一过程理顺了问题与方法、手段与目的的关系。因此,如果教学设计者首先没有明确问题所在,那么他们无论所采用的方法是多么"科学",其教学过程必然是盲目的,教学努力也将是低效的。

(四)是教学效率的保证

学习需要分析可以获得理想的"代价-效益"效果,实现教学需求和目标与教学时间、物质资源和人力资源的最优化配置。通过学习需要分析,可以使教学设计者、教师和学生的时间与精力以及其他资源聚焦教学中真正的问题,确保最优化的教学效益。

五、学习需要分析中要注意的问题

在学习需要分析中,我们要注意以下几个方面。

(1) 学习需要是学习者的差距与需要,而不是教师的差距与需要,更不是对教学过程、手段的具体需要。

(2) 获得的数据必须真实、可靠地反映学习者和有关人员的情况,要避免从"感觉"需要入手。

(3) 注意协调参加分析学习需要的所有合作者(包括学习者、教育者、社会三方面)的价值观念,以取得对期望值和差距的一致看法。

(4) 要以学习行为结果来描述差距,而不是用过程,要避免在确定问题前就跃到去寻找解决的方案。

(5) 需要分析是一个永无止境的过程,所以在实践中要经常对学习需要的有效性提出质疑和进行检验。

第二节 学习者分析

一、学习者分析概述

学习者分析是指在教学设计阶段,教师利用文献、观察、访谈等手段了解学生的情况,以调整教学目标,调节教学内容,选择教学策略,开展教学评价。学习者分析的目的是为了了解学习者的学习准备情况及其学习风格,为学习内容的选择和组织、学习目标的阐明、教学活动的设计、教学方法与媒体的选用等教学外因条件适合学习者的内因条件提供依据,从而使教学真正促进学习者智力和能力的发展。

学习者分析的内容包括以下几个方面。

1. 学习者一般特征

学习者一般特征是指对学习者从事学习产生影响的心理、生理和社会的特点,包括学生的年龄、性别、年级水平、认知成熟度、智能、学习动机、个人对学习的期望、生活经验、经济、文化、社会背景等因素。它们与具体学科内容虽无直接联系,但影响教学设计者对学习内容的选择和组织,影响教学方法、教学媒体和教学组织形式的选择与运用。

知识拓展

动机是引起并维持个体的活动,使该活动朝向某一目标进行的内在动力。学习动机是激发和维持人的学习行为,并使学习行为指向一定学习目标的内部动力。这种内驱力来源于与学习有关的生理性刺激和社会性刺激,正是这种刺激的作用使人产生了学习的能量和冲动,从而推动和维持人的学习行为。对学生的学习动机进行分析,教师能有效利用学生的学习动机来激发和维持学习动力,加强教学效果。

关于学习动机的五种理论		
学习动机理论	提出者	主要内容
强化动机理论	联结主义学习理论家	人们具有某种行为倾向,主要取决于先前这种行为和刺激因强化而建立的牢固联系
归因动机理论	韦纳	一个人在分析其行为成败的根由时,主要涉及以下六个方面:能力、努力、工作难度、运气、身心状况、别人的反应。这六个因素又可分为三个维度,即内部归因和外部归因、稳定性和不稳定性、可控性和不可控归因
成就动机理论	阿特金森	人在竞争时会产生两种心理倾向:追求成功和避免失败的动机
自我效能感理论	班杜拉	人的行为受行为的结果因素与先行因素的影响,行为结果因素就是所谓的强化,并把强化分为直接强化、替代性强化和自我强化
需要层次理论	马斯洛	人的需要从低级到高级划分为五个层次:生理需要、安全需要、归属和爱的需要、尊重的需要、自我实现的需要。前四种需要是低级的缺失需要,它们是学习动机潜在的因素。而自我实现的需要是一种高级生长需要,也是引发学习动机的主要因素

2. 初始能力

初始能力包括进行新的学习已具备的预备知识以及能力情况,以及对教学目标所要求掌握的学习内容所掌握的程度。初始能力分析的内容包括:① 预备技能的分析,即了解学习者是否具备了进行新的学习所必须掌握的知识与技能,这是从事新学习的基础;② 目标技能分析,在从事新的学习之前,了解学生对目标技能掌握情况的调查工作就是目标技能分析;③ 学习态度分析,如了解学生对将要学习的内容有无兴趣、对这门学科是否存在着偏见和误解、有没有畏难情绪等都是学习态度分析的内容。

3. 学习风格

学习风格是学习者持续一贯的带有个性特征的学习方式和学习倾向,都强调学生喜欢的或经常使用的学习策略、学习方式或倾向在学习风格中的核心地位;都强调学习风格具有稳定性,很少因学习内容、学习情况等因素的改变而变化;都认为学习风格具有个别差异和独特性。

二、学习者分析的方法

1. 学习者一般特征

了解学习者一般特征的主要方法有观察、采访(面试)、填写学生情况调查表和开展态度调查、查阅学习者的人事或学习档案等。

2. 学习者的初始能力

对于学习者初始能力的确定,一般使用一般性了解与预测等方法。一般性了解其实就是教师在开始上新课之前,通过分析学生以前学习过的内容、查阅考试成绩,或与学生、班主任及其他任课教师谈话等方式,获得学生掌握预备技能和目标技能情况的一种方法。预测是在一般性了解的基础上,通过编制专门的测试题,测定学生掌握预备技能和目标技能情况的一种方法。与一般性了解相比,这种方法的优点是比较客观、准确。进行预测的过程是:编写测试题→进行学前测试→分析测试结果。

3. 学习者的学习风格

对学习者学习风格的分析,可以采用以下三种方法:第一,观察法,即通过教师对学生的日常观察来确定;第二,问卷法,即按照学习风格的具体内容设计一个调查量表,让学生根据自己的情况来填写;第三,征答法,让学生自己来陈述自己的学习风格。

第三节 高中生的认知特点

一、高中生认知发展的一般特点

高中生从十四五岁到十七八岁,称为学龄晚期或青年初期。高中阶段是生理、心理发展接近成熟,准备走向独立生活的时期。青年初期生理发育的速度比少年期有所减慢。身体发育已经逐渐接近成人水平。青年初期个体的自觉性、独立性有了显著的增长,达到前所未有的水平，其发展主要表现在以下几个方面。

（一）感知能力

高中学生知觉和观察的水平不断提高，更富有目的性和系统性。高中学生在知觉和观察事物时比以前更全面、更深刻了。他们能发现事物的一些主要细节和事物的本质方面，稳定性、持久性都比初中生有了很大的提高，但并非发展得尽善尽美。在观察时，有时观察的程序不恰当，观察还不够精确，容易过早过快地下结论。

（二）记忆和注意能力

高中阶段是人的记忆力发展的最佳时期，可以说，高中生的记忆力已达到新的成熟阶段。他们能够按照一定的学习目的支配自己的记忆活动。16岁左右，记忆已趋于成熟。高中生更多的采用意义识记的方法来识记材料，机械记忆的成分减少。记忆材料时，力求理解材料内容的内在联系，而不是单纯地进行机械识记。

在注意方面，高中生注意的集中性和稳定性有了很好的发展。注意的范围一般达到了成人水平。注意的分配发展较好，也可以根据任务要求转换自己的注意。对于自己不感兴趣，但又必须记住的材料，他们也能很好地集中自己的注意。

（三）思维能力

高中学生的思维发展达到了新的水平。具有更高的抽象概括性、反省性和监控性特点。他们能够用理论作指导分析综合各种材料，以不断加深对事物发展规律的认识，抽象逻辑思维趋向理论型。到高中二年级，这种理论型思维发展趋于成熟并基本定型。高中生的辩证逻辑思维发展比较迅速，但只是趋于优势地位，并非达到完美的程度。就思维品质发展而言，高中生思维具有更大的组织性、独立性、深刻性和批判性。他们一般不盲从，喜欢探究事物的本质，敢于大胆发表自己的见解，喜欢怀疑、争论，有时好走极端，产生片面性、主观性，有肯定一切或否定一切的倾向。

（四）想象力

高中学生想象的特点主要表现在他们的创造性成分的增加和理想的形成、发展方面。高中生更重视现实，他们的理想不仅考虑到自己的兴趣，而且还考虑到有无实现的可能和条件，一旦有可能如愿，他们还会为之而奋斗，争取实现自己的理想。

二、高中生的认知教育

从总体来讲，高中生的认知发展已接近成人的水平。他们精力旺盛，思想敏锐，能言善辩，反应迅速，能够用发展的眼光看问题。但毕竟还未完全成熟，对他们还不能完全用对成人的要求来对待。在对高中生进行心理教育时,要结合其认知发展的特点,全面、辩证地晓之以理。论证要有力,论据要充足,并要充分估计他们可能产生的各种认识,讲清道理,和他们友善地商讨问题。要尊重他们的独立性、批判性,引导他们正确看待自己。同时针对他们认知发展的不足,教给他们思考的方法,培养良好的思维品质,使其克服思维发展中的主观性、片面性,开阔其视野,促进思维的进一步成熟。

链接阅读

中学生创造性能力的培养

社会、家庭、教育对创造性的形成和发展起着极其重要的作用。创造能力的培养应是社会环境、家庭环境、学校环境协同作用的结果,缺少其中任何一方,都会给学生的创造性培养带来巨大的损失。作为教师,我们应当做到以下几个方面。

1. 保护学生的好奇心

好奇是创造活动的原动力,它促使学生对未知的东西进行主动尝试与探索。学生的好奇心、求知欲如果得不到支持与扶持的话,是会衰退的。因此学生的好奇心、求知欲以及由此引起的各种探索活动应该受到鼓励与奖赏。

2. 培养学生的创造思维

(1)发散思维。

发散思维是指从一个目标出发,沿着各种不同的途径去思考,探索多种答案的思维方式。应以学生为中心,鼓励学生主动探索与获得知识,必要时进行头脑风暴,让学生的思维更流畅。

(2)横向思维。

横向思维就是通过鉴赏、联想、类比,充分地利用其他领域中的知识、信息、方法、材料等和自己头脑中的问题联系起来,从而创造性地想出解决问题的方法的思维过程。

(3)类比思维。

类比思维是从客观事物联系中寻找事物构成上的相似,要素上的相似,外表形象或功能上的相似性。

(4)逆向思维。

逆向思维是突破思维定势,从对立、颠倒的、相反的角度去思考问题的思维方式。阻碍创造的最大障碍就是惯性思维和定式思维。

资料来源:佚名.中学英语一本通[M].世界图书出版公司,2014.

第九章 学生学情分析

本章知识结构

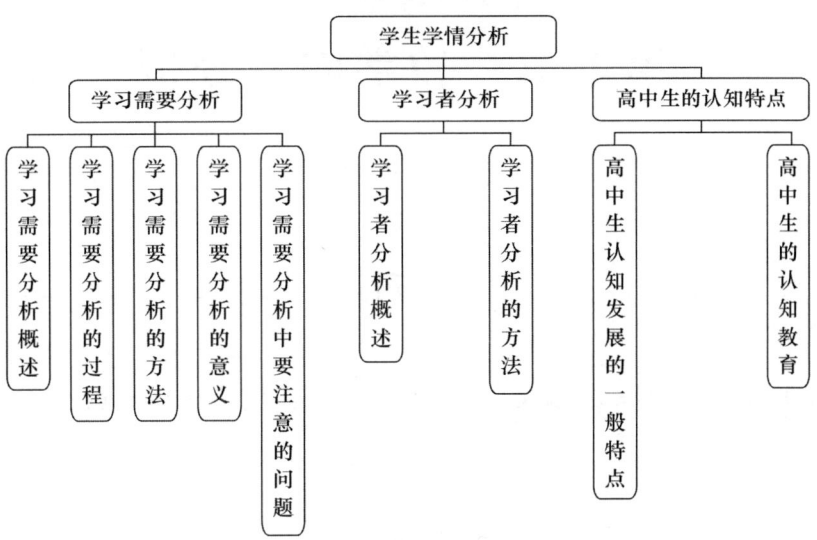

本章小结

本章的重难点是学习需要分析、学习者分析与高中生认知特点分析的内容与方法,并且能够运用于实际的教学设计中去。学习时要注意以下几个问题:熟记一些关键概念,如需要、学习需要、学习风格等;识记并理解学习需要分析、学习者分析的基本内容与方法;当代高中生的一般认知特点;以学生学情出发分析某些特定案例,并且要把学情分析贯穿于整个教学设计中去。

备考指南

学生学情分析一章由学习需要分析、学习者分析和高中生的认知特点三大块构成,考试题型是简答题和教学设计题。学习时首先要明确学生学情分析的重要性,理解学习需要的含义与内容,知道学习者分析的内容与方法,并且能够根据高中生的认知特点进行具体的教学设计。对于学习需要分析与学习者分析这两大模块,学习时可以根据含义—内容—方法的逻辑思路进行,特别要注意学习需要分析的三种方法。而对于高中生的认知特点,则要熟记高中生的感知觉能力、记忆和注意能力、思维能力和想象力和特点,并且能够进行正确的认知教育。学习时注意结合教育案例理解相关原理,重点放在运用相关理论来进行具体的教学设计,让教学设计更加具有合理性。

自测训练

1. 简述学习需要分析的意义。
2. 简述高中生认知的一般特点。

第十章 教学内容分析

考纲内容

理解课程标准的目标要求,能够根据学生的特点选择恰当的教学内容。

考纲解读

对于教师而言,教材是教师进行教学活动的主要依据,也是学生进行学习活动的主要基础,它是师生完成教与学双边活动必不可少的媒体。研读教材,熟悉课标和教材,是备好课的基础和核心环节;把握教材,领会教材的内涵,理解教材的编写意图,是教师在课堂上驾驭自由的前提。因此,本章应理解、掌握学习内容及教材内容分析,熟记教材设计的特点及教学内容的选择原则与设置等。

第一节 学习内容分析

一、学习内容的组成

学习内容,是指为了实现教学目标,要求学习者系统学习的知识、技能和行为规范的总和。根据《普通高中英语课程标准》的课程目标要求,高中英语课程强调发展学生综合语言运用能力。综合语言运用能力的形成建立在语言技能、语言知识、情感态度、学习策略和文化意识等素养整合发展的基础上。其中,语言技能和语言知识是综合语言运用能力基础,情感态度是影响学生学习和发展的重要因素,学习策略是提高学习效率、发展自主学习能力的先决条件,文化意识则是得体运用语言的保障。此外,在进一步发展学生综合语言运用能力的基础上,《普通高中英语课程标准》提出着重提高学生用英语获取信息、处理信息,分析问题和解决问题的能力,特别注重提高学生用英语进行思维和表达的能力;形成跨文化交际的意识和基本的跨文化交际能力。因此,高中英语学习的主要内容应该包含对语言知识、语言技能、学习策略、情感价值观、外国文化等多方面的学习。

二、学习内容分析的重要性

学习内容分析的核心问题是安排什么样的学习内容,才能够实现学习需要所确定的总的教学目标。学习内容分析以总的教学目标为基础,旨在规定学习内容的范围、深度和揭示学习内容各组成部分的联系,以保证达到教学效果最优化。具体来说,学习内容的范围是指学习者必须达到的知识和能力的广度;学习内容的深度规定了学习者必须达到的知识深浅程度和能力的质量水平;明确学习内容各组成部分的联系,可以为教学顺序的安排奠定基础。

第二节 高中教材分析

一、教材的定义与作用

(一)教材的定义

英语教材的概念有狭义和广义之分。在现代教学理论中,我们说的英语教材是广义上的教材,即英语教学材料,它包罗万象,是指教师为实现一定的教学目标,在教学活动中使用、供学生选择和处理的"所有有利于语言学习的材料""所有有利于学生增长知识或发展技能或培养交际能力的材料或手段"。其中既包括以教科书为主体的图书教材,如学生用书、练习册、教师用书、自制补充练习、配套补充阅读材料、同步辅导材料、英语报纸杂志;又包括各种视听教材,如录音带、录像带、广播电视节目、幻灯片、卡片等;还包括各种电子教材,如网络材料、电子课件、动画材料等;还有来源于教学实际的现实教材,如实物、教师的课堂总结和说明、生生或师生之间的讨论等。

狭义的英语教材是指传统观念中的教材,即指课本(教科书)。它集中反映了我国的英语教学意识形态和教育理念,是"教师教学和学生学习的主要依据",是师生交往的媒介。教科书是学校教育中最重要的教材,或是教材系列的主体部分。

因此,我们对高中英语教材的分析和研究的对象是以教科书为主体的整个教材体系。

（二）教材的作用

英语教材是课程的体现形式,在学校教育中为实现教育目的起了至关重要的价值与作用。不同时期人们对教材的功能认识也各有不同。传统的教材观把教材的功用界定为它的规范性和控制性,即规范教师的教学和学生的学习,规范教学内容和教学方法。随着教育思想发展变化,传统的教材观开始受到挑战,现代教材观认为教材不再是教学中唯一的"法定文化",教材的功能由传统的规范和控制转向为"教"和"学"服务,主要表现在以下几方面。

(1) 英语教材是学生语言学习的主要信息来源。

一方面,英语教材为学生提供正确的、恰当的语言运用的范例,是学生获得语言输入的重要渠道。另一方面,英语教材为学生提供多种操练、实践和交际运用语言的活动和机会,促进学生的学习过程,教材帮助学生在类似真实的情景中使用语言,发展交际技能和策略,培养学生英语的交际能力。

(2) 英语教材是引导学生学习的工具,为学生自主学习提供支持。

一方面,英语教材考虑到外语学习的特殊规律,系统地将语言知识(语音、词汇、语法)以及外语学习的规律和方法呈现给学生;教材为学生提供适当而多样的学习策略,关注学生的认知风格,让学生了解和认识自己,逐渐摆脱对教师的依赖。另一方面,学生可以依靠教材对所学内容进行复习、巩固,对要学习的内容进行预习,有利于学生自主学习能力的培养。

(3) 英语教材提示英语课程的目标和内容。

教材是依据《普通高中英语课程标准》的目的和内容选择和组织素材的,它是课程的载体和表达。但是教材并不就是教学内容,只是师生为达到《普通高中英语课程标准》的要求而选用的重要资源之一。

(4) 英语教材为教师组织教学提供帮助。

英语教材为教学提供了一个共同的、清晰的框架,将大量的语言内容连贯、系统、科学地呈现给师生,教师可以参照教材的内容进行教学。

教材是英语课程实施的重要组成部分,体系完整、结构合理的教材不仅能使学生系统地学习英语语音、词汇、语法等知识,而且有利于他们发展听、说、读、写等语言技能,从而为英语教学的组织和实施带来极大的便利。教材不仅仅是教学中的工具,也往往代表一定的教学目的、教学目标、教学观念及教学方法。在提供语言材料的同时,教材也向学生传递着其他国家或地区的文化,有利于学生了解世界文化,培养跨文化意识和跨文化交际能力。

二、教材设计的特点

（一）教材设计的原则

教材的编写与设计是与一定的教学目标相结合的。根据不同的教学目标,编纂者选择恰当的语言材料,结合学习者特征和学习方式等因素,对教材进行设计。其设计原则主要有以下方面。

(1) 科学性原则。

教材中的语言知识要正确、科学,语言材料要符合目的语的当代语言规范和习惯,贴近其真实生活,保证"原汁原味";教学内容安排要体现循序渐进的原则,由易到难,由已知到未知逐步过渡;语言知识内容要与言语活动融为一体,保证学生听、说、读、写四种技能协调发展且有足够的综合技能训练;教材内容要与其他学科协调配合,体现跨学科特点。

(2) 系统性原则。

教材内容的选择和编排要系统、全面,遵循英语的内在逻辑,系统地介绍有关英语的语音、语法、词汇等各方面的知识。

(3) 可接受性原则。

教材内容的难度、深度和广度要符合学生的智力和心理发展水平,与学生的接受能力相适应。

(4) 发展性原则。

教材要给学生留有独立思考和自主探究的空间,引导学生主动构建新知识;注重培养学生自主学习的能力和创新的精神,注重对学生学习策略、学习习惯的培养;教材要具有开放性与弹性,给教师留有足够空间并有利于教师形成新的教学理念。

(5) 思想性原则。

教材应对学生进行正确的人生观、价值观、世界观和道德观的教育和引导,既要反映本国的传统文化,又要有利于学生了解外国文化的精华,同时引导学生提高鉴别能力。

(6) 趣味性原则。

教材内容要能够引起学生的兴趣和学习愿望,可读性、趣味性强。

(二) 教材设计的特点

(1) 依据课程目标。

英语教材的编写是以《普通高中英语课程标准》规定的课程目标为指导思想。根据《普通高中英语课程标准》,高中英语课程目标以义务教育一至五级目标为基础,共有四个级别(六至九级)的目标要求。其中七级是高中阶段必须达到的级别要求,八级和九级是为愿意进一步提高英语综合语言运用能力的高中学生设计的目标。各个级别的要求均以学生的语言技能、语言知识、情感态度、学习策略和文化意识五个方面为基础进行总体描述。

(2) 新教材设计。

教材内容丰富、语言鲜活,话题贴近时代、贴近生活。其保留了以"话题"为核心、结构和功能为主线的特点，以"分合""散聚"的编排处理语言知识；以"专题阅读"的方式拓展阅读，以相关话题和搭建"脚手架"的手段辅助写作训练。新版教材注重科学、教学和人文教育的统一，选材和教学活动的设计充分考虑到学生的年龄特征和生理、心理发展的需要，具有广泛性、思想性和时代性三大特征。

① 广泛性

教材选材内容涵盖面广，内容丰富多彩。包括语言学习、文化生活、风俗礼仪、体育运动、环境保护、文学艺术、音乐影视、自然科学、饮食文化、兴趣爱好、科学技术、旅游、交际等内容。

② 思想性

教材选材注重渗透思想品德教育，努力帮助学生形成正确的人生观、世界观和价值观。例如文学艺术、文化遗产、影视鉴赏、环保、运动竞技、科技等话题，有助于学生形成健康的心理和良好的品质，对他们的身心发展起到积极作用。新教材把培养学生积极向上的情感和态度，作为英语教学的主要任务之一，使他们形成积极向上的情感和活泼开朗的个性，发展与人沟通和合作的能力，增强跨文化理解和跨文化交流的能力。

③ 时代性

教材选材反映了语言的发展、当代青少年的精神面貌及社会的发展、科技的进步，具有较强的时代感和跨学科性质。

第三节　教材内容的选择

一、教材内容的选择原则

（一）从课程标准出发

课程标准是教材内容选择的指南和依据。课程标准规定了课程的性质、目标、内容框架，提出了指导性的教学原则和评价建议，规定了不同阶段学生在知识与能力、过程方法、情感态度与价值观等方面应达到的基本要求。因此，在教材内容的选择上，教师应深刻理解课程标准，选择符合课标要求的教学内容。

（二）从学生实际出发

教材内容要根据学生的认识水平、心理特征、学习规律来进行选择。第一，编写者要从学生的原有知识基础出发。第二，要注重学生新旧知识的联系。揭示知识领域里的内在联系,帮助学习者构建系统的、清晰的知识结构。第三,要从学生的生活经验出发。只有符合学习者先前的经验和学习者的兴趣,才能激发学习者的学习积极性,达到学习最好的效果。

(三) 从知识的内在联系出发

科学知识内容本身是有着内在的逻辑关系的,对知识内容内在逻辑分析的最好方法就是将教材内容系统化、结构化。教材内容的系统化和结构化,可以帮助学生把握各个章节以及各知识点之间的联系,更为直观地形成知识的总体框架。同时,也有助于教师把握相关知识在不同章节中的联系,从而为教学内容的呈现顺序及呈现方式提供参考。

二、教材内容的设置

英语教材作为英语学习者的主要学习资源之一,非常重视人文教育与英语教学的相互融合。其内容涉及英美国家的历史、地理、文化传统、风俗习惯、家庭、社会、民族等方方面面的人文知识,有助于学生提高和领悟运用英语的能力,还能加深学生对本民族文化的理解和对外国文化的熟知,具有丰富的教育作用。同时,大量英语教材中的阅读文章包括了真实的人物传记和积极向上的社会故事,集中体现出了对真善美的追求,蕴含着深厚的人文精神。

通常情况下,教材都会采用"话题、功能、结构"相结合的方法组织教学内容。这样既体现了话题式教材有利于提高学生学习兴趣和语言输入相对集中的优势,又体现了语法式教材有利于学生对语言知识的学习和掌握的特点,还体现了功能—意念式教材注重培养学生语言交际能力的要求,并设置各种便于教师操作和运用语言的任务型活动。

举例来说,以下是常见的英语教材中的内容设置。

(1) 目标(goals)。

教材的总体目标通过分单元的目标来实现,每个单元的目标以学生该做什么来描述。这一部分安排的目的是为了增加教材编写意图的透明度,帮助学生了解各单元的教学目标,明确学习方向,更有效地自主学习。

(2) 热身(warming up)。

热身的目的旨在激活学生已有的相关背景知识,启发学生对有关话题的思考。同时,也给学生提供归纳、总结已有的语言知识的机会,包括词汇、句型等,从而为学生了解话题、讨论话题作铺垫。"热身"本身设计有多种形式的任务型活动,如讨论、对话、回答问题等。

(3) 听力(listening)。

听力是学生培养听的技能和吸取语言与文化信息的重要渠道。教材可提供多样的真实语言材料,设计各种听前、听时和听后活动,培养学生用英语获取信息和处理信息的能力。

(4)口语（speaking）。

口语部分围绕各单元的话题与功能创设了多种形式的活动，提供了专题性会话的语言素材。教材中的活动设计主要是让学生根据所提供的语言素材、情景与任务要求，自己组织语言，进行说话、讨论、辩论、采访或报告等。

(5)读前（pre-reading）。

教材在这一部分中提出了若干个问题，不仅与单元主题有关，而且与下一个部分的阅读材料内容关系密切。这些问题可以启发学生预测课文的内容，展开简短的讨论，以便通过阅读验证自己的推测。

(6)阅读（reading）。

这一部分提供了各单元的主要阅读篇章，题材和体裁多样。从高一到高三，阅读语篇的长度逐渐递增。文章载有该单元相关主题的重要信息，呈现了大部分词汇和主要的语法结构。

(7)读后（post-reading）。

这一部分设有若干道题用以检查学生对阅读语篇的理解程度。这些练习有的侧重检查学生对文中事实、情节等的表层理解，有的检测学生对课文的深层理解。还有一些思考题和任务型活动，需要学生根据课文的启发，发表自己的意见，或想出问题解决的办法。

(8)语言学习（language study）。

这一部分通常涉及"词汇学习"和"语法"两部分。词汇部分会提供新的单词和习惯用语的有关练习，系统介绍用法。语法部分介绍了高中所要求掌握的基础语法，通过多种形式的练习与活动培养学生运用这些语法的能力。

(9)综合技能（integrating skills）。

这一部分提供了以读和写为主的综合性语言材料和活动。阅读语篇与各单元主题有关，扩充了文化信息，拓宽学生的视野，并为学生表达提供示范。写作活动为学生创设了很多情景，提供了综合运用语言的空间。

(10)学习建议（tips）。

这一部分用较简单的语言就如何运用认知策略、交际策略和资源策略有效地提高学习效率，结合单元的教学内容向学生提出了指导性意见。

三、教材内容的使用建议

教材编写者在编写教材时，主要依据课程标准规定的内容要求和学生的认知特点来选择相应的课程内容，预设出一定的学习难度，设计各种学习活动或任务。然而，英语教材具有"普适性"，因此并不适合于所有的学校教学。教师要善于结合实际教学需要，灵活地、有创造性地使用教材，对教材的内容、编排顺序、教学方法等方面进行适当的取舍或调整。

（一）对教材内容进行适当的补充和删减

在教材使用过程中，教师可以根据需要对教材内容进行适当的补充，以使教材的内容更加符合学生的需要或贴近学生的实际生活。与此同时，教师也可以根据实际情况对教材的内容进行适当的取舍。对教材进行补充或取舍时，不应该影响教材的完整性和系统性。

（二）替换教学内容和活动

在教学过程中，教师可以根据实际教学需要，对教材中不太合适的内容或活动进行替换。例如，如果教师认为某个单元的阅读篇章内容适用，但阅读理解练习题设计得不合理或不适合自己的学生，就可以用自己设计的练习题替换原有的练习题。如果教师认为某部分的语言不够规范或缺乏真实性，教师可以选用其他语言材料取而代之。

（三）扩展教学内容或活动步骤

在某些教材中，教学活动的难度过高或过低的现象时有发生。如果教师认为某个活动太难，就可以扩展活动的步骤，增加几个准备性或提示性的步骤，从而降低活动难度；如果活动太容易，教师可以对原有的活动进行延伸，比如在阅读理解的基础上展开讨论或辩论、增加词汇训练、进行写作训练等。

（四）调整教学顺序

根据学生的实际情况对教材内容的顺序进行适当的调整有利于提高教学效果。比如，现实生活中周围发生了某件重要事情，教材中有一个内容相关的单元，如果在延续性和难度等方面没有太大的问题，就可以提前学习这个单元。把教材内容与现实生活联系起来，有利于提高学生的学习动机，也有利于提高学习效果。另外，对教材内容进行取舍后，原来的顺序也可能需要相应的调整。

（五）调整教学方法

教师应随时反思自己的教学实践，了解学生的实际水平和需求，根据教学的实际情况及时调整教学方法，因地制宜、因材施教，创造性地运用适合学生的操作性强的教学方法。也可依据以下几方面选取教学方法。

(1) 依据教材的设计特点选择教学方法。

不同版本的教材设计理念不同，提倡的主流教学方法也不同。

(2) 依据教学目标选择教学方法。

不同领域或不同层次的教学目标的有效达成，要借助于相应的教学方法和技术。

(3) 依据教学内容特点选择教学方法。

不同的知识内容学习要求不同；不同阶段、不同单元、不同课时的内容与要求也不一致，这都要求教学方法的选择具有多样性和灵活性的特点。

（4）根据学生实际特点选择教学方法。

学生的实际特点直接制约着教师对教学方法的选择，这就要求教师能够科学而准确地研究分析学生的特点，有针对性地选择和运用相应的教学方法。

（5）新课程理念下的教学方法。

新课程理念下的教学方法是任务型教学法。

（六）总结教材使用情况

教材使用一段时间后，应该及时对使用情况进行总结分析。主要包括以下几方面：教材的使用是否达到了预先制定的教学目标；教材的使用是否有利于提高教学效果；教师和学生对教材的满意情况；教材在使用过程中存在哪些明显的优缺点；如果继续使用该种教材，应该在哪些方面做进一步的调整。

链接阅读

教材是高中英语课程发展的重要组成部分，在英语教学活动中起着关键性的作用，也是决定中国高中英语教学质量的根本因素。由于开放程度不大，大部分外语学习者首选的学习资料仍然是各种教材，学生更是如此。同时，由于缺乏足够的外语资料，特别是适合外语学习者个体需求的学习资料，这就导致中国缺乏外语学习环境和氛围。教材是中国外语教学的主要资源，不仅承担着英语素材和英语知识输入的重任，还要承担创造学习氛围、激发学习兴趣、指导学习方法的职责。目前，大部分教师还处在教"教材"的层面上。换言之，教材还承担着指导教法、培训教师的职责。这也是为什么中国新课程改革以教材改革为先导的缘由——它起着传播新的教育、教学理念和培养师资的巨大作用。

纵观中学英语教材的发展，可见新时期中国高中英语教材的建设取得了长足的发展，主要表现为：第一，教材编写开放化；第二，教材编写多元化；第三，教材编写系统化。虽然中国高中英语教材的发展取得了长足的进步，但在高中英语教材建设中仍然存在一些亟待解决的问题：对教材和教材应用理论研究不够，广大教师没有能树立正确的教材观。教材作为课程的载体和课程内容最为集中的体现，它直接影响着教师的教和学生的学。《普通高中英语课程标准》指出："教师要善于结合教学实际的需要，灵活和有创造性地使用教材，对教材的内容、编排顺序和教学方法等进行适当的取舍和调整。"在此之前，受基础教育传统"一纲一本"的教材管理体制的影响，教材几乎成为教学的全部内容。

资料来源：刘小燕，吴静.2000—2001年高中英语教材研究文献综述[J].广西民族师范学院学报，2011(5)：131-134.

第十章 教学内容分析

知识拓展

近年来发表在《教育科学研究》《课程·教材·教法》《全球教育展望》《教育理论与实践》以及各重点师范大学硕博论文上的相关文献中,国内学者针对教材的研究成果相对丰硕。

按教科书的功能和地位,曾天山(1998)《国外关于教科书功能论争的述评》基于教科书的历史与现实的研究,指出"教科书集中体现社会文化和国家政策,利于实现国家的教育目标;是教师教学的指南和规范教学的依据;是学生掌握知识的来源"。杨启亮(2002)《教材的功能:一种超越知识观的解释》就教材的功能做出新的诠释:"教材不是供传授的经典,不是供记忆的知识仓库,而是供教学活动使用的辅助性材料。新课程改革下,教师和学生不单单是材料的主人,更是新材料和新教学智慧创生的主体。"

按教科书的结构,任丹凤(2003)《论教材的知识结构》中在传统教科书结构的基础上,阐述了教科书的知识结构理论,认为对教科书知识结构的认识不仅包括对知识的认识,还应包括对知识的理解,学会应用知识是检验知识的唯一标准。

不同区域间的教科书因各地文化教育程度的不同,受地方教育资源差异性的影响,其编写内容会各自反映该区域所倡导的教育理念。同一区域下不同时期不同版本的教科书的编写因其特定的历史条件和社会需求,社会承载的主流意识形态总是不可避免地渗透在教科书中,自然而然地形成编写理念、体系、内容、形式等各具特色的教科书版本;而由于某些客观条件的局限性和不可控性,同一时期下不同版本的教科书编写者在领会同一课程标准精神上难免存在着一定偏差,并自觉不自觉地把自身的价值观念加入教科书中,最终影响着学生情感、态度、价值观的形成。

资料来源:魏运华,李俏.我国中小学教材研究述评[J].课程教材:教法,2007(8):8-13.

本章知识结构

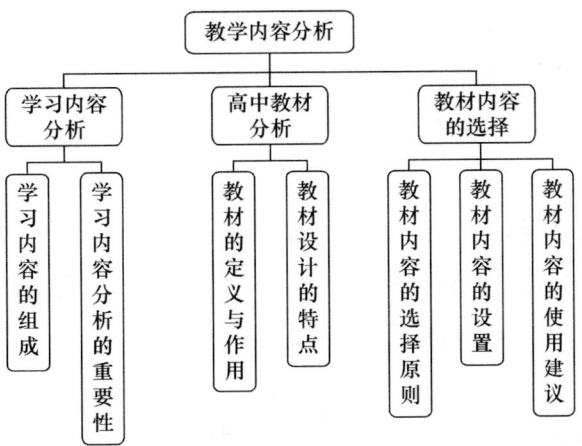

本章小结

本章的重点是对高中教材特点的把握及内容的分析与理解,怎样合理地使用好教材;难点是将材料运用于现实的高中教材进行分析。

在学习本章时要注意下列几个方面。

(1) 熟记一些关键概念,如学习内容、高中教材设计原则、教材内容的使用等。

(2) 识记并理解高中教材的分析原则与要求。

(3) 运用教材分析的理念分析高中英语教材。

备考指南

本章由"学习内容分析""高中教材分析"和"教材内容的选择"三个部分内容组成,考试题型为选择题和简答题。学习时首先要理解并熟记学习内容分析、高中教材分析和教材内容的选择的基本内涵,并能够根据相关的概念分析具体的教学内容。学习时可以根据概念—要求—策略的逻辑思路进行,首先明确每个概念的具体内涵与外延,然后厘清相关的要求,最后明确具体的操作策略。

自测训练

1. 学习内容的主要组成部分是( )。

   A. 语言技能、语言知识、学习策略、文化意识

   B. 语言技能、语言知识、情感态度、学习策略、文化意识

   C. 语言技能、语言知识、文化意识

   D. 语言技能、语言知识、情感态度、文化意识

2. 下列选项对英语教材的描述有误的一项是( )。

   A. 英语教材的概念有狭义和广义之分

   B. 英语教材就是课本

   C. 英语教材是指所有有利于语言学习的材料

   D. 英语教材既包括以教科书为主体的图书教材,又包括各种视听教材等

3. 教材编写、教学、评估和考试的主要依据是( )。

   A. 教学大纲   B. 学生发展特点

   C. 国家课程标准   D. 课程改革纲要

4. 新教材对教师的专业知识提出新的要求是(　　)。

   A. 教师对教科书的忠实取向

   B. 教师可以根据实际情况恰当地选用教材、灵活地增删教材

   C. 不需要教师重新学习,并结合教材与学生实际,引入教学

   D. 只需掌握具体性的专业知识,不需要掌握方向性的专业知识

5. 通常情况下,教材都会采用(　　)相结合的方法组织教学内容。

   A. 话题、功能、结构　　　　B. 话题、语言、功能

   C. 话题、语言、结构　　　　D. 话题、结构

6. 教材的作用有哪些?

7. 列举至少三点教材设计的原则。

8. 教材内容在选择时应注重哪些方面?

第十一章　教学目标设计

考纲内容

能够根据教学内容和学生特点设定合理、明确与具体的教学目标。

考纲解读

教学目标设计是教学设计的第一个环节，它影响着教学步骤及活动设计的各个方面，所以教学目标的设计必须是合理、明确且可测的。考生设计教学目标时应覆盖各方面，但同时也要考虑到学生情况和有重点地进行任务设计。

第一节　教学目标的确定

教学目标是指教学活动实施的方向和预期达成的结果，是一切教学活动的出发点和最终归宿，它与教育的目的及培养目标有着密切的联系，对落实课程标准、制订教学计划、组织教学内容、确定教学重难点、选择教学方法、安排教学过程等起着重要的导向作用。为达成教学预期目的，教师要选择最有效的教学内容、教学策略，让学生在一定时间内获得最佳的学习效果，使教学具有最大的效益。这里指的最大效益除了教学的知识点、学习的过程与方法外，更多的是要关注学生学习的愿望、探求的热情与能力。而教学目标对于课堂教学的深度、广度以及教学的长远效应都将起到极为核心的作用，因此确保实现教学实效性的根本途径就是确定有效的教学目标并在教学过程中真正落实。随着课程改革的不断深化对教师素养的要求也是越来越高，其中最受大家关注的就是对于教材的理解与挖掘以及对于学生的尊重与引导，这是做好教学工作的根本所在。

第十一章 教学目标设计

教学目标是课堂教学诸因素的核心,它明确了课堂上学生应该掌握什么,掌握到什么程度。制定教学目标,对于教学是否有效至关重要。目标是灵魂,目标是方向。目标越清晰,达成目标的路径也就越明晰。课堂的检测和评估应该按照语言知识、语言技能、文化意识、情感态度和学习策略五个目标在不同阶段的达成作为标准。对目标的把握应包括如下内容:(1)按照课程标准的总目标和五个分目标来设计单元和课时目标;(2)确定目标的依据是学生的水平和教学的内容,在确立教学目标之前,必须对教学内容和学生水平进行分析。

一、确定教学目标的依据

高中英语课程的最终目标是培养学生的自主学习和合作学习的能力,形成有效的英语学习策略,最终达到培养学生综合语言运用能力的目标。综合语言运用能力的形成建立在语言知识、语言技能、文化意识、情感态度和学习策略等素养整体发展的基础上,这也是英语课堂教学所追求的三维目标的具体实施。要实现这些能力的协同发展,教师就应根据以下内容设定切实可行的教学目标。

1. 根据教学内容设定教学目标

《课标》是教学的最高理想和终点站,而教学目标是实现最高理想过程中的共同理想和驿站。要充分解读课标,从而明确所讲内容要达到的范围和程度,依据课标对相应级别学习目标要求和教学理念,对实际教学内容进行细致分析,紧扣教材,明确教材内容。通过设定具体的教学活动来设定教学目标。

教材与"确切的学习内容"是辩证的对立统一关系。具体表现是二者既有差别又是不可分割的整体。教材的内容和教育价值之间是密切联系不可分割的整体。教师须对教材的知识体系、能力目标有全面的了解和把握;对教材的编选目的、阶段目标、文本内容有比较清晰的概念。教材的教育价值是从教材对学生的教学目标的角度,从课程标准制定的目标着眼,分析教材的教育价值,即对学生英语能力的形成和发展的作用。

教师在设计教学过程时,不仅要考虑自己如何教,还必须关注学生如何学。因此教学过程和活动的设计、编排,必须以课程标准和教科书为依据,根据自己所教授学生的具体情况,不必完全拘泥于教科书知识点的体例结构和编排顺序。要根据实际,创造性地使用教材。充分利用教科书提供的资源,尤其是需要学生自己阅读、分析、理解的材料,一定要通过安排学生活动的方式,发挥这些资源对学生学习、认知和训练、掌握学习方法、技能的作用。

同时,其他课程资源对引导学生发散思维、开阔学生视野,丰富学生知识,培养学生创新能力上起着重要的作用。而且,其他课程资源的引进要适当。比较好的做法是老师在教学前提供适当的学生所需的资料,教学中适当引导,教学后鼓励学生去实践。比如:用现代信息技术开发课程资源,培养学生创新能力。我们如果利用现代信息技术条件,根据中学生的生理、心理等特点,改变以往的以教师为中心的课堂教学模式,创造性地开展英语课堂教学,还可以适时适量地开展丰富多彩的英语活动。在活动中,让同学们动手动脑,愉悦其身心,发展其能力,培养他们勇于开拓,不断进取的创造才能,那么,那种英语与生活脱节,学生的想象力、创造力受到抑制的现状,将会得到较大的改观。运用现代信息技术,开展了英语课堂教学,开阔了学生的视野,丰富了学生的智慧,培养了学生的创新能力。

2. 根据学生实际设定教学目标

制定课程目标的依据之一是学习者,他们也是课程目标指向的终极对象。学习活动是学生以自身已有的知识和经验为基础的主动建构的过程,学习是一种本能,是一种生存、生活方式,是一种经历。教师必须重视学生的生活经验,使学生在已有的知识和经验中学习新知。每个学生都有分析、解决问题和创造的潜能,学生个体之间存在着一定的差异。教师只有深入地进行学生调研,了解学生的学习历程,关注学生学习的基础和水平,才能更为有效地抓住知识的生长点,实现教学的实效性。使学生在获取知识的同时对自己发现、自己归纳的自觉性逐步增强,学生的潜力得到充分的发挥,学生的自信心得到不断的提升,学生的个性得到自由和谐的发展。

二、英语课堂教学目标的设定

1. 面向全体学生,为学生全面发展和终身发展奠定基础

教学设计要符合学生生理和心理特点,遵循语言学习的规律,力求满足不同类型和不同层次学生的需求,使每个学生的身心得到健康的发展。在教学中教师应该注意以下几点。

(1) 鼓励学生大胆地使用英语,对他们学习过程中的失误和错误采取宽容的态度;

(2) 要为学生提供自主学习和相互交流的机会以及充分表现和自我发展的空间;

(3) 鼓励学生通过体验、实践、讨论、合作、探究等方式,发展听、说、读、写的综合语言技能;

(4) 创造条件让学生能够探究他们自己感兴趣的问题并自主解决问题。

2. 关注学生的情感,营造宽松、民主、和谐的教学氛围

学生只有对自己、对英语及其文化、对英语学习有积极的情感,才能保持英语学习的动力并取得成绩。消极的情感不仅会影响英语学习的效果,而且会影响学生的长远发展。因此,在英语教学中教师应该自始至终关注学生的情感,努力营造宽松、民主、和谐的教学氛围。

英语教师要做到：

（1）尊重每个学生，积极鼓励他们在学习中的尝试，保护他们的自尊心和积极性；

（2）把英语教学与情感教育有机地结合起来，创设各种合作学习的活动，促使学生互相学习、互相帮助，体验集体荣誉感和成就感，发展合作精神；

（3）特别关注性格内向或学习有困难的学生，尽可能多地为他们创造语言实践的机会；

（4）建立融洽、民主的师生交流渠道，经常和学生一起反思学习过程和学习效果，互相鼓励和帮助，做到教学相长。

3. 倡导"任务型"的教学途径，培养学生综合语言运用能力

《普通高中英语教学标准》以学生"能做某事"的描述方式设定各级目标要求，教师应该避免单纯传授语言知识的教学方法，尽量采用"任务型"的教学途径。

教师应依据课程的总体目标并结合教学内容，创造性地设计贴近学生实际的教学活动，吸引和组织他们积极参与。学生通过思考、调查、讨论、交流和合作等方式，学习和使用英语，完成学习任务。

在设计"任务型"教学活动时，教师应注意以下几点：

（1）活动要有明确的目的并具有可操作性；

（2）活动要以学生的生活经验和兴趣为出发点，内容和方式要尽量真实；

（3）活动要有利于学生学习英语知识、发展语言技能，从而提高实际语言运用能力；

（4）活动应积极促进英语学科和其他学科间的相互渗透和联系，使学生的思维和想象力、审美情趣和艺术感受、协作和创新精神等综合素质得到发展；

（5）活动要能够促使学生获取、处理和使用信息，用英语与他人交流，发展用英语解决实际问题的能力；

（6）活动不应该仅限于课堂教学，而要延伸到课堂之外的学习和生活之中。

4. 加强对学生学习策略的指导，为他们终身学习奠定基础

使学生养成良好的学习习惯和形成有效的学习策略是英语课程的重要任务之一，教师要有意识地加强对学生学习策略的指导，让他们在学习和运用英语的过程中逐步学会如何学习，教师应做到：

（1）积极创造条件，让学生参与制定阶段性学习目标以及实现目标的方法；

（2）引导学生结合语境，采用推测、查阅或询问等方法进行学习；

（3）设计探究式的学习活动，促进学生实践能力和创新思维的发展；

（4）引导学生运用观察、发现、归纳和实践等方法，学习语言知识，感悟语言功能；

（5）引导学生在学习过程中进行自我评价并根据需要调整自己的学习目标和学习

策略。

5. 拓展学生的文化视野,发展他们跨文化交际的意识和能力

语言与文化有密切的联系,语言是文化的重要载体。教师应处理好二者的关系,努力使学生在学习英语的过程中了解外国文化,特别是英语国家文化;帮助他们提高理解和恰当运用英语的能力,不断拓展文化视野,加深对本民族文化的理解,发展跨文化交际的意识和能力。

6. 利用现代教育技术,拓宽学生学习和运用英语的渠道

教师要充分利用现代教育技术,开发英语教学资源,拓宽学生学习渠道,改进学生学习方式,提高教学效果。在条件允许的情况下教师应做到:

(1) 利用音像和网络资源等,丰富教学内容和形式,提高课堂教学效果;

(2) 利用计算机和多媒体教学软件,探索新的教学模式,促进个性化学习;

(3) 合理地开发和利用广播电视、英语报刊、图书馆和网络等多种资源,为学生创造自主学习的条件。

7. 组织生动活泼的课外活动,促进学生的英语学习

根据学生的年龄特点和兴趣爱好积极开展各种课外活动,有助于学生增长知识、开阔视野、发展智力和个性、展现才能,教师应有计划地组织内容丰富、形式多样的英语课外活动,如朗诵、唱歌、讲故事、演讲、表演、英语角、英语墙报、主题班会和展览等,教师要善于诱导,保护学生的好奇心,培养他们的自主性和创新意识。

8. 不断更新知识结构,适应现代社会发展对英语课程的要求

教师应不断更新知识结构,适应现代社会发展对英语课程的要求,因此教师应该做到:

(1) 准确把握本课程标准的理念、目标和内容,运用教育学和心理学理论,研究语言教学的规律,根据学生的心理特征和实际情况,选择和调整英语教学策略;

(2) 发展课堂教学的调控和组织能力,灵活运用各种教学技巧和方法;

(3) 掌握现代教育技术,并能在自己的继续学习和实际教学之中加以运用;

(4) 自觉加强中外文化修养,拓宽知识面;

(5) 要根据教学目标、学生的需要以及当地客观条件,积极地和有创造性地探索有效的教学方法;

(6) 不断对自己的教学行为进行反思,努力使自己成为具有创新精神的研究型教师。

9. 遵循课时安排的高频率原则,保证教学质量和效果

英语课程从小学三年级起开设,为保证教学质量和教学效果,三至六年级英语课程应遵循长短课时结合、高频率的原则,每周不少于四次教学活动。三、四年级以短课时为主;五、

六年级长短课时结合,长课时不低于两课时。七至九年级和普通高中的英主课程建议每周不少于四课时。为了保证教学质量和效果,班容量一般不应超过每班 40 人。

第二节　教学目标的分类

按照基础教育阶段英语课程分级总体目标的要求,高中课程标准对语言技能、语言知识、情感态度、学习策略和文化意识等五个方面分别提出了相应的具体内容和标准。各个级别的目标所描述的能力都是通过必修课程和选修课程的学习构建成的。

一、语言技能

语言技能是语言运用能力的重要组成部分。语言技能包括听、说、读、写四个方面的技能以及这四种技能的综合运用能力。听和读是理解的技能,说和写是表达的技能;这四种技能在语言学习和交际中相辅相成、相互促进。学生应通过大量的专项和综合性语言实践活动,形成综合语言运用能力,为真实语言交际打基础。因此,听、说、读、写既是学习的内容,又是学习的手段。

根据高中学生的交际需求和认知发展水平,高中英语教学应该着重培养学生以下几方面的能力:在人际交往中得体地使用英语的能力;用英语获取和处理信息的能力;用英语分析问题和解决问题的能力;批判性思维能力。高中阶段听、说、读、写的训练应该立足于学生对这几个方面的发展需求。

二、语言知识

高中学生应该学习和掌握的英语语言基础知识包括语音、词汇、语法、功能和话题等五个方面的内容。知识是语言能力的有机组成部分,是发展语言技能的重要基础。

三、情感态度

情感态度指兴趣、动机、自信、意志和合作精神等影响学生学习过程和学习效果的相关因素,以及在学习过程中逐渐形成的祖国意识和国际视野。保持积极的学习态度是英语学习成功的关键。在高中阶段,教师应引导学生将兴趣转化为稳定的学习动机,以使他们树立较强的自信心,形成克服困难的意志,乐于与他人合作,养成和谐与健康向上的品格。通过英语课程使学生增强爱国主义意识,拓展国际视野。

四、学习策略

学习策略指学生为了有效地学习语言和使用语言而采取的各种行动和步骤。英语学习策略包括认知策略、调控策略、交际策略和资源策略等。认知策略是指学生为了完成具体学习任务而采取的步骤和方法;调控策略是指学生计划、实施、评价和调整学习过程或学习结果的策略;交际策略是指学生为了争取更多的交际机会、维持交际以及提高交际效果而采取的各种策略;资源策略是指学生合理并有效地利用多种媒体进行学习和运用英语的策略。高中学生应形成适合自己学习需要的英语学习策略,并能不断地调整自己的学习策略。

高中学生已走近成年阶段,人际交往和社会体验都会不断扩展。因此,高中学生应该积极利用多种渠道使用英语,在真实交际中培养有效的交际策略。同时,高中学生应在义务教育阶段所培养的自主学习能力的基础上,进一步掌握资源策略,学会独立地获取信息和资料,并能加以整理、分析、归纳和总结,从而扩展知识,开阔视野,充实生活,从而更自觉地规划自己的人生。

五、文化意识

语言的文化内涵非常丰富。在英语教学中,英语文化主要指英语国家的历史、地理、风土人情、传统习俗、生活方式、文学艺术、行为规范和价值观念等。学习和了解英语国家的文化对英语的理解和使用有很大的帮助,有利于培养世界文化意识,有利于培养跨文化交际能力。教师应根据学生的年龄特点和认知能力,准备相应的文化背景知识,逐步扩展文化知识的深度和广度。教学中涉及的有关英语国家的文化知识应与学生的日常生活、知识结构和认知水平等相结合,并激发学生对英语文化的兴趣。要为学生提供广泛的英语国家文化的范围,帮助学生拓展视野,提高他们对中外文化异同的敏感度,为培养他们的跨文化交际能力打下良好的基础。

链接阅读

布卢姆的"教育目标分类法"

按照布卢姆的"教育目标分类法",在认知领域的教育目标可分为以下几类。

1. 知识(knowledge)

知识是指认识并记忆。这一层次所涉及的是具体知识或抽象知识的辨认,用一种非常接近于学生当初遇到的某种观念和现象时的情景描述,回想起这种观念或现象。

提示:回忆,记忆,识别,列表,定义,陈述,呈现。

2. 领会(comprehension)

领会是指对事物的领会,但不要求深刻的领会,而是初步的,可能是肤浅的。其包括"转化""解释""推断"等。

提示:说明,识别,描述,解释,区别,重述,归纳,比较。

3. 应用(application)

应用是指对所学习的概念、法则、原理的运用。它要求在没有说明问题解决模式的情况下,学会正确地把抽象概念运用于适当的情况。这里所说的应用是初步的直接应用,而不是全面的、通过分析的、综合的知识运用。

提示:应用,论证,操作,实践,分类,举例说明,解决。

4. 分析(analysis)

分析是指把材料分解成它的组成要素部分,从而使各概念间的相互关系更加明确,材料的组织结构更为清晰,详细地阐明基础理论和基本原理。

提示:分析,检查,实验,组织,对比,比较,辨别,区别。

5. 综合(synthesis)

综合是以分析为基础,全面加工已分解的各要素,并再次把它们按要求重新组合成整体,以便综合地、创造性地解决问题。它涉及具有特色的表达,制订合理的计划和可实施的步骤,根据基本材料推出某种规律等活动。它强调特性与首创性,是高层次的要求。

提示:组成,建立,设计,开发,计划,支持,系统化。

6. 评价(evaluation)

评价是认知领域里教育目标的最高层次。这个层次的要求不是凭借直观的感受或观察的现象做出评判,而是理性地、深刻地对事物本质的价值做出有说服力的判断,它综合内在与外在的资料、信息,做出符合客观事实的推断。

资料来源:(美)安德森.布卢姆教育目标分类学[M].蒋小平,译.北京:外语教学与研究出版社,2009.

知识拓展

教育目的和教育目标的区别

"教育目的"与"教育目标"是有明确区别的,教育目的是社会培养的总要求,是根据不同社会的政治、经济、文化、科学、技术发展的要求和受教育者身心健康发展的状况确定的,反映了一定社会受教育者的要求,是教育工作的出发点和最终目标,确定教育目标,确定教育内容,选择教育方法,评价教学效果的依据。而教育目标是表明教育内容的结构、组成、阶段及组成的价值,是教育实践和评价活动的直接目标。可见,"教育目的"带有"方向"的含义,表现普遍的、总体的、终极的价值;"教育目标"带有"里程碑"的含义,表现个别的、部分的、阶段的价值。

资料来源:全国十二所重点师范大学联合编写.教育学基础[M].北京:教育科学出版社,2008.

本章知识结构

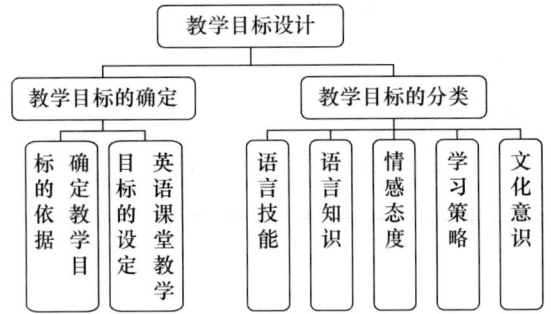

本章小结

本章的重点是对于教学目标有全面的理解,包括确定、表达和分类;难点是目标要根据学生和教学内容进行设定。学习本章时应注意:1. 学习时要明确不同等级、不同方面的目标描述;2. 目标设定一定要符合学情和教学内容。

备考指南

本章内容涵盖了"教学目标的确定"和"教学目标的分类"两部分,考试题型多以选择题为主,也可能作为一个考察点包含在整体的教学设计题目中。学习时首先要对教学目标的定义和分类理解并熟记,并且针对不同类型的课程制定相应的教学目标,并体现在教学环节中。值得注意的是,教学目标的制定要以学生为行为主体,并且行为动词必须是具体可测量、可评价的。如:通过学习教材第三章(行为条件),学生能够认识并运用(行为动词)动词的虚拟语气(表现程度)。

第十一章 教学目标设计

自测训练

1. 以下不是教育目标设定的依据的是（　　）。
    A. 教学内容　　　　　B. 学情　　　　　　C. 课程目标

2. 教学目标设定过程中要（　　）。
    A. 关注学生　　　　　B. 关注教材　　　　C. 营造民主氛围

3. 教学目标表述要（　　）。
    A. 具体　　　　　　　B. 梯度化　　　　　C. 大致概括

4. 教学目标包括（　　）等。
    A. 知识技能　　　　　B. 情感态度　　　　C. 学习策略

5. （　　）具有方向性。
    A. 教育目标　　　　　B. 教育目的　　　　C. 教学目标

第十二章　教学活动设计

考纲内容

能够根据教学目标创设相应的教学情景,设计有效的教学活动,安排合理的教学过程,筛选适当的辅助教学材料。

考纲解读

教学活动设计是指在教学活动之前,运用系统方法对参与教学活动的诸要素所进行的分析和策划过程。简而言之,教学设计是对教什么和如何教的一种操作方案。教学设计有不同的层次,作为一项重要的教师技能,教学设计能力侧重教师对一节课的教学设计。在英语课堂教学中,教学活动的设计是一个极其重要的环节。教学活动的设计具体体现了一位教师的教学理念、教学方法以及对课程的理解把握和开发创新能力。因此,课堂教学活动开展能否达到语言学习的目的,实现课程的教学目标,教学活动的设计是关键。

第一节　教学活动设计概述

一、教学活动设计的概念

新的课程理念追求全人的发展,所以,英语课堂上教学活动的最终目的除了要达到显性的语言知识和技能的目标之外,还应该注重隐性目标的达成,比如,培养学生持久的学习英语的积极性、良好的英语学习习惯、学好英语的自信心、掌握学习英语的策略方法等。教师

第十二章 教学活动设计

应该让学生通过英语学习和语言实践活动,不仅可以逐步掌握英语知识和技能,培养和提高语言综合运用能力,同时还可以拓展视野,汲取各方面的知识,发展良好个性,提高人文素养和科学素养,为终身学习和终身发展打下良好的基础。

对于课堂教学活动的定义有广义和狭义的概念之分。

广义的教学活动是指在以任务为驱动的英语课堂教学中,学生在完成学习任务的过程中要做的具体事情,也可称为步骤。

这里提出的教学活动是指狭义概念上的教学活动,即英语课堂教学中,为了达成某个教学目标而采取的具有一定活动内容的教学步骤。

教学活动是教师为实现教学目标所设计的用于课堂的各种学习方式。从学生学习的角度来说,也可以称作学习活动,也就是一系列具体的学习步骤。在英语教学中,通过活动使学生感知语言、掌握语言、运用语言去交际。

教学活动是学校教学工作的基本形式。教学活动是一个完整的教学系统,它是由一个个相互联系、前后衔接的环节构成的。教学活动的基本环节就是指教学活动中一个个各具不同功能的不同阶段。教学活动设计就是为了达到一定的教学目的,对教什么(课程、内容等)和怎么教(组织、方法、传媒的使用等)进行设计。设计是"为了实现某一目标所进行的决策活动"。教学活动设计是指教师在实际进行教学之前对教学过程的系统的预先筹划,其目的在于提高教学的适宜性和有效性,引导和促进学生的学习与发展。

教学活动设计的实质是计划或安排学习的"外部事件",以影响学习的内部过程的决策活动。具体来说,是通过创设一定的教学情境,提供一定的教学材料,有目的、有计划地引导学生主动学习的过程。对于教师来说,教学设计相当于教学流程中的准备阶段,或者说教师"预成"课程的活动。

《普通高中英语课程标准》讲述基础教育阶段英语课程的目标时指出,英语课程应成为学生在教师的指导下构建知识、发展技能、拓展视野、活跃思维、展现个性的活动过程。由于学生在年龄、性格、认知方式、生活环境等方面存在差异,他们具有不同的学习需求和学习特点。只有最大限度地满足个体需求,才有可能获得最大化的整体教学效益。

知识拓展

在新课标背景下,构建以学生为主体的有效课堂教学活动成为英语教学的追求。然而在当前的高中英语教学实践中,我们也可看到"The same teacher, the same class and the same students' books, but the different effects on students"(同样的老师,同样的课堂和同样的教材,但对学生的影响是不同的)。反思我们目前的课堂教学,主要存在以下几个问题:

1. 只关注活动却缺少语言;

2. 只注意活动的多样性而忽略对学生认知水平的了解;

3. 设置活动时只注重情景的创设而降低了思维的成分;

4. 重视课件设计的精巧,而忽略所设计活动的真实效果。

于是,很多课堂教学活动表面上气氛热烈,形式花哨,但仅为了活动而活动,缺乏有效性。因此,每位教师应从课堂教学的两个重要方面即课堂活动的设计和实施出发,并结合课例,思考并探讨如何提高英语课堂教学活动的有效性。

二、教学活动设计的出发点

课堂教学活动设计的有效性是课堂活动有效性的基础和起点,要想提高课堂活动的质量,首先要靠教师精心设计课堂的活动内容。无效的设计是不可能牵动有效的课堂学习活动的。

教学活动的设计要体现科学性、趣味性与实践性的统一。活动设计必须科学合理,且具一定的艺术性和思想性。这也就是说,活动内容既要丰富多彩,又要适时适量;活动形式既要新颖有趣,又要避免华而不实。活动要紧密结合学生的学习实际和生活实际,有利于发展学生智力,培养积极的情感态度。课堂活动的目的有以下两种。

(一)更好地发挥学生的主体性

在教学过程中应突出学生的主体地位,充分发挥学生的主动性和积极性。既然学生在活动中学会交流和交换信息,作为教师就应该尊重他们的这种方式,让他们参与到课堂教学中来,成为课堂的主体。不同的活动可以营造宽松、和谐的学习氛围,能够更好地激发学生的学习兴趣和求知欲望。

(二)有助于学生的语言习得和学习

英语课堂中,教师不能孤立地讲解语言知识,而应将它们放在一定的情景中,结合学生的生活实际设计教学活动,让他们在活动中学习英语。同时,创设的语言情景有助于学生理解、记忆、运用语言知识。

三、教学活动设计的设计思路

英语课程的总体设计思路是:以科学发展观和先进的外语课程理念为指导,立足国情,综合考虑我国英语教育的发展现状,从义务教育阶段起,建立一个以学生发展为本、系统而持续渐进的英语课程体系。这一课程体系以培养学生的综合语言运用能力为目标,根据语言学习的规律和义务教育阶段学生的发展需求,从语言技能、语言知识、情感态度、学习策略和文化意识等五个方面设计课程总目标和分级目标。这五个方面相互联系,相辅相成,使英语课程既重视培养学生的语言基础知识和基本技能,又注重优化学习过程,引导学生形成有效的学习策略和一定的文化意识,培养积极向上的情感态度和价值观。

根据上述设计思路,义务教育阶段的英语课程以小学 3 年级为起点,以初中毕业为终点(即义务教育 9 年级),并与高中阶段的英语课程相衔接。整个基础教育阶段的英语课程(包括义务教育和高中两个阶段)按照能力水平设为九个级别,形成循序渐进、持续发展的课程。设置分级课程目标借鉴了国际上通用的分级方式,力求体现不同年龄段学生的学习需求和认知特点,使英语课程具有整体性、灵活性和开放性。

第二节 教学活动设计的原则

《普通高中英语课程标准》的总目标要求我们培养学生综合运用语言的能力,这一目标主要通过英语课堂教学来实现。因此,课堂活动的设计一定要以培养学生语言运用能力为目的。在英语课堂教学中,教师要组织好每一项教学活动,保证每个学生能够参与并乐于参与。为了使这些活动具有趣味性和针对性,教师在设计活动时应遵循以下几个基本原则。

一、设计活动应有明确的语言教学目标

设计一项教学活动时,首先要明确活动的目的:是要对所学语言进行操练还是进行运用?活动完成后学生应取得哪些进步?切忌只考虑活动的新颖性或独特性而忽略了活动的目的性。

教学目标是课堂教学的核心和灵魂,在教学活动中有定向的作用。它限定着课堂教学的运作,对保证课堂教学有效开展至关重要。而设计有效的教学目标的首要条件是准确和明确。教师要准确把握教材,包括教材的地位与作用、重点与难点等。教学目标的设定要符合学生的实际,并具有多元性与可操作性。

课堂活动应有利于学生获得语言知识和发展语言的技能。教师设计和安排的各项活动都必须有明确的目的,每个活动都应以达成教学目标为导向。如果教学活动脱离了教学内容,偏离了教学目标,那么再有趣的教学活动也难以收到理想的教学效果。

二、活动要以任务为依托

新课标提倡"任务型"的教学思想,并主张把对学生综合语言运用能力的培养落实在教学过程中。以任务为依托的语言教学有三个特点:① 侧重语言的内容和含义更甚于语言的形式结构,课堂中的语言活动更接近于自然的语言习得;② 任务的执行或任务的结果都离

不开语言的表达技能,即说和写的技能;③任务完成的结果可为学习者提供自我评价的尺度,并可为其带来成就感。在"任务型"语言教学中,教师要从学生"学"的角度来设计教学活动,使学生的学习活动具有明确的目标,使任务角色化。因此,活动的设计和开展应紧紧围绕"目标+内容+活动"这一主线。为促使学生参与语言实践,教师可采用网络型交互式活动形式,如"group work""discussion""interview""debate""oral-play"等。

三、活动的设计要有利于激发学生学习英语的兴趣

《普通高中英语课程标准》指出:学生只有对自己、对英语学习以及英语文化有了积极的情感,才能保持英语学习的动力并取得成绩。在设计活动时,教师应以学生的生活经验和兴趣为出发点。教师在设计课堂活动时所创设的情景及所选的话题一定要与学生实际生活结合起来,只有让学生在交流、讨论时有话可说,才能有效运用所学语言,而且还有助于学生共享生活经验,解决生活中的一些实际问题。

因此,要培养学生在真实生活中运用语言的能力,就应该让学生在课堂中参与和完成真实的生活任务,活动的设计要有利于激发学生学习英语的兴趣。以英语课堂的导入活动为例:

导入是上好一节课的重要环节,也是提高课堂教学效益的重要方法。成功的导入,像磁石一样深深地吸引学生的注意力,像金钥匙一样悄然开启学生的思维,使其很快进入学习的状态。这里介绍以下2种有效的导入方法。

① 游戏导入。

游戏不仅仅是小学生的专利,也深受高中学生的喜爱。游戏能使人感到快乐,产生积极愉快的情绪体验。例如,NSEFC Module 4 Unit 2 Using language 中设计 green food 海报的导入环节,可以采用 guessing game 的形式:展示一个盒子,问学生:"What's in the box?"学生纷纷猜测如"chocolate""apple""necklace"等,变魔法似地打开盖子,原来是两个鸡蛋。学生很感意外,好奇心被最大限度地调动起来。又问:"What's the difference between the two eggs?"(One has a logo of green food on it——某品牌绿色蛋)于是自然进入主题学习。

② 歌曲导入。

英语歌曲是我们取之不尽的学习资源,很多广为传唱的英语歌曲不仅在韵律上给人以美的享受,而且歌词也很优美和经典,歌词往往蕴涵着很深厚的社会文化信息(2006,王锦花)。

四、活动应有利于发挥学生的创造力和想象力

想象力是人们进行创造活动的一个重要因素,在英语教学中,培养学生的想象力尤为重

要,因此在课堂上要激发学生去大胆地进行想象和思维。如在 SEFC Book 2 有关 computer 这一课的教学中,教师可设计这样一个活动:"What would your home be like in the year 2025?"在实施活动前,可先让学生以小组的形式进行充分讨论。再比如,有这样一个教学案例,教学目的为:学生从广告中获取信息,学习广告用语,并尝试设计和表演广告。在设计这个活动时,教师可先发动学生搜集各类食品或文体用品广告;在课堂上让学生说出印象最深的广告,讨论为什么对这些广告印象深刻;教师向学生展示一些英语广告,引导学生分析广告语的语言特点;教师向学生提供一些物品或让学生自己选择物品,学生以小组为单位为这些物品设计文字或图像广告;各小组向全班学生展示或表演他们设计的广告。这些活动能启发学生的思维,培养学生的观察力、想象力、创新能力和合作精神。以英语广告为媒介,在学习英语的同时,给学生展示其他才能的机会。

五、活动的设计要有利于学生综合语言运用能力的提高

多样化的教学活动有利于激发学生学习英语的兴趣,但活动不能只图表面热闹,而要有一定的语言知识和技能作支撑,并有利于学生综合语言运用能力的提高,从而有效地促进学生的发展。

1. 活动应符合学生的年龄和认知特征

高中阶段的学生随着实践范围的扩大,经验的丰富,知识的增加,他们思维的深度和广度不断增加,自我意识强了,不满足于现成的答案,已表现出独立思维的能力。这就要求我们在设计活动时不仅要注意活动的多样性,更要注意设计的活动要有一定的思维价值,以引发学生积极探究、表达观点、发表见解。

2. 活动要有梯度,要循序渐进

教师在设计课堂活动时应依据学生的英语水平,确定相应的活动难度和要求。Jeremy Harmer(1998)在"*How to teach English*"(《如何教英语》)一书中提到:成功教学的最大敌人之一就是学生的厌烦心理。而活动设置过难或过于简单,容易引起学生的焦虑情绪甚至厌烦心理。因此,我们要注意使语言活动由易到难,由简单到复杂,具有层次性。缺乏层次的活动安排会阻碍学生对知识的建构。

六、教学活动设计要注重学生的参与

教师设计活动时,要让学生在活动中有事可做、有话可说,并让每个学生感到"我能做,我会做"。如果教师所设计的活动只适合一些基础好的学生,就不能算是成功的活动。随着学生年龄的增长和智力的发展以及生活体验的逐渐加深,他们对浅层次的"Asking the way(问路)""Talking about the weather(谈论天气)"和"Doing the shopping(购物)"等交际活

动渐渐失去兴趣,而对心智类活动的兴趣与接受程度却越来越强。因此,课堂活动的设计应考虑逐步增加难度,遵循由浅入深、由表及里的原则。活动可以运用竞争、限时、限量等手段来增加难度,例如开展小组比赛、分组讨论、辩论、自由发言等创造性活动。

某些教师只有在小组活动或者专项句型操练中才给学生开口的机会。例如,在学习听力、阅读材料前对一些重点生词与词组进行认知是降低学习难度、分解学习难点的一种方法,这个认知活动不是教师一方的活动,而是教师与学生互动的活动。在设计认知步骤的活动中,教师要做到能让学生开口的地方就要让他们参与进来,即使是耗时很短暂的活动,也要坚持这个原则。

链接阅读

在课堂活动中,教师要给学生充分的准备时间,即"Think-time and wait-time"。有时为了赶时间,我们往往在布置活动后,马上让学生讨论,没过多久,又匆匆打断。这样的活动只是走走过场,也是流于形式的,是无效的活动。教师在课堂教学中一定要给学生留有思考余地,提高参与的质量,让学生真正成为课堂的主人。为了提高学生的主体意识,教师还要给学生选择的自由和权利。例如,教师在教学 NSEFC Module 4 Unit 1 Women of Achievement 的最后一个课时即 Workbook 里的 Reading Task 后,给学生三个话题讨论:

(1) Should modern women spend more time on families or on careers? Why?

(2) What is more important for women, beauty or wisdom?

(3) What kind of woman do you appreciate? Why?

然而,教师并没有按照传统的方式让学生逐个讨论发言,而是事先把问题题号写在纸条上让每组学生代表抽签,抽到的问题就是他们所要讨论的问题。抽到序号 4 的小组要自己设计题目并讨论。因为这是他们自己的选择,而且不同的小组存在着信息差,学生的讨论异常激烈,后来几乎变成了辩论赛。有时候根据需要,也可以考虑调换座位。例如,在辩论时,正方坐 1、2 组,反方坐 3、4 组。这样可以激发学生的主观能动性,实现有效参与。

知识拓展

活动设计的难易度要在学生的"最近发展区"内

苏联心理学家、哲学家、文学家维果茨基提出了"最近发展区"的概念。他认为,学习者在任何一个学习阶段都有两个发展水平:实际发展水平和潜在发展水平。实际发展水平指学习者独立完成任务、解决问题而表现出来的知识和技能;潜在发展水平指学习者在他人的帮助和自己的努力下完成任务、解决问题的能力。维果茨基把实际发展水平与潜在发展水平之间的差距叫作最近发展区域,这个区域是动态的。

维果茨基认为,学习者的进步主要是在最近发展区域完成的,所以,教师在设计教学活动时,特别要考虑活动的难易度,而这个活动难易度的考虑应该基于学生的认知特点和实际语言水平。如果教师设计的活动是在实际发展水平之间的,对于培养学生进一步的能力则没有多大帮助,而如果是超越学生的潜在发展水平的,学生没有能力去解决问题,那同样也失去了活动的意义。因而,教师在设计教学活动时一定要使其难度属于这个区域内,这样,学生在学习的过程中通过思考和借助他人的帮助运用已有的知识和技能来解决现在的问题,发展语用能力。

第三节 教学活动的类别与教学活动设计的模式和主要环节

一、教学活动的类别

从信息论的角度来看,语言课堂活动一般有两种类型:培养接收信息能力的活动(听、读)和培养产出能力的活动(说、写)。英国语言学家利特尔伍德(1983)从交际论角度又将课堂活动划分为:

(1) 前交际活动(pre-communicative activities);

(2) 结构练习活动(structural activities);

(3) 准交际活动(quasi-communicative activities);

(4) 交际活动(communicative activities);

(5) 功能性交际活动(functional communicative activities);

(6) 社会性交际活动(social interaction activities)。

而按照教学的一般程序,有的教师认为课堂活动又可以归纳为三类:呈现活动(presentation activities);练习活动(practice);交际活动(communicative activities)。[1]

通常这三类教学活动相对来讲更为普遍。

(一) 呈现活动

呈现活动旨在"引发""启动"与"导入",即"引发"学生思维,"启动"学生试探,"导入"进一步学习。它是引入新内容的关键。呈现活动既要充分调动学生的积极性,激发学生的学习兴趣和求知欲望,又为过渡到新内容的教学铺路搭桥。呈现活动的设计因课文类型而异,

---

[1] 王才仁.英语教学交际论[M].南宁:广西教育出版社,1996.

归纳起来主要有听、说呈现型与疑问思考型两种。前者或以听录音、讲故事的形式导入，或以猜谜语等方式导出新内容。后者则可以制作图表、提出疑问、发表见解等陈述观点的活动引发学生的思维，从而使进入新内容这一步骤自自然然、水到渠成。

1. 听、说呈现型活动

听说活动是语言课堂的基础活动。这里且以 SEFC 1B Unit 19 L74 The Secret Is Out 为例，演示听、说呈现型活动的运作步骤。

首先，教师请学生猜测他的年龄和家庭成员，引导学生开口。当学生有所迟疑时，教师可以这样表述："Everybody has secrets. I have secrets too. What is my secret? Sorry, I can't tell you."至此，教师引出了课文的关键词汇。接着教师话锋一转说："But someone's secret is out. If you want to know, please read the text quickly, then answer three questions."

　　A. What was Mr. King's secret?

　　B. How did Mr. King get this job?

　　C. How was Mr. King's secret discovered?"

由此，教师导出该课要学习的内容 The secret is out.

2. 疑问思考型呈现活动

疑问思考型呈现活动有助于学生内化知识，进一步挖掘学生的潜能。

通过问与答，教师调动学生原有的知识结构，引导学生用英语将所学的知识表达出来。这项活动不仅鼓励学生温故而知新，对学过的知识加以复习巩固，而且激励学生进行交际活动，使新旧知识衔接得相当紧密，进一步激发学生对新知识的好奇和渴求。

（二）练习活动

练习活动是指新语言项目呈现后所进行的，旨在训练学生听、说、读、写技能的活动。这一阶段的练习活动包括结构操练活动和交际性操练活动。

1. 结构操练活动

结构操练活动的目的在于使学生掌握语言形式的结构与规则，以提高学生语言运用的精确性。结构操练一般由机械性操练和意义性操练两部分构成。[①] 意义性操练的重心在于创建微型语言情景，让学生在语境中理解语言意义和模仿运用语言结构。结构操练活动主要有合并句子、转换句型以及组词成句等形式。

2. 交际性操练活动

交际性操练活动是在情景中操练语言结构或功能项目的语言实践活动。它不是真正意

---

① 胡春洞.英语教学法[M].北京：高等教育出版社，1990.

义上的交际活动,而是准交际练习。培养学生的语言运用能力是该活动的出发点。它给学生更多的表达和创造空间,以满足学生的表现欲,激发他们的想象力和创造力。

(三)交际活动

交际活动的核心是让学生运用所学语言知识真实而自由地交流思想,协同运作共同完成某项任务,目的在于培养学生交际能力。课堂中的交际活动虽然不同于社会生活中的完全意义的交际活动,但它具备基本交际特征,是最高层次的操练活动。由于交际活动具有信息差(information gap),容易激起学生交流的欲望。交际活动可归纳为交流信息活动和表达观点活动。[1]

1. 交流信息活动

交流信息活动即交际双方通过某种形式互通信息以解决某个问题或完成某项任务。这类活动的特点是学生必须对信息有所选择,并在交流信息时做到信息的完整性和正确性。

2. 表达观点活动

在课堂教学中,我们可以就人物性格、人物品质、故事内涵、故事延伸、上下文的逻辑关系及作者的态度等展开 Topic Talk 或 Interview 活动,给学生提供表达观点,开展交际活动的机会。

这些交际活动既交流了信息,拓宽了思路,又培养了学生运用英语进行交际的能力,促使学生积极思考,使学生达到熟练运用语言的目的。

总之,活动是转变教学方式的关键,是课堂教学的精髓。活动是外语教学的灵魂所在,而不仅仅是活跃课堂气氛的装饰品和调味品。教师在教学过程中要掌握技巧,根据不同的课文内容设计出相应的各种活动,让学生在活动中既学到知识又体验到生活的情趣。因此,课堂活动是一门艺术。如何设计好课堂活动是教师在教学中不断探讨和改进的课题。

二、教学活动设计的模式和主要环节

课堂教学活动设计是一项规范性和操作性都较强的行为实践活动。它需要教师从系统理论出发、从全局出发、从促进学生全面发展出发,把握课堂教学设计的理论、原则和方法,熟悉和掌握一系列的课堂教学设计的模式、操作程序和现代教育技术手段。只有这样,才能有效实现课堂教学的目标。

(一)课堂教学设计的模式

一般来讲,教师进行课堂教学设计的主要依据是学生的学习自导能力。我们知道学生

---

[1] Harmer,J.(1983). *The Practice of English Language Teaching*. Longman.

对某一学科的学习都是由开始的陌生,经过产生兴趣、积极参与等环节到最后的熟悉和掌握;学习能力也是随着年龄和知识的增长而不断提高。这其中要经历四个阶段,即学生依赖阶段、学生参与阶段、学生主导阶段和学生自导阶段。这与格罗(G. Grow)提出的依赖、产生兴趣、积极参与和自导学习四阶段有相似之处。基于这四个阶段的划分,我们认为当前课堂教学设计的模式主要有以下四种。

1. 学生依赖-教师主导的课堂教学设计模式

这一阶段的学生在学习上具有很低的自导能力,有较强的依赖性。教师在他们的心中是具有权威的、可信赖的。这种设计模式的主要目的是让学生打好基础,学习基本技能,为进一步的教学做好准备。因此,这种设计模式主要适用于没有基础知识或技能以及没有学习经验的学习者。当前,我国基础教育阶段的学生大多属于这种类型,而且我国传统的教学也大多使用这一设计模式(如图 12-1 所示)。

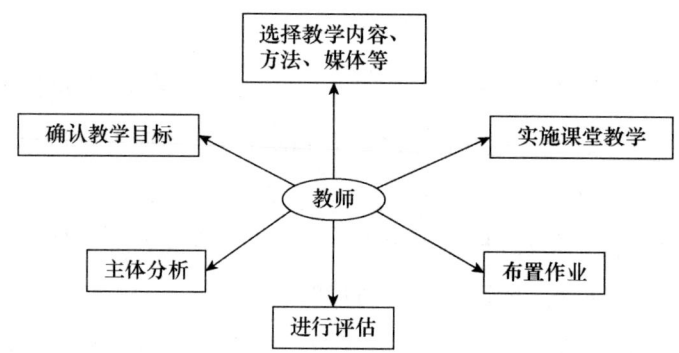

图 12-1　学生依赖-教师主导的课堂教学设计模式

选择这一教学设计模式应当注意,教师主导时不能忽视学生是学习的主体这一理念,在教学设计中应适当地采用引导式、探究式的教学,有意识地培养学生的自主学习意识,对学习上有困难的学生及时提供帮助等。

2. 学生参与-教师引导的课堂教学设计模式

这一阶段的学生能够进行独立的判断,对所学的内容已经开始感兴趣,能够主动配合教师,乐意接受教师安排的任务。在学生心目中,教师是引导者和指挥者。该设计模式的主要目的是进一步激发学生的学习动机和学习兴趣,让学生参与到学习中来。因此,课堂教学设计中各个环节应当由教师来控制,学生应该主动参与(如图 12-2 所示)。

选择这一教学设计模式,学生的学习动机、学习兴趣的激发是非常重要的。因此,教学设计的每一个环节的目的和意义都应让学生清楚,教学的组织形式和方法的选择可以多样化,例如小组合作学习、小组讨论等。

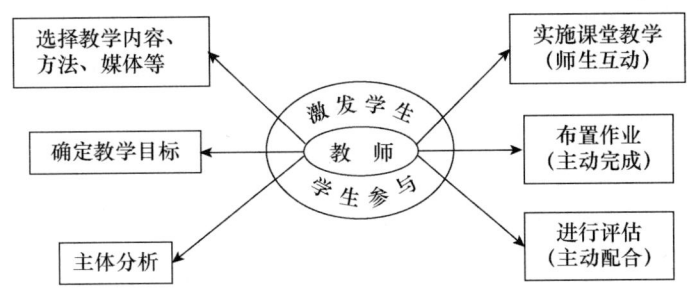

图 12-2 学生参与-教师引导的课堂教学设计模式

3. 学生主导-教师促进的课堂教学设计模式

这一阶段的设计模式,其理念是基于"学生主导,教师为主体"的辩证统一的教学观、独立性与依赖性相统一的学生心理发展观以及"教会学生学习"的学习观。这种设计模式的最大优点是可以提高学生的主体意识和学习的主动性,有利于培养学生的自学能力和学习习惯,易于发展学生的创造性思维,也能更好地适应学生的个性差异,弥补集体教学中难以因材施教的问题等。但是,实施这种教学设计模式的前提是学生需要有一定的知识基础和技能,而且能够把自己看作是教育的参与者。在这种设计模式中,学生是学习过程中的中心,教师处于中心的中间过渡地带,起帮助和促进的作用(如图 12-3 所示)。

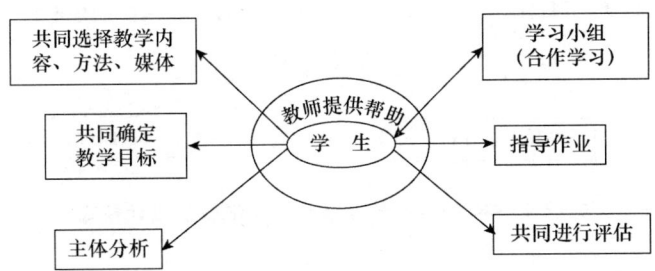

图 12-3 学生主导-教师促进的课堂教学设计模式

选择这一教学设计模式时要注意,教师不再是教学各环节的控制者,而是指导者和促进者。教学设计的各环节主要由学生自主完成,在遇到困难时,教师应及时帮助。此外,采用这一模式,虽然教师只是起点拨、解疑的作用,讲授活动减少了,但对教师主导作用的要求却更高了。如果教师不能做到这一点,学生的主导就会走向自流,这种教学设计模式的优越性也就难以体现出来。

4. 学生自导-教师服务的课堂教学设计模式

学生自导是指在课堂教学过程中以学生自学活动为主,学生控制学习的总过程,处于学习的核心地位,而教师的指导和服务则始终贯穿于学生的自学活动中。其理论基础与建构主义的学习理论和教学理论是一致的。建构主义学习理论主张以学生为中心,强调学生是信息加工的主体,是知识意义的主动建构者;认为知识不是由教师灌输的,而是由学习者在一定的情境下通过协作、讨论、交流、互相帮助(包括教师提供的指导与帮助),并借助必要的信息资源主动建构的。所以,"情境创设""协商会话""信息提供"是建构主义学习环境的基本要素。建构主义的教学理论则强调教师要成为学生主动建构意义的帮助者、促进者,课堂教学的组织者、指导者,而不是课堂的"主宰"和知识灌输者;要求学生主要通过自主发现的方式进行学习。进行这种教学设计模式的前提是学生有很强的自导学习能力,能够客观地评价自己,正确分析目前的需求,对学习目标的设定有深刻的理解,对学习过程中可能遇到的困难有心理准备并能够积极寻求解决办法;能充分利用来自各方面多渠道的学习资源,并作出筛选,能对自己的学习作出自我评价,作出学习步调的调整。因此,这种设计模式主要适合于高年级的学生,如研究生及继续教育和成人教育的学生。不过,在中学临近考试时的复习阶段或对某些教学内容进行复习巩固时是可以选择这种教学设计模式的(如图12-4所示)。

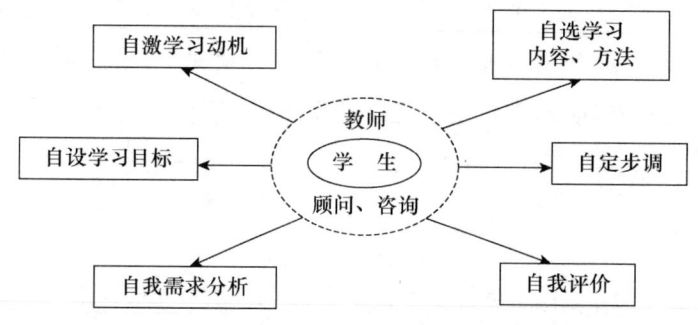

图12-4　学生自导-教师服务的课堂教学设计模式

我们认为在考虑这四种教学设计模式时,不能生搬硬套,应根据课堂教学任务、课程性质、学习对象和学生自学能力等不同情况,采用不同的变式。教学模式不能程式化,最有效的课堂教学设计模式应是一种动态的教学,它的真谛是教学的个性,是学习、汲取古今中外教学设计模式的精粹,熔于一炉,创造教学上独有的"自我"。

知识拓展

罗伯特·加涅是美国教育心理学家。加涅针对将认知学习理论应用于教学过程的研究提出了一种教学策略。加涅认为,教学活动是一种旨在影响学习者内部心理过程的外部刺激,因此教学程序应当与学习活动中学习者的内部心理过程相吻合。根据这种观点他把学习活动中学习者内部的心理活动分解为九个阶段:

引起注意→告知学习目标→刺激回忆→呈现刺激材料→根据学习者特征提供学习指导→诱导反应→提供反馈→评定学生成绩→促进知识保持与迁移,相应地教学程序也应包含九个步骤。

加涅根据这个模型提出九种教学事件的出发点是:按照学习发生的过程来组织教学,外部教学活动必须支持学生内部的学习活动。它们的对应关系见下表:

教学事件	与学习过程的关系
1. 引起注意	接受各种神经冲动
2. 告知学习目标	激活执行控制过程
3. 刺激回忆先前学过的内容	把先前学过的内容提取到短时记忆中
4. 呈现刺激材料	有助于选择性知觉
5. 提供学习指导	语义编码,提取线索,有助于激活执行控制过程
6. 诱导反应	激活反应器
7. 提供行为正确性的反馈	建立强化
8. 评定学生成绩	激活提取,使强化成为可能
9. 促进知识保持和迁移	为提取提供线索和策略

加涅的这九种教学事件又被称为九段教学程序。因为我们可以完全按照这种顺序组织教学活动,并且由于目前被大量应用于讲授式教学,虽然使讲授式教学更科学化,但却使加涅的九段教学程序被误为是以教师为中心教学程序的典型。

(二)教学设计的四个环节

完整的课堂教学设计需要解决好四个基本问题:现在在哪里?要去哪里?如何去那里?是否到达那里了?这是一个完整的课堂教学设计的四个环节,更是四个相互联系、相互制约的逻辑序列,而且每一序列又由许多要素构成。

1. 现在在哪里(起点)

这一环节是教学设计的一个逻辑基点,是进行课堂教学设计的预备阶段和基础。这一环节需要做好两个方面的工作:一是对学生的分析;二是对教师的分析。对学生的分析,首先要分析其学习的需要,目的是发现学生在学习中存在的问题,然后分析产生问题的主要原因并确定在课堂教学设计时解决该问题的方法和途径;分析现有的教学资源及约束条件,以论证解决该问题的可能性;分析问题的重要性,以确定优先解决的课堂教学设计的重点和难点。其次是教师应该充分注意每个学生在参加学习时所具有的一般特点和起点能力,应根据学生的起点能力进行实际的课堂教学设计。对教师本人的分析,则要求教师应了解自己的专业素质和教学能力,包括驾驭教材的能力、语言表达的能力、运用多种媒体组合的教学能力、观察了解学生的能力,以及组织、管理、调控教学活动的能力等。

2. 要去哪里(目标)

这一环节是在上一环节的基础上自然生发起来的一个教学方向,实际上是课堂教学目标的设计。课堂教学目标的设计是课堂教学设计的关键,就是对课堂教学活动预期所要达到的结果的规划。它对课堂教学的发展起调整和控制的作用,制约课堂教学设计的方向。现代课堂教学设计的目标不再是单一的知识目标,而应是由各分目标组合而成的一个多维目标的结合体,包括学科知识目标、能力目标、过程与方法目标、情感态度与价值观目标、探究目标等。在进行课堂教学目标的设计时,我们要考虑在确定一两个目标的前提下,力求实现多个分目标。另外,教学目标的设计要注意面向全体学生。

3. 如何去那里(途径方法)

这一环节是课堂教学设计的核心,主要包括:(1)课堂教学内容的设计,以及对根据教学目标选定的教学内容进行恰当的安排,使之既合乎学科知识本身内在的逻辑序列,又合乎学生认识发展的顺序,从而把教材的知识结构和学生的认知结构很好地结合起来;(2)课堂教学组织形式的设计,即课堂教学是采取合作式、探究式、讲授式还是活动式或其他组织形式;(3)课堂教学方法和媒体的选用设计;(4)课堂教学环境的设计,即考虑如何为学生创造一个良好的课堂教学环境;(5)课堂教学管理设计,即如何应对和控制课堂上的突发事件,如课堂上学生的问题行为等。

4. 是否到达那里了(评价)

这一环节是课堂教学设计的保障,即对课堂教学的评价设计。其主要目的是了解课堂教学目标是否达到,并为课堂教学设计的修正和完善提供依据。

上述四个环节相互联系、相互制约,完整的课堂教学设计过程中的其他环节都是在这四个基本环节的构架上建立起来的(如图12-5所示)。

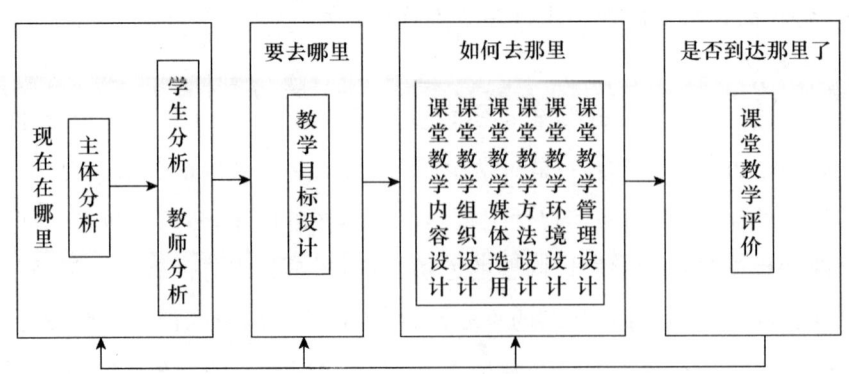

图12-5 课堂教学设计流程

第四节　常见教学活动设计方法

一、词汇教学活动设计

（一）词汇理解教学活动

有些教师通常把教材后面列出的一课书内的生词用 PPT 呈现出来，给出中文，带领学生朗读。这样做简单、省事，但不利于学生有效地理解词汇。

教师可以对生词进行分析、分类后确定教法：词义不会受语篇影响的，如地名、人名、物品名称等直接认知；动词、形容词等词义及搭配直接受到语篇限制的，可以放在语篇中通过各种猜词技巧猜测词义，在此过程中学生为获取词义会认真阅读带有生词的句子，无意中能感知生词在句子中是如何应用的，以及在哪种上下文中使用这个生词。

（二）词汇学习活动的层次性

课堂上词汇学习活动设计要由浅入深、循序渐进、由控制性活动到非控制性练习。

（三）词汇复习的教学活动设计

1. 通过拓展阅读活动

现行教材都是按照话题分单元（模块）编写，有利于学生对相关词汇的认知、记忆和运用。教师要通过广泛的阅读为学生提供更多的学习、巩固词汇的机会。例如，在学习一个主题内容后，就可以给学生留一些同样主题内容语篇的阅读作业，使学生进一步感知和理解相关词汇。教师在用一套教材的同时，还可以挑选其他版本的教材或难度适宜的读物，选择其中具有相同话题内容的语篇作为学生的补充阅读材料。

2. 利用分类

对单词进行分类就是把意思或类别相同或相近的单词放在一起学习。分类的过程也是复习和记忆的过程。把单词进行科学分类，不仅可以帮助记忆，还可以引发联想，激发学生的兴趣。教师可将单词按照话题进行宏观分类，即教师对教材内容进行整合，根据所涉及主题内容，设计利用分类开展的词汇复习活动。

另外，在进行词汇学习活动设计时，教师要注意以下问题。

（1）集中的学习活动时间不宜太长。

与其他有主题内容的学习相比，单纯的词汇学习本身就比较单调，学生就更容易产生厌烦情绪。

(2) 词汇教学要避免罗列词义。

有的教师在词汇学习阶段会将词典中列出来的意思都呈现给学生。由于内容太多，学习结果往往是学生记不住什么。英语词汇中通常是一词多义，在一个语境中一个词只有一个意义；在下一个语境中，同一个词会以另一个词义出现。教师要掌握对词的层次性教学。通过不同语境总结一个词的不同词义，使学生对这个词的记忆不断丰富。

二、听说教学活动设计

《普通高级中学英语课程标准》对高中阶段听、说能力的教学提出了较高的要求，尤其指出听力教学的目的是培养听的策略，培养语感，并特别强调培养学生在听的过程中获取和处理信息的能力；口语技能教学的目的是提高说的准确性、得体性、流利性和连贯性，增强语感。因此，在听说教学活动设计上，可以采用任务型教学法把听说作为一个"大任务"，引导学生将自主学习与合作探究相结合，按照一定模式展开教学。

通常，一个完整的听说教学活动设计可分为三个部分：听前（pre-listening）活动、听中（while-listening）活动和听后（post-listening）活动。教师在设计听说教学活动时，可以依据这三个部分进行。

1. 听前活动

在学生听听力材料之前，通过情景介绍、解释生词、看图讨论和理解话题等活动，导入相关词汇，激活学生大脑中已有的相关背景知识，引导学生对听力材料的联想和推测。所以在听前活动中，学生要清楚听力材料的目的以及要完成的任务。

(1) 头脑风暴（brainstorming）。

教师根据听力材料设定一个明确题目，激发学生的思维灵感，让学生以小组形式，从不同层面、不同角度对相关背景知识进行收集，或对听力材料进行预测。

(2) 词句学习（word-studying）。

在回顾了学过的单词与表达之后，教师要稍微提高难度，说出学生可能不熟悉的词汇，问完之后再作解释，并做相应的跟读练习。

(3) 预测判断（predictions）。

教师根据现有的听力材料，可以结合课本上的图片、提示性短语对话等让学生预测并推断听力材料的内容，并给出理由。如：Try to explain the reason for your decision and predict the general idea of the listening material.

在具体教学中，根据教学内容和实际学情，教师可以选择其中一种或几种。这样不仅能够让学生了解并学习与课文相关的单词短语，还便于调动学生的已有知识储备，激发学习兴趣，更自然地进入要听的话题。

2. 听中

听中环节的主要目的是培养学生听的技能与方法。根据不同类型的听力语篇,通过泛听、选择性听和精听等具体活动形式,来培养学生获取材料主旨大意、捕捉具体信息并积累好词好句的能力。

(1) 泛听(global listening)。

泛听的主要目的是把握听力材料的整体意思,学生需要在听第一遍后获取材料的主旨大意。一般在放录音前提出问题。如:Listen for the first time and answer the following question: what's the main idea of the listening text?

(2) 选择性听(selective listening)。

学生通过选择性听的活动来锻炼自己捕捉材料中具体信息的能力,尤其是培养学生从语言难度略高于其实际水平的材料中选择信息的能力,包括听关键词(key words)、"边听边做"的练习。如:While listening, find out the address, date and type of each activity mentioned in the listening material.

(3) 精听(intensive listening)。

精听活动主要是对所听材料从语言、语法、词汇及语音方面作进一步学习的听力活动,目的是帮助学生充分利用听力材料积累语言知识。此环节可设计的活动有根据所听内容完成包含具体信息的表格,或者设计多项选择题来考察学生是否通过语境理解了日常所需的短语。

3. 听后

听后活动的主要目的在于检查学生对听力材料的理解程度,以及运用所获取的知识解决相应问题。所以此环节的活动多为"输出性"活动。

(1) 讨论概括(discussion and summary)。

以小组活动形式,教师启发学生讨论并概括听力材料的相关内容。例如,针对听力材料中的某一部分内容,学生可以通过讨论,然后对大意进行简要的概括。

(2) 口头表达(oral expression)。

此环节也可采用小组活动,让学生谈论自己的观点,促进学生语言的拓展、知识的迁移和灵活运用。

以上是听说教学的一些常见活动设计。教师可以根据实际情况选择合适的教学活动并在实际教学活动中对学生提出评价,来判断学生是否达到教学目标,从而检验教学活动是否有效。

三、阅读教学活动设计

现有的高中教材中的阅读材料题材广泛,体裁多样,语言地道且知识丰富。阅读课文可以说是培养学生阅读能力的主要渠道。通过对高中英语阅读课堂进行有效的活动设计,引导并组织学生感知、参与、理解并表达课文内容,可以更好地巩固语言水平,拓宽文化知识,提高阅读水平,培养阅读技巧及锻炼学生的综合语言运用能力。阅读活动设计一般可分为三个部分:阅读前(pre-reading)、阅读中(while-reading)和阅读后(post-reading)。根据阅读教学理论,阅读是一个创造性运用语言的过程(杨连瑞,1995)。因此,阅读的前两个阶段可看作对语言材料的初步感知和理解,而第三阶段则是检查学生的阅读效果及运用语言材料的能力。教师应根据实际情况,针对不同的阅读阶段设计不同的教学活动,从而达到较好的教学效果。

1. 泛读——培养阅读速度

教师在培养学生的阅读能力时,泛读是一项重要的任务。泛读即要求学生在短时间内,快速阅读全文,不仅能够找到相关的具体信息,也能对文章大意有初步的判断。此阶段的活动设计可参考以下几点。

(1) 主题引入,激发兴趣。教师可采用头脑风暴、设置悬念、故事导入或图片导入等方式,激发学生已有的背景知识,从而引起学生的阅读兴趣。例如:某单元课文的内容是关于广告,教师可在阅读前收集部分广告作为导入话题,生动形象。

(2) 策略介绍,提升技能。教师可向学生介绍 skimming, scanning 等快速阅读方法和策略,让学生明白可以通过速读快速明确语篇主题、文章结构及确认具体细节。

(3) 预测推断,浅层理解。教师可采用问答题、判断题、选择题等活动形式,鼓励学生通过快速阅读运用阅读策略进行浅层的理解并推断。

2. 精读——培养阅读理解能力

阅读语篇的关键在于理解语篇。学生在快速阅读后对文章有了浅层理解,要接着进一步学习文章内容,吸收信息,进入深层理解环节。在此阶段,教师可设计一些理解性练习活动,引导学生在有生词的情况下,学习并操练与阅读相关的方法和技巧,检查学生是否理解文章,以及是否可以通过上下文推断出某些生词的意思,捕捉有关信息,理解篇章结构及更深层次的意义等。主要活动设计可参考以下几点。

(1) 多种阅读方式并行。教师可让学生采用全文阅读、逐段阅读或者合段阅读等方式,在阅读过程中,也可训练阅读策略,或者通过笔记摘录(note-taking)、填表(form-filling)等活动使学生更具体更全面地获取文章有关信息或细节,培养学生的信息处理能力。

(2) 检测理解。可采用问答、判断、讨论、选择、配对等检测形式,让学生去抓住文章的主题句或关键句;或者让学生通过给出的大意找出相应的段落;或者让学生自己划分段落并说出大意。

(3) 阅读评析。此环节可让学生发表自己对于文章的理解,教师点评或者师生讨论等形式。

3. 读后——培养语言运用能力

随着学生对文章理解的深化,教师需要检测学生对文章的理解程度及对语言知识的掌握。通过阅读,学习语言知识,提高语言运用能力,从而提高语言表达能力。最直观的检测方式就是学生的输出。所以此环节的活动设计的中心应放在学生身上。

(1) 问题讨论,深化记忆。学生可以以小组活动形式,讨论文章中相关话题,要求用完整的句子来回答,口头、笔头均可。此活动应注意的是,所设计的问题要与学生的实际水平相当,并是学生较为熟悉的问题,从而激发学生的兴趣,以免造成"冷场"的情况。

(2) 复述改写,提升能力。不论是复述还是改写,都是基于对阅读语篇全面理解,充分利用课本提高口头、笔头语言表达能力和语言驾驭能力。在形式上,学生可以按照时间线索、图表内容进行复述,或者根据已有材料,将课文续写,等等。

(4) 阅读是一个综合过程,阅读能力的提高更是一个循序渐进的过程。阅读材料的不同或者是学情的不同对于阅读活动的设计也有不同的要求。所以这就要求教师要结合实际情况,设计有效的阅读活动,有选择地灵活结合,真正激发学生的阅读动机和兴趣,培养良好的阅读习惯,提高阅读能力。

本章知识结构

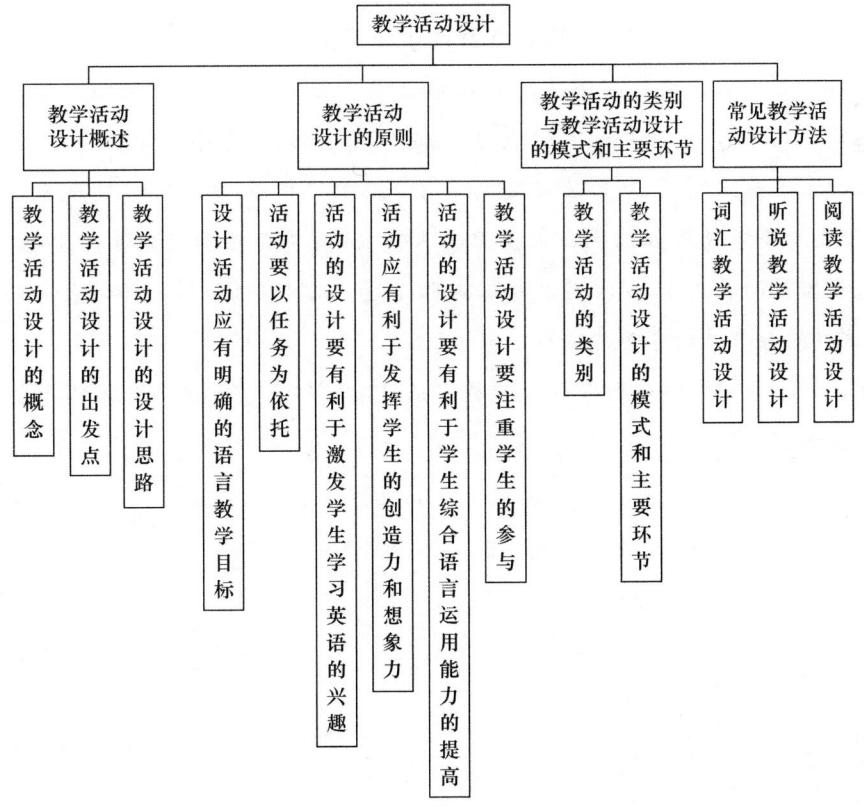

本章小结

本章对教学活动的设计进行了详细的介绍,共由四部分组成。第一节是教学活动设计的概述,包括教学活动设计的概念、出发点和设计思路。第二节是教学活动设计的原则。第三节是教学活动的类别与教学活动设计的模式和主要环节。第四节为常见教学活动设计方法,包括词汇教学活动设计、听说教学活动设计及阅读教学活动设计。

备考指南

复习此部分时,首先要明确教学活动和教学活动设计的概念,了解其类别与设计模式和主要环节。然后记住教学活动设计的六原则并对常见的教学活动设计方法有所把握。

自测训练

1. 有效英语课堂教学活动设计的原则有哪些?
2. 词汇学习活动设计要注意的问题有哪些?
3. 分析案例题

小组合作活动要注重实效

小组合作学习是新课程积极倡导的有效学习方式之一,有效的小组合作学习可以加大学生语言实践量,提高学生运用语言的能力,促进互相帮助、培养团队意识。然而,当前小组合作学习表面上看热热闹闹,实际上普遍存在着只有其"形"而无其"实"的现象。教师在发出指令后,便无所事事或象征性地在教室里走来走去,显得茫然和空虚。课堂也确实很"热闹",但在缺乏监控的状态下,很多学生感兴趣的不是语言本身,而是合作学习时的自由和无序。因此,这样的合作是流于形式的。

教师在设计小组讨论这一教学活动过程时应注意哪些事情?可以采取哪些措施来使课堂教学活动更加有效?

第十三章　学习评估活动设计

> **考纲内容**
>
> 能够根据教学内容和教学过程,设计有效的学习评估活动。

> **考纲解读**
>
> 根据大纲要求,本章内容多以教学设计题的形式进行考察,要求教师了解对教学设计的评价标准,从而设计更合理更有效的教学与评价活动。

第一节　教学设计评价的内涵

一、教学设计评价的概念

对教学设计进行评价是教学工作的重要组成部分,是在教学领域中进行科学管理的重要手段,同时也是合理地展开教学评价活动时提高教学质量的有效保证。

教学设计评价隶属于教学评价范畴,实质上是从结果和影响两个方面对教学活动给予价值上的确认,是教学设计趋向完善的重要环节。同时,进行教学设计评价还可以引导教学设计工作沿着实现预定目标方向进展。

教学设计的评价维度至少需包含两部分内容,即教学设计方案和教学资源。在进行教学设计评价时,首先要有一定的评价目的和原则,之后则可从教学设计成果的评价内容和指标进行分析。其次,要进行对教学设计的评价,还必须有统一的评价指标,这是教学设计成果评价的首要条件。

从狭义上看，教学设计的评价也是指对教学设计方案进行形成性评价。一般情况下，在教学设计方案推广应用之前，需要对其进行评价修正。其具体过程为：先在一个小范围内进行试用待评价的教学设计方案，以了解该方案的可行性、实用性、有效性等。如发现有缺陷，则予以修正。然后再次试用修改后的方案，将发现的新的不足之处再进行修正。此后可能需多次重复此过程，直至满意为止（徐英俊，2001）。对教学设计方案如此反复的修改评价，旨在提高教学设计的质量，以保证获得最优的教学效果。除此之外，对教学设计方案的评价也有助于设计人员反思自己的设计过程，尽可能避免一些由于设计上的疏漏而导致试用效果不理想的问题。

二、教学设计评价的内容

对教学设计评价的内容主要包含三方面，课堂教学设计方案的评价、课堂教学的评价和教学资源的评价。①

1. 课堂教学设计方案的评价

教师上课过程中，离不开教学设计方案，就是我们通常所说的教案，教学设计方案是对整节课的教学进行的系统规划，通常包括教学内容、教学目标、学习者特征分析、教学资源和工具的设计、教学过程的设计（包括教学模式与教学策略的选择）、教学评价的设计和反馈设计，以及总结和帮助。

从上述评价内容可见，传统的评价课堂教学质量的指标很多，但是教学设计的最终目的在于有效地促进学生的学习。因此，一个教学设计方案的优劣，必须通过实施，从教师的教与学生的学两个方面进行综合评定，才能对设计的教学方案进行比较全面、准确的评价。

2. 课堂教学的评价

课堂教学评价是根据教育目的和教学评价标准对一节课中教学的活动和效果进行价值上的判断。制约课堂教学效果的基本因素大致包括教学目标、学生、教师、教材、教学方法和管理，对课堂教学的评价即对这些基本因素分别进行评价。它在整个教学评价中具有非常重要的意义。

第一，课堂教学是学校教学活动的基本组织形式，教学质量能否提高主要靠课堂教学。课堂教学质量的好坏直接关系学校教育质量的高低，因此在教学评价中必须重视课堂教学评价。

第二，课堂教学是由教师、学生、设备、教法等诸多要素组成的师生双边活动，这些要素都是课堂教学评价的内容。通过课堂教学评价即可反馈出诸要素在一节课中的相互作用、影响和制约，从而为研究课堂教学合理结构、帮助教师改进教学和提高课堂教学质量提供科学依据。

---

① 王升. 教学设计法[M]. 石家庄：河北人民出版社，2005.

第三，课堂教学是几百年来世界各国亿万教师都实践过和正在实践的工作，是教育工作的前沿和主要阵地。改革课堂教学在整个教育改革中占有重要的地位，必须认真研究这一重大问题，开展课堂教学评价，制定体现改革方向的评价标准，使广大教师按标准要求上课，通过评价把教学改革引上正确的轨道。

3. 教学资源（教学媒体——电子教材或课件）的评价

随着现代科学技术的飞速发展，教学媒体愈来愈广泛地应用于教学实践。在确定了教学内容、学习目标、教学活动和教学方法之后，教师要考虑采用何种媒体来传递教学信息。同时为了使媒体的应用更具体、更有效，教师也有必要对教学媒体进行设计。因此有必要对教学媒体设计的教学指标项进行客观评价。

一份完整的媒体素材清单及多媒体资源指应提供教学涉及的各类媒体素材清单，如投影、幻灯、挂图、模型、计算机软件等。

三、教学设计评价的目的

1. 有利于教学工作的科学性

教学设计评价是对内部需要或外部需要运用科学可行的评价方法，对教学过程和教学成果给予价值上的判断，为提高教学质量提供可靠的信息和科学依据。

2. 有利于教学理论与实践相结合

教学设计评价是按照教学目标进行的，明确教学目标是搞好教学设计评价的前提。如设计分析教学内容时，在对学习任务进行了选择、组织和分类之后，需要对所选内容进行一次初步评价。又如，当建立起教学目标体系后，往往应该马上进行目标价值的判断，使之能够成为以后教学成果的科学基准，从而把已有的教学理论和研究成果运用于实际教学中，充实和完善教学理论，这样一来，就把教学理论与教学实践紧密地结合起来了。

3. 有利于科学思维习惯和能力的培养

从现代教学管理和教学评价的现状和发展趋势看，积极开展科学的教学设计评价对于增强教学管理效能、提高教学质量、加强教学研究、全面贯彻教育方针、培养合格人才都有十分重要的意义。教学设计要以评价反馈为途径来检验计划并不断修改完善计划、方案，使教学设计及成果更趋有效。可以说，没有评价环节，教学设计过程就会缺少一种重要的内部动力，教学设计成果也难以达到真正完美。因此，通过学习和运用教学设计评价，可以培养科学思维的习惯，提高人们科学地分析问题、解决问题的能力。

四、教学设计评价的原则

为了做好各种教学评价工作，必须根据教学的规律和特点，确立一些基本的要求，以此作为评价的指导思想和实施准则。具体来说，教学评价应贯彻以下几条原则。

1. 客观性原则

客观性原则是指在进行教学评价时，从测量标准和方法到评价者所持的态度，尤其是最终的评价结果都必须以客观事实为基础，严格执行评价标准，不能主观臆断或掺入个人情感。因为教学评价的目的在于给学生的学和教师的教以客观判断，如果缺乏客观性，不仅会完全失去意义，甚至还会提供虚假信息，从而导致错误的教学决策。因此，客观性原则对于教学评价至关重要。

2. 整体性原则

整体性原则是指在进行教学评价时，要注意影响教育质量的各方面因素及相关联系，从而进行多角度、全方位的评价，而不能以点带面、以偏概全，更要抓住主要矛盾，进行系统性的评价。由于教学系统的复杂性和教学任务的多样化，使得教学质量往往从不同的侧面反映出来，表现为一个由多因素组成的综合体。因此，要真实地反映教学效果，必须把定性评价和定量评价结合起来，使其相互参照，以求全面准确地判断评价客体的实际效果。但同时又要把握主次、区分轻重，抓住主要问题，在决定教学质量的主导因素和环节上下功夫。

3. 指导性原则

指导性原则是指在进行教学评价时，不能就事论事，而应把评价和指导结合起来。对评价结果进行认真分析，从不同角度查找因果关系，确认产生的原因并通过及时的、具有启发性的（非行政命令性的）信息反馈，使被评价者明确今后的努力方向。

4. 科学性原则

科学性原则是指在进行教学评价时，必须建立在科学的基础上，要从教与学统一的角度出发，以教学目标体系为依据确定合理统一的评价标准，认真编制、预试、修订评价工具，在此基础上使用先进的测量手段和统计方法，依据科学的评价程序和方法对获得的各种数据和资料进行严谨的处理，而不是靠经验和直觉进行主观判断。

第二节　教学设计评价的设计

对教学设计的评价，实际上也是指对教学设计方案进行形成性评价。教学设计的形成性评价是指在教学设计使用过程中，对其可行性、适用性、有效性等情况进行反思性的总结和修正，以保证在以后的教学中获得最优的教学效果。

对教学设计方案的评价，随所涉及教学内容的类型不同而有不同的评价设计要求[①]。

---

① 王凤喜，赵春雷. 新课程的课堂教学设计[M]. 哈尔滨：哈尔滨地图出版社，2006.

第十三章
学习评估活动设计

一、对以陈述性知识为教学内容的教学设计的评价设计

在以陈述性知识为教学内容的教学中,最主要的教学目标就是促使学生将新知识纳入原有的知识体系,形成合理的知识结构。成功的陈述性知识教学能吸引学生的注意力,引发学生有意义的学习。学生注意到学习内容,唤起原有知识,并贮存新知识,建构新的知识结构。

在对陈述性知识教学设计进行评价时,应该注重侧重以下四个教学环节,即原有知识的激活、教材的组织与呈现、促使知识的理解以及指导复习、促进知识的巩固。

教学的前、中、后过程是不一样的,所以设计的评价也应当是有所不同的。

1. 教学前评价

教学前可以用评分表对教学设计进行评价。教师可以在授课前评估新知识是否有意义,是否提供了将新知识与原有知识相联系的策略,是否用列表、大纲等形式将新知识分类,是否为学生对新知识进行精加工并提供了足够的练习,反馈是否包括对判断标准的说明,巩固练习时是否包括提高兴趣、记忆效果的策略。

2. 教学中评价

在课堂教学中,教师主要采用课堂观察技术来了解教学是否为学生的有效学习提供了外部条件。在陈述性知识的教学中,清晰的板书、恰当的引导性问题等都会直接影响学生的学习,教师要随时关注自己的教学是否满足了陈述性知识教学的要求。

3. 教学后评价

课后的教学评价设计主要是参与评课和教学反思两种形式,教师可参考从激活原有知识结构、信息呈现和巩固活动三方面进行评价。

二、对以智慧技能为教学内容的教学设计的评价设计

当新知识进入学生原有的知识结构网络,经过在多种情境中进行练习,这个新知识就转化为按某种规则或程序顺利完成任务的能力或技能。相对应的教学就要保证学生掌握所教的新知识并把掌握的新知识转化为智慧技能。对以智慧技能为教学内容的课堂教学设计的评价设计可参考以下几个方面。

1. 能力起点

新信息的呈现,是否使学生回想起了他们原有的知识起点?是否提供了建立先决技能和新技能之间的联系?是否将新概念和规则以有组织的形式呈现?概念的特征、内涵、例子能否描述或阐释清楚?是否提供了如何用规则和概念来判断例子的标准?

2. 变式练习

规则的应用过程是否描述或阐释清楚？规则的例子是否包括明显无关的特征？概念的正反例是否足够？例子是否从简单到复杂、从不熟悉到熟悉？

3. 练习

练习是否反映了智慧技能的运用？反馈是否提供了足够的信息或例子？

三、对以认知策略为教学内容的教学设计的评价设计

认知策略与智慧技能的学习本质是相通的，两者的教学评价也大体相同。但认知策略与智慧技能在教学过程方面还是有一定差异的。认知策略教学的第一阶段是知道这个认知策略是什么、有什么功用、包含哪些具体的操作步骤；第二阶段是结合这个认知策略适用的情境，对如何运用这一策略进行练习，逐步达到能够熟练甚至自动地执行认知策略的操作程序；第三阶段是清晰地把握策略适用的条件，知道何时、在什么地方使用这一策略，并主动运用和监控这一策略的使用。教师可以分别从这三个阶段进行全面、准确的教学评价，而且认知策略的教学要更重视应用环节。

与智慧技能相比，认知策略很难在短时间内教会，而且更需要反省认知。要重视分析教学是否能很好地维持学生的学习动机，大量的认知策略也具有情境性。

第三节 教学设计评价指标

进行评价必须有一个比较统一的指标。美国教育评价专家米德尔提出学校评价的两个要素：第一，必须具有对标准、准则或教育质量特征的描述；第二，必须具有一个程度恰当的判断，以判断学校符合这些特征、准则和标准的程度。确定统一的指标是教学设计成果评价的首要条件。教学设计是一个整体的过程，包含有很多步骤，它的成功与否直接体现在教学设计的成果当中。因此，我们要评价教学设计，就应该由成果入手。由于教学设计的成果较多体现在课堂教学和教学材料中，这里将主要介绍这两类教学设计成果的评价指标。

一、教学设计方案评价指标

教学设计方案是教学设计过程中各要素分析和设计的外化成果，通常包括课程标题和概述、教学目标阐述、学习者特征分析、教学策略选择、教学资源和工具的设计、教学过程设计、学习评价与反馈设计、总结与帮助等内容。对教学设计方案的评价有助于设计人员反思自己的设计过程，尽可能避免一些由于设计上的疏漏而导致试用效果不理想的问题。教学

设计方案的评价可以从教学设计方案的完整性和规范性、可实施性、创新性等几个方面来进行。

(一) 完整性和规范性

一份规范的教学设计方案必须体现一个完整的教学设计过程,所以必需的环节应明确写出,而且要前后一致,是一个整体的解决问题方案,而不是各个要素的简单堆砌。目前通用的规范的教学设计方案须包括以下内容。

1. 教学目标的阐述

确定的教学目标要体现新课程标准的理念,不仅反映知识和技能、过程与方法、情感态度与价值观三个维度的目标,而且能体现不同学习者之间的差异;目标的阐述清晰、具体,不空洞,不仅符合学科的特点和学生的实际,而且便于在教学中进行形成性评价。

2. 学习者特征分析

从认知特征、起点水平和情感态度准备情况以及信息技术技能等方面详细、明确地列出学习者的特征。

3. 教学策略选择与活动设计

多种教学策略综合运用,一法为主,多法配合,优化组合;教学策略既能发挥教师的主导作用,又能体现学生的主体地位,能够成功实现教学目标;活动设计和策略一致,符合学习者的特征;教学活动做到形式和内容统一,既能激发学生的兴趣,又能有效完成教学目标;恰当使用信息技术;活动要求表述清楚。

4. 教学资源和工具设计

综合多种媒体的优势,有效运用信息技术;资源在教和学中发挥重要作用。

5. 教学过程设计

教学思路清晰(有主线,内容系统,逻辑性强)、结构合理;注重新旧知识之间的联系,重视新知识的运用;教学时间分配合理,重点突出,突破难点;有层次性,能够体现学生的发展过程。

6. 学习评价和反馈设计

有明确的评价内容;有合理的习题练习,练习的内容、次数比较合理,有层次性,既能落实双基要求,又注重学生应用知识解决问题能力的提高;注重形成性评价,提供了评价工具;针对不同的评价结果提供及时的反馈,而且以正向反馈为主;根据不同的评价信息,明确提出矫正教学行为的方法。

7. 总结和帮助

对学生学习过程中可能会出现的问题和困难有所估计,并提出可行的帮助和支持;有完整的课后小结；总结有助于学生深入理解学习的主题，重点关注潜能生的需求。

（二）可操作性

评价一个教学设计方案的优劣，还应从时间、环境、师生条件等方面来考虑其是否具有较强的可操作性。

1. 时间因素

即运用此方案于教学时，所需时间为多少，包括教师的教学时间、学生的学习时间等。教师的教学时间应考虑到教师布置给学生的作业量，教学占用学生的课外时间量等。

2. 环境因素

对教学环境和技术的要求不高，可复制性较强。

3. 教师因素

方案简单可实施，体现教师的教学风格、特点及其预备技能。

4. 学生因素

针对学生的情况，对学生的预备知识、技能以及学习方法等方面的要求比较合理。

（三）创新性

既能发挥教师的主导作用，又能体现学生的主体地位；教法上有创新，能激发学生的兴趣；有利于促进学生高级思维能力的培养；体现新理念、新方法和新技术的有效应用。

二、课堂教学评价指标

课堂教学评价指标体系是评价课堂教学的依据和尺度。建立科学可行的课堂教学评价指标体系是提高课堂教学评价质量、增强评价的有效性和可靠性的重要保证。建立课堂教学评价指标体系必须依据教育目标、学科教学要求、先进的教学思想和教育评价原则，将课堂教学评价的内容以不同的指标和评价标准体现出来，并根据各指标的重要性程度赋予一定的权重，规定一定的分值，形成一个指标体系，为课堂教学评价的实施提供良好的基础。

制约课堂教学效果的基本因素大致包括教学目标、学生、教师、教材、教学方法和管理。现将由这些因素引发出来的评价指标分述如下。[1]

（一）与目标因素有关的指标

与目标有关的指标一般分为知识、技能和情感三个方面，在知识和技能方面又通常根据文理科提出不同的要求。

英语作为文科，也有知识和技能两方面的目标要求。在我国，对文科知识学习的评价一

---

[1] 王丽娟.教学设计[M].海口：南海出版公司，2003.

般分为理解和能力这两个层次。理解方面包括叙述和说明两个层次。所谓叙述,是对课文中的目的、表现和实现条件的各部分做到清楚分析;说明是提根据目标要求,运用有关背景知识达到理解课文。能力方面包括观察能力、资料或用能力和思维能力。所谓观察能力,是指能从观察中指出些什么并在此基础上又能进一步提出问题、探索新问题;所谓资料运用能力,表现为会不会把一堆凌乱的资料加以分类或将已有的资料用于实际;所谓思维能力,是指能确定概念内涵或概念之间的关系,能把事实或要领组成一个整体,能从表面现象推导出事物的本质特点。

在情感方面,突出表现在对所学课程的态度上,分为接受、反应和追求三个层次。所谓接受,是指学生能从众多背景事物中关注到某一对象,如表现为有控制、有选择地注意教学内容,并对学习有了主动性。所谓反应,是指学生能积极参加活动,并且以某种方式做出反应,往往会经历默许、主动反应、在反应中感到满意三个阶段。所谓追求,是指学生有了自己的主张,并主动为之争取,依次表现为对接触的事物做出自己的判断、对所追求的对象采取自觉行动、对所追求的事业满怀信心并积极奋斗。

(二) 与学生因素有关的指标

从学生角度进行评价,需要考虑的是学生在通过新的教学设计方案的教学后认知、情感及动作技能方面的达标程度。美国教育心理学家加涅·布鲁姆等人提出学习结果和学习目标的分类体系,从那里可以直接推衍出对学生上述三个方面进行评价的指标。例如,对认知领域的评价,可根据具体学科的特点设定不同的层次。

另外,教师也可以从学生在课堂上的表现来分析学生对新方案实施的反应。

首先,教师可以从表情上分析学生对讲课内容和速度的适应性。例如,与教师讲解速度能否同步,对讲解内容是否费解等。这些情况在全班学生中各有多少人?所占比例如何?

其次,可以从课堂提问中分析学生对功课的理解程度。例如,学生对所提问题的最初反应是热烈、高兴、很快举手,还是不很主动但做了思考,或是不理会、回避甚至恐惧?学生回答问题时的反应是思路敏捷、叙述流畅、答案正确,还是表达了思想但答案不完全正确,或是思路不畅、叙述不清、回答错误?这些情况在全班学生中各有多少人?所占比例如何?

最后,可以从课堂秩序上分析学生对学习的注意或投入程度,学生是否有学习的需要和要求,学生是否乐意在教师的指导下学习。例如,学生是积极主动地围绕教师的讲解和提问进行思考?在良好的秩序下互相讨论,还是虽然气氛平静,但注意力不完全和讲课同步,或是不太安静,有各种各样注意力涣散的表现?

(三) 与教师因素有关的指标

首先是教学能力方面,可以从讲述内容中判断教师的专业水平,从选用材料上判断教师吸收、处理和传递知识的能力，从讲授的准确程度和严谨情况上判断教师的逻辑思维能力，从讲解时能否随机应变判断教师对学生反应的敏感程度和及时调整能力，从教学全过程的整体素养上判断教师是否经过系统的教师教育训练。

其次是与教学方法有关的指标。在教学方法方面，要判断所选用的教学方法是否有助于培养逻辑思维能力，能否有效地培养学生的创新精神和实践能力。

最后是教学行为方面。从教态是否自然、大方、亲切，评价者可以判断师生感情的融洽程度和教学气氛的和谐程度；从语言是否生动流畅、文字是否规范简明、板书是工整美观判断教师的教学基本功。此外是心理特征方面。从学生对教师的角色期望，评价者可以衡量教师所具有的心理品质。

（四）与教材因素有关的指标

与教材有关的指标可以从教材体系与学生实际水平之间的差距弥合程度判断其是否符合教学目标，教学内容是否吸收了本领域的最新成果，反映了学科发展的最新动态；是否有助于培养逻辑思维能力，从授课过程中判断是否精选了教材，选材是否根据学生的兴趣和学科的特点，是否对日常生活有实用价值；从讲授的内容上判断知识体系是否完整，条理是否清楚，层次是否分明，是否注意到了前后呼应和触类旁通；从教材难易程度上判断重点是否明确，难点是否可被解决。

（五）与教学方法和管理因素有关的指标

在教学方法方面，要判断所选用的方法和策略是否符合学生的特点，能不能维持学生的注意力和兴趣，能不能促进学生的理解和记忆，对排除影响教学顺利进行的智力障碍和情绪障碍有没有好处，能给学生带来多大的满足感等。

在教学管理方面，要判断学生是否有学习的需要和要求；学生是否乐意在这位导师的指导下学习；课堂秩序是否稳定，纪律是否严明；对偶发事件是否处理得当等。

三、教学材料评价指标

（一）教学媒体（电子教材或课件）

因数字媒体技术发展迅速，现今教学中引入了大量媒体助力用于教学，而电子教材及课件如今已成为教学材料中重要的组成部分。为了使其应用更有效，教师也应对教学媒体材料进行设计，因此也就有必要对教学媒体的应用进行评价。对电子教材或课件的评价可参考以下原则。

1. 教学适应性

评估教学内容、知识层次、内容组织和表述水平适合教学对象的程度。测量依据为电子教材或课件对应的教学大纲、教学对象的层次和知识水平确定,按正常教学过程其教学内容及其组织结构与教学大纲、教学目标和教学对象的匹配程度。

2. 认知规律性

评估教学内容、组织和表述遵循系统性和循序渐进教学原则的程度。重点测量电子教材或课件讲授知识体系的理论性、逻辑性和完整性、学科发展的规律性以及教学的启发性,从而保证教材符合学生的认知规律。

3. 结构合理性

评估教学内容组织结构的合理程度。

4. 生动趣味性

知识表述生动趣味的程度,是否可激发学生的学习动机和学习兴趣,是否有利于引起和保持学生的学习注意力。

5. 科学先进性

评估所有文字和多媒体表述的准确性,学科知识的科学性,学科思想观点的正确性,适当地将最新的学科研究和发展成果引入电子教材或课件的水平,在知识表述和教学设计方面借鉴最新教学研究成果的水平。

6. 思想正确性

主要评估教学内容是否符合辩证唯物主义,弘扬民族文化精华,无政治性和政策性错误,以及是否有利于培养学生辩证唯物主义的科学思想观点和形成正确的世界观。

7. 教学交互性

评估所具有的交互程度及其质量水平。人机对话是电子教材和课件的主要特点之一,应遵循教师的主导型和学生的主体性相结合的教学原则。对于学生来说,电子教材及课件应具有个别化教学和程度化教学的功能,即通过交互学习及时给学生提出指导性建议,从而实现不同智力水平和不同背景知识的学生其学习路径有所不同的要求。这就要求评估人员评测电子教材及课件是否具有学生可与其不断对话、交流的功能和水平。在整个教学过程中,学生参与的程度需要考虑以下因素:学生是否可以思考、回答、提问甚至进行讨论?因此,电子教材及课件的设计应能接近或达到教师与学生面对面教学的情境。

8. 发言人反馈性

评估电子教材及自测题、每章节习题和思考题的质量,以及学生在自我评估学习效果时的提示和反馈程度,从而测试学生在学习过程中掌握知识的程度和水平。

9. 文字与图表

评估电子教材及课件在计算机屏幕中所出现文字和图表的规范性。电子教材及课件具有丰富的色彩,这就需要评测文字和图表色彩的前景和背景颜色搭配合理,便于阅读,不致伤害学生的视力，引起疲劳。

10. 音频、视频素材

评测音频和视频素材符合教学要求的程度。本指标侧重于从教学的角度评测音频、视频、播音、讲解、配音和对白水平，评测视频录像的摄编和动画制作是否符合电教片制作要求和规范，音频视频素材是否准确、科学地表述所要教授知识的水平等。

（二）其他教学材料

教学材料的范围广泛、种类繁多。目前，教育技术界比较关注的是多媒体教材。这类教材包括录音教材、幻灯教材、影视教材以及计算机多媒体课件。对于这类教材，我国通行所谓"五性"的编制原则，它们实际上也是评价这类教材的基本标准。

1. 教育性

看其是否能用来向学生传递教学大纲所规定的教学内容，为实现预期的教学目标服务。

2. 科学性

看其是否正确地反映了学科的基础知识或先进水平。

3. 技术性

看其传递的教学信息是否达到了一定的技术质量。

4. 艺术性

看其是否具有较强的艺术表现力和感染力。

5. 经济性

看其是否以较小代价获得了较大的效益。

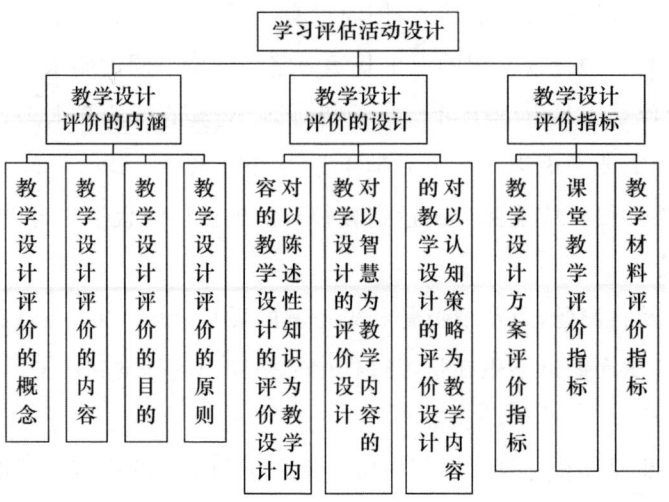

本章知识结构

第十三章 学习评估活动设计

本章小结

　　本章的重点在于对教学设计评价的内容、目的和原则的掌握和理解,难点则是如何针对不同教学内容设计教学评价。在学习本章时,应注意以下几个问题:熟悉教学设计评价的内容、目的和原则;针对不同教学内容进行教学评价设计;深入理解教学设计的评价指标以完善自己的教学评价设计。

备考指南

　　本章内容主要包括教学设计评价的内涵和具体的教学设计评价。所以在备考时首先要熟悉并理解教学设计评价的内容、目的和原则。在此基础之上,能够针对不同教学内容进行教学设计评价,且能够在深入理解教学设计的评价指标的前提下,设计并完善教学评价。

链接阅读

教学艺术风格

　　"风格"一词,中国古代是指人的风度和品格。"风"是风采、风姿,指人的体貌;"格"是人格、德行,合起来是对人的品貌的全面评价。《现代汉语词典》对"风格"一词的解释为"气度;作风"和"一个时代、一个民族、一个流派或一个人的文艺作品所表现的主要的思想特点和艺术特点"。现在,"风格"一词被广泛地用于一切艺术领域,用以说明艺术作品达到高度成功时才具备的重要标志。当艺术作品具备独树一帜的风格时,才能产生积极的社会作用和不朽的艺术魅力。而每一个成熟的艺术家,也都有自己独特的艺术风格。例如,我国京剧历史上的"四大名旦",梅兰芳的雍容华贵,程砚秋的深沉委婉,荀慧生的俏丽清新,尚小云的刚劲洒脱等,无不各有神韵、风格迥异、自成一家。

　　所谓教学艺术风格,则是指教师在长期教学艺术实践中逐步形成的、富有成效的、一贯的教学观点、教学技巧和教学作风的独特结合的表现,是教学艺术个性化的稳定状态的标志。只有在教学领域里善于总结、反思、摸索教学规律的教师,才会形成独具特色的教学艺术思想。教学艺术风格是教师创造性活动的结果,也是教师教学艺术上成熟的重要标志。[①]

[①] 杨连瑞,肖建芳.英语教学艺术论.南宁:广西教育出版社,2003.

知识拓展

评课报告：

在听课评课后，听课教师常常需要收集和分析评价资料，然后需提供一份书面的形成性评价报告，此报告应包括：

1. 教学设计方案的名称；
2. 教学设计方案的试用宗旨；
3. 教学设计方案的试用范围；
4. 教学设计方案的试用要求；
5. 教学设计方案的评价项目；
6. 教学设计方案的评价；
7. 教学设计方案的改进意见；
8. 教学设计方案评价者的姓名、职称；
9. 教学设计方案的评价时间。

除此评价报告外，还可附上评价数据概述表、采访记录、有关分析说明等分析材料。

自测训练

1. 教学设计评价的主要内容包括(　　)。

   A. 教学设计方案　　　B. 教学资源　　　C. 课堂教学

2. 教学设计评价的目的有(　　)。

   A. 培养科学思维习惯和能力

   B. 教学理论与实践的结合

   C. 考察学生学习能力

3. "评价以陈述性知识为教学内容的教学设计时，可用统一评价标准。"这句话是(　　)。

   A. 正确的　　　B. 错误的

4. "教学评价应遵循主观性原则，评价教师应根据丰富的经验对教学设计进行点评"，这句话是(　　)。

   A. 正确的　　　B. 错误的

5. 当对以智慧技能为教学内容的教学设计进行评价时，应考虑(　　)。

   A. 能力起点　　　B. 教材的组织与呈现　　　C. 变式练习与练习

模块四　教学实施与评价

第十四章　高中英语课堂教学的基本步骤与方法

考纲内容

1. 掌握英语课堂教学的基本步骤与方法，能够创设教学情景，激发学习动机，引导学生参与语言学习活动。

2. 掌握指导学生学习的方法和策略，能依据英语学科和学生的特点，根据教学实际情况，恰当地运用语言讲解、练习、提问、反馈等方法，帮助学生有效学习。

3. 掌握课堂管理的基本方法，熟悉课堂活动的常用组织形式，能在教学活动中以学生为中心组织教学，能在课堂教学的不同阶段发挥教师的作用。

4. 掌握课堂总结的方法，能适时地对教学内容进行归纳、总结与评价，科学合理地布置作业。

考纲解读

本模块在考试当中多以教学情境分析题和教学设计题等形式出现。重点考察考生综合分析、评价方面的能力。本方面题目比较灵活，考生自我发挥空间较大。根据考纲要求，考生在本章需要掌握英语课堂教学的基本步骤和方法，能够创设教学情境，激发教学动机，引导学生参与语言学习活动。

第一节　英语课堂教学的基本实施步骤

一、课前备课

（一）备课的含义和意义

《中国大百科全书·教育卷》中给备课下的定义是"教师在上课前的教学准备"。但是

"上课前的教学准备"并不仅仅是本节课的准备。它指的是教师在课程实施前对课程的一个整体的设计。《中国大百科全书·教育卷》对备课的解释是：教师备课，一般包括钻研教材、了解学生、组织教材和选择教学方法等工作，此外还要准备有关的教具和设计板书，等等。

（二）备课的形式

备课可以分为个人备课和集体备课两种形式。要使教师的个人备课起到提高教学质量、激发学生学习热情的目的，教师就需要在教材的把握、教案的准备、教学设计、课程设计、课后反思等多个方面更加认真自信地钻研。新课程改革在倡导学生合作学习的同时，也要求教师合作探究，形成研讨氛围，发挥集体备课的优势。因此，集体备课在教师中间越来越流行。年轻教师相对来说有更多新的观念和教学方法，老教师有更加丰富的授课经验。在集体备课时，大家可以取长补短，充分发挥自己的优势。集体备课有两种程序。第一种：个人初备—集体议课—专人整理—反思修改。第二种：集体研讨—分工备课—集体完善—形成个案。下面以第二种为例进行说明。

① 集体研讨。这需要相关教师聚在一起，在认真研读大纲和教材后针对授课进行讨论，讨论相关的课程应该如何进行授课，授课当中需要注意哪些问题等。使教师对所教课程有一个较为全面清晰的认识。

② 分工备课。在集体讨论之后，需要将任务较为平均地分给各个教师，每个教师负责一部分，针对自己负责的部分，进行更加细致的备课。

③ 集体完善。待个人分工备课后，把自己的备课成果与大家分享，再次进行集体讨论，大家各抒己见，对各个部分进行进一步完善。

④ 形成个案。在备课初具雏形后，每个教师根据各个班级的具体情况，针对不同的学生做进一步修改，最终形成自己的备课方法。

（三）备课的要求

1. 从教材实际出发

教材是教师授课的主要依据，备课的时候教师应该仔细研读教材。不仅仅要对自己当天授课内容有深入的了解，对于整本教材，甚至是整个学习阶段的教材都应该有所了解。明白各个知识点之间的联系和衔接。备课一定要反复阅读教材，对课文的词汇、语法点、需要学生掌握的情感态度等进行适当的结合，设计出符合学生需求的教案。除了研读教材本身，教师还应该将教材与英语课程标准相结合。领会高中英语课程的性质、基本理念、设计思路，明确高中英语课程的目标，仔细研读《普通高中英语课程标准》中对语言技能、语言知识、情感态度、学习策略和文化意识等五个方面分别提出的具体内容和标准，弄清各个级别中对

第十四章 高中英语课堂教学的基本步骤与方法

上述五个方面的具体要求。具体地分析研究教材,确定教学重点、难点,选用适当的教学方法,制定教学模式,搜集整理相关教学材料。

2. 从学生实际情况出发

除了教材以外,教师备课时还应该仔细考虑本班学生的整体学习水平。对于刚接触的学生,可以查询他们的英语入学成绩或者前一阶段英语教师对于学生的评价。以此作为依据来准备教案,并且要根据学生具体上课情况进行调整,找出最适合本班学生的授课内容和方式。

3. 选择适当的教学方法

在认真研读教材大纲并且掌握了学生英语水平后,教师在备课过程当中还要选择恰当的教学方法。对于不同的年级,不同的班级,同一班级的不同程度的学生都应该最大化的涉及。要让成绩优秀的学生有所得,也要让基础差的学生能够学得明白,掌握新的知识。要设计能够提升学生学习积极性的活动,不能总是千篇一律让学生觉得枯燥乏味、渐渐地失去了学习英语的兴趣。

4. 认真编写教案

教案是教师上课的重要依据。教案是教师认真阅读教材并且了解学生水平后用文字的形式将授课步骤、方法和教学活动等表现出来。能够帮助教师在规定时间内完成好课程并且对教师有一个提醒作用。通常有经验的教师会把教案写得简略些,在课堂上有很多临时的发挥。新教师在工作初期应将教案写得详细些。但无论简略还是详细,教师都应该重视,不能敷衍了事。在写教案的时候,需要注意板书设计的内容。板书要力求简洁明了,合理安排。教师需要从非常细微的具体知识点入手,采用科学的方法和手段去组织和设计好每一个教学环节,落实每一个具体的教学任务,完成好教学目标。

二、课堂授课

(一) 内容导入

内容导入就是我们俗称的"热身"环节,对于一节课有着很重要的作用。从教师层面看,高中英语课堂导入帮助教师在教学实践中更有效地实施课堂教学,从而吸引学生的注意力,活跃课堂气氛,提高学生的学习兴趣。从学生层面看,导入可以为学生提供一个轻松、和谐的学习氛围,降低学生对于第二语言所产生的焦虑和厌烦的情绪。同时,导入环节为学生提供了更多的表达他们想法的机会。通过导入,学生的思维被打开、求知欲被激发。再者,导入能够为学生补充更多的背景知识,丰富学生的知识面,培养学生的文化意识,促进学生的综合能力的发展。内容导入环节时间较短,5分钟左右。教师可以在这5分钟内对上节课知识做一个简单复习,也可以对新课内容做简短介绍。这个环节教师可以根据所需准备一些有趣味性的活动来调动学生积极性,提高学生学习英语的兴趣。

（二）知识呈现

这部分是教师授课的重点。教师需要根据自己备课的内容和教案,将本课的知识点(词汇、语法点、阅读方法技巧、写作及听力技巧等)传授给学生。教师可以选择演绎法,即直接向学生呈现所学知识,之后让学生进行练习巩固;或者运用归纳法,即让学生在进行足量的练习后自己总结本课所学到的知识点。两种方法都是可行的,教师需要根据具体情况进行最优的选择。教师介绍新内容时有三点必须讲清楚:所讲内容的意义,所讲内容如何运用以及何时运用,所讲内容与已学过内容的关系。这个阶段结束时,学生通过听、重复、读和写,已经掌握了所学内容。他们能够准确地发音并且能够正确地进行书写。除此之外,学生也应该通过教师的知识讲授明白了句子的构成方式。具备了这些能力,学生应该可以独立地进行第二个阶段的实践练习了。

（三）知识训练

知识训练主要起到巩固学生新知识的作用。教师可以通过让学生个别活动、两人一组活动、小组活动或全班活动等课堂教学组织形式来帮助学生练习所学知识点。学生能有足够的时间对所学内容进行练习是很重要的。但是巩固练习并不是枯噪乏味地让学生不断重复一项活动,而是给学生更多的发挥空间,让他们能够灵活地运用所学的新知识。教师在这一阶段不仅仅要保证学生练习的"量",还需要提高学生练习的"质"。

（四）知识产出

本阶段主要任务是让学生将所学到的知识和自己的实际生活联系起来,真正学以致用。教师可以为学生提供和生活紧密相关的话题让他们进行小组讨论,然后汇报各自的成果;也可以让学生设计和课程相关的角色扮演(role-play)等活动;写英文信、读英文报纸并向他人转述或参加采访活动等形式都可以。这样的活动不仅仅是学习的一部分,也可以提高学生学习的积极性,体会到英语学习的趣味性。在这一阶段,教师应鼓励学生结合以前学过的知识大胆地进行练习。如果出现错误,也不要立刻去纠正,尽量少打断,放手让同学互相帮助,进行交流,更多地发挥学生的自主性。

（五）布置作业

布置家庭作业可以起到一个复习所学知识的作用,除此之外,教师也可以根据学生家庭作业完成情况检验学生是否掌握了所学知识,也可以通过学生是否能够按时按量完成作业来判断学生近期学习状况。布置作业需要遵循层次性、时效性和适量性的原则。教师布置作业要清晰明确,不会引起歧义误导学生。在作业量方面,最好控制在30分钟左右能完成为宜。内容可以有针对当天所学知识,也可以是第二天新课的预习任务。

三、课后教学反思

（一）反思的内容

教学反思,是指教师对教育教学实践的再认识、再思考,并以此来总结经验教训,进一步提高教育教学水平。课后反思可以从教学内容、教学过程和教学策略三方面进行。可以反思自己的教学目标是否达到,是否适合学生。教学过程的反思主要指教师回忆教学过程是如何进行的,是否达到预期效果。也要反思学生的表现,是否让各等级的学生都达到了自己预设的目标等。

教学反思还可以从以下四个方面进行。

（1）"思得"指教师在实际课堂教学过程中是否有新的体会。再根据具体教学情况作出修改和提升。比如：在课堂上有很多新的情况是自己备课当中没有涉及的,会有学生提出新的问题,或者自己在授课过程中突然有更好的授课方式且实行起来效果良好。这些都可以在课后反思时记录下来,以后遇到类似情况处理起来就更加得心应手。

（2）"思失"是指教师面对的学生是具有很大差异性的。即使自己已经很了解的学生,在不同的课程内容和不同的时间对于所学知识也会有不同的疑问。有的问题可能是自己前期没有考虑到的,有的问题可能是在课堂上没有得到有效的解决。正所谓"智者千虑,必有一失"。这些不足的出现是可以理解的,但同时也是可以减少和改正的。这就需要教师及时进行课后反思,把这些问题及时记录下来。可以自己思考或者和同事进行讨论,待下次问题出现时自己能有最优的解决办法。

（3）"思效"。这个阶段指的是教师对自己教学效果进行反思。教学效果主要可以从学生作业、课堂练习效果、个别学生答疑等来提取信息并进行分析。

（4）"思改"。教师根据自己的得失来进行教学反思,明确自己改进的方向并且提出改进的措施,这是可以将教学质量大大提高的一个步骤。教师需要回忆课堂教学的情况,特别是工作中的失误、和最初制定的教学目标有哪些差距以及造成这样结果的原因,从而进一步思考如何改正。

（二）反思的方法

第一,把自己作为学生来反思自己的教学。第二,通过同行中的榜样来反思。第三,通过对自己教学的回顾进行反思。第四,通过学生的反应（如学生的课堂言行神态、思维状态、学习成绩变化等）来反思。第五,通过社会对学生的需求来反思。第六,通过同事的听课评价来反思。

第二节 英语课堂教学的常用方法与策略

一、常用的英语课堂教学方法

（一）听说法

听说法（audiolingual method），又称"口语法""句型法""结构法""军队教学法"。这是一种借鉴直接法优点，流行于20世纪40—60年代的美国的教学方法。理论依据为结构主义语言学和行为主义心理学。听说法重在培养学生听和说两方面的能力，在读写上面的培养略显不足。其中，听说两方面能力的训练主要依靠大量的机械化的练习，让学生通过模仿和大量的记忆来提高听说能力。

知识拓展

结构主义语言学

1916年，索绪尔的《普通语言学教程》出版，标志着结构主义语言学的诞生，其反对对语言现象进行孤立的分析，主张系统的研究。索绪尔语言理论的突出特点是：严格区分语言和言语，明确限定语言学的研究对象；与历时比较语言学相反，结构主义语言学重视共时语言（也就是口语）的研究，特别着重于分析、描写语言的结构系统；从不孤立地看待语言要素，认为语言的一切都奠定在关系的基础上。

行为主义心理学

行为主义心理学由美国心理学家华生所创立，主张心理学应该研究可以被观察和直接测量的行为，反对研究没有科学根据的意识。许多行为主义者认为自由意志只是一种幻觉，并认为人类所有的行为都是由先天与后天环境所决定，也就是先天基因加上后天环境所产生的结果，由人类所经历过的联想或者行为强化所造成。在英语教学当中，行为主义心理学主要主张教师对所教授语言点进行反复操练，使学生逐渐形成对语言点的条件反射从而习得知识。

（二）语法翻译法

语法翻译法（grammar translation method）是"用母语翻译教授外语书面语的一种传统

外语教学法,即用语法讲解加翻译练习的方式来教学外语的方法"。语法翻译法是"外语教学中历史最长和使用最广泛的方法之一",至今仍然被很多国家和地区的英语课堂所应用,特别是在我国。培养学生阅读外语范文(特别是古典文学作品)和模仿范文进行写作的能力,以应试为目的。语法翻译法重视语言知识的传授,忽视口语教学。在当代社会,语言越来越多地被作为一种交流工具,因此语法翻译法受到了很大程度的质疑。

(三)交际法

交际法(communicative language teaching approach),又称"意念法""功能法"或"意念-功能法"。它是以语言功能项目为纲,培养在特定的社会语境中运用语言进行交际的一种教学法体系。交际法的语言观认为,语言是表达意义的系统,其基本功能是社会交际。学习者应该通过学习语言规则最终能够得体地运用语言。学生的语言学习也应该和他们的生活经验相结合。让学生身处语言学习环境之中,并且重视学生学习语言的积极性和主动性。

(四)任务型教学法

任务型教学法(task-based language teaching method)是20世纪80年代逐渐发展起来的,强调"在做中学"的语言教学方法,是一种教师通过引导语言学习者在课堂上完成任务来进行教学的教学方法。任务型教学法对教师要求较高,教师的前期准备时间较长。需要教师设计好课堂上由学生们完成的教学任务。任务要最大程度地贴近真实的生活。尽量让学生所学的语言在实际生活当中同样得到应用。要保证任务所能达到的效果。同时,任务要具有可操作性,要考虑到在实际课堂中的可行性,避免过于复杂的课堂任务。任务型教学法本身就具有趣味性,能够激发学生的学习动力。即使这样,教师在选择任务的时候依然要考虑到任务的趣味性,避免单一冗长的活动形式,尽量让任务多样化,这可以从参与人数、活动形式等方面进行改变和设计。

二、常用的英语课堂教学策略

(一)话题导入

苏联著名教育学家苏霍姆林斯基说:"如果教师不想办法使学生产生情绪高昂和智力振奋的内心状态就急于传授知识,那么这种知识能使人产生冷漠的态度,而使不动感情的脑力劳动带来疲劳。"课堂导入的目的是为学生学习新的词汇、语法点等做一个铺垫。高效的话题导入能够让学生明确本节课学习主题,让学生有方向感。除此之外,精心的课堂导入还能够充分调动学生学习英语的兴趣,激发学生学习英语的欲望,增强学生学习的主体性。

（二）教学情景创设

英语教学目标之一是培养学生的语言综合运用能力。在发展学生综合语言运用能力的基础上，着重提高学生用英语获取信息、处理信息、分析问题和解决问题的能力，与以往重视考试分数不同，当代社会越来越重视对于英语的运用能力。而所有这些，不能仅仅依靠语法和语言知识的讲解。创设一定的教学情景，将有助于学生在具体、生动、真实的生活情境中感受语言、培养兴趣，有助于将英语思维和表达能力潜移默化地渗透其中，进而提升分析、解决语言问题的能力。在英语课堂教学中创设真实、生动的生活情境，将课堂教学和现实生活接通，让学生在英语课堂中感受生活，在现实生活中应用英语，势必能激发学生学习英语、探索世界的兴趣，一旦学生体验到"用中学""学中用"的乐趣，英语教学效率的提升将指日可待。

（三）学习动机激发

当今社会，学生学习英语的动机对英语学习的影响越来越大。教师授课除了讲授知识以外，还需要想办法让自己的授课生动有趣，能够激发学生的学习动机，提高学生的学习效率。英语的学习动机表现为渴求英语学习的强烈愿望和求知欲望，它是直接推动英语学习的一种内部动力。教师应该在课堂上强化学生的学习信心，并且改进现有枯燥的、机械化的教学方式，提高课堂教学实效。对于学生表现好的地方要及时鼓励，帮助学生获得成就感也可以增强学生的学习动机。

（四）有效反馈给予

反馈这个话题也是目前教育领域探讨的热门话题之一。有效地给予学生反馈能够让学生感受到教师对自己的重视。不及时有效地给予学生反馈的教师往往不太受学生欢迎，时间久了学生得不到反馈就会疲于应付任务，到最后甚至干脆不完成课堂作业。因此，教师必须足够地重视反馈，像"good""excellent""you did very well"等都是反馈的一种，都有着不可小觑的作用。

本章知识结构

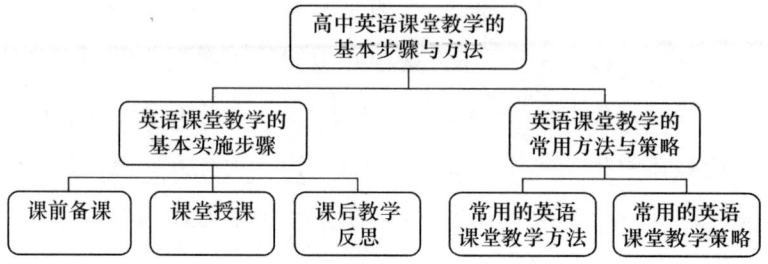

第十四章 高中英语课堂教学的基本步骤与方法

本章小结

根据考纲,本章出题主要在分析所用教学法,以及课堂授课部分。因此,需要考生在理解记忆时特别注意。

在学习本章时需要注意以下问题:本章知识点需要考生理解后记忆。把整个教学过程从授课前、课堂上和课程结束后进行记忆。授课前主要是备课的内容,需要考生注意备课的相关知识;课堂授课部分,考生需要把这当作一整堂课来记忆。头脑当中要形成画面,假设自己在课堂上,应该注意的问题都需要掌握;课后部分较为简单,考生也是需要把自己当作一名授课结束的教师。本章需要考生具备画面感和整体思维,切忌死记硬背。

备考指南

正如前面所说,本章在备考的时候,一定要尽量将所学理论联系实际,做到具体问题具体分析。

自测训练

1. 集体备课能够帮助教师相互取长补短。那么以下选项当中,(　　)正确描述了集体备课的程序。

    A. 集体议课—专人整理—个人初备—反思修改

    B. 形成个案—分工备课—集体完善—集体研讨

    C. 个人初备—集体议课—专人整理—反思修改

    D. 分工备课—集体完善—集体研讨—形成个案

2. 教学情境分析(中文作答)。

以下片段选自某课堂实录,请分析该教学片段并回答下列问题:

(1) 材料中体现的语法教学方式是什么?

(2) 常见的语法教学方式主要包括哪几个步骤?

(3) 请评价材料中教师使用的教学方法。

同学们,大家好。今天我们讲现在进行时。所谓现在进行时,顾名思义,就是此时此刻正在发生的动作或者状态,也就是说现在进行时用于表示现在一刻的行为。比如:

I am having my lunch.

同学们,可以看出现在进行时由 be + 动词的现在分词构成。接下来教师开始讲解现在进行时的各种用法。

第十五章　学生学习方法和策略

考纲内容

掌握指导学生学习的方法和策略,能依据英语学科和学生的特点,根据教学实际情况,恰当地运用语言讲解、练习、提问、反馈等方法,帮助学生有效学习。

考纲解读

学习策略是伴随着学习者的学习过程而发生的一种心理活动,具体来说就是对学习过程的安排。这种安排并非固定的程序,而是根据自己学习过程中体验的各种因素及时生成的一种认知图式。具体来说,学习策略指学习者在完成特定学习任务时选择、使用和调控学习程序、规则、方法、技巧、资源等的思维模式。这种模式直接影响学习进程,与学习者的特质、学习任务的性质以及学习发生的时空密切相关。

总而言之,学习策略指学习者对学习方法的选择以及综合运用的意识,是学习活动高效进行的必要条件。因此,学生熟知并且掌握学习策略能够极大程度地提升自己的学习效率和结果。

第一节　陈述性知识的认知策略

陈述性知识又称语义性知识或言语信息,它回答世界是什么的问题。这种知识的本质是外界输入的信息在人的大脑中形成命题(或意义)的网络。由于这些网络经过了严密的编码,人们需要时,可以有意识地提取出来。陈述性知识在中小学生所学各门学科中都占重要位置,因此陈述性知识的认知策略更具有广泛的意义。陈述性知识的认知策略中又包括复述策略、精细加工策略和组织策略。

一、复述策略

复述策略是在工作记忆中为了保持信息而对其进行不断重复的过程。在某些简单的任务中,如识记2的平方根,就会用到复述策略。为了在长时记忆中建立信息,也需要复述。在此需要提出的是,学习有机械学习和有意义的学习之分。机械学习是指对事实或联系的记忆,所记信息的意义都相对孤立,信息之间的联系也不是必然的,如化学元素符号、外语单词、国名与首都等。有意义的学习正好与之相反。实践表明,常常用到的复述策略有以下几种。

1. 排除干扰

干扰是指在大脑的信息加工过程中,信息被其他信息搅混或被其他信息挤掉的现象,这是人们遗忘的一个重要原因。在日常学习中常常有这样的现象。例如,同时要做两件事,当做完一件事后,就把另一件忘了,这就是大脑中复述刚才所学的信息受到干扰。我们一定要考虑短时记忆的有限容量,在进行进一步学习之前,要留出时间吸收和重复先前所接受的信息,也就是在头脑中复述。

2. 抑制和促进

前后所学的信息之间存在相互影响,这种影响有些是消极的,就是抑制;而有些是积极的,就是促进。当先前所学的信息和相似的新信息混在一起时,先前所学的信息就会遗失,就出现了倒摄抑制;当先前所学的信息干扰了后面信息的学习时,就出现前摄抑制。学习某件事常常有助于学习类似的事,这种现象被称为前摄促进;反之,后面所学的信息有助于对先前信息的理解,这种现象叫做倒摄促进。在遗忘的所有原因中,倒摄抑制可能是最重要的。这一现象可解释为什么我们很难记住频繁出现的场景,如上周三晚餐的情景。在安排复述时,学习者要尽量考虑抑制和促进的作用。

3. 首位效应和近位效应

学完一系列词汇后,马上测验,我们记开头和结尾的几个词一般要比记中间的要好得多。一方面,人们倾向于记住开始的事情,其原因可能是由于我们对首先呈现的项目倾注了更多的注意力和心理努力,造成了首位效应。另一方面,由于在最后的项目几乎不存在受其他信息的干扰,造成了近位效应。学习时我们要充分考虑首位效应和近位效应,开始阶段和最后阶段所学的信息比其他信息更易记住。

4. 集中复习和分散复习

集中复习就是集中一段时间重复学习多次,分散复习就是每隔一段时间重复学习一次或几次。一般来说,分散复习更有益于保持,对于事实的学习尤其如此。分散复习能极大增强所有信息和技能的长期保持。学生在持续的时间里分散复习学习过的技能,以加强对这些技能的保持。

5. 部分学习和整体学习

对于许多学生来讲,一下学习很多内容(即整体学习)是极其困难的;相反,将其分成若干个部分就相对容易得多,这就是所谓的部分学习。这种策略有助于减少倒摄抑制,因为在进入后面的部分之前,已掌握了前面的部分。

6. 自问自答或尝试背诵

所谓自问自答或尝试背诵的练习,就是在学习一篇材料时,一面阅读,一面自己提问题,自己答或自己背诵。这样做的好处就是,根据自己回答或背诵的情况,检查自己的错误和薄弱环节,从而重新分配精力。这样,学习印象深刻,记忆牢固,学习效率也得到了提高。

7. 在实践中学习

我们每个人都知道在做中学,这是一个非常重要的策略。有经验的教师常说,学生学到的知识是他们在课堂上自己体验到的,而不是教师灌输给他们的。恰当的实践活动能够极大促进学生对知识的掌握理解。

8. 注意心向、态度和兴趣的影响

子曰:"知之者不如好之者,好之者不如乐之者。"心向、态度、兴趣,是影响记忆的重要因素。感兴趣的事或持积极态度的事,就会记得牢一些;不感兴趣的事或持消极态度的事,就记得差一些。这就是选择性的保留和遗忘。学习时,应尽可能将所学内容与兴趣相关联,以达到最佳学习状态。

二、精细加工策略

精细加工,就是通过把所学的新信息和已有的知识联系起来,以此来增加新信息的意义。精细加工策略能帮助学习者将信息存贮到长时记忆中去。一般的精细加工策略有许多种,它们有时被人称为记忆术。记忆术的基础或者是利用视觉表象,或者是寻找语义之间的联系。在记忆名词、种类、系列或项目组等信息时,记忆术非常有用。比较常用的一些记忆术有位置记忆法、关键词法等。

1. 位置记忆法

位置记忆法是一种传统的记忆术。使用位置记忆法,学习者在头脑中创建一幅熟悉的场景,在这个场景中确定一条明确的路线,在这条路线上确定一些特定的点。然后将所要记的项目全都视觉化,并按顺序和这条路线上的各个点联系起来。回忆时,只要按路线上的各特定位置提取所记项目就行了。位置记忆法对于记忆有顺序的系列项目特别有用。记忆英文单词时,可先将一连串不相关的单词:豌豆(bean)、平衡(balance)、羊肉(mutton)、油煎

(fry)、减肥(slim)指定给教室中的某一位置,如:豌豆(bean)→教室门口,平衡(balance)→讲台,羊肉(mutton)→讲台下第一个课桌,油煎(fry)→教室最后一桌,减肥(slim)→教室后黑板,从第一个位置开始走,每经过一个位置便记住该位置对应的单词。以后,每经过同样的位置,还是会记忆起相应的单词。

2. 关键词法

这种方法就是将新词或概念与视觉表象联系起来。比如在讲授山(hill)这个单词时,一幅小山丘的简笔画会帮助学生记忆。研究表明,这种方法不仅适用于外语词汇教学,也同样适用于其他信息的学习,如阅读理解、地理信息等。

3. 寻找信息之间的内在联系

利用信息的多余性在所学信息之间建立联系是精细加工的基础,这意味着要对所记项目进行意义识记,寻找信息之间的内在联系。意义识记相对于无意义识记能够保存较长时间,也更容易被应用到其他的学习活动中。因此,学习时我们不要孤立地去记忆,而要找出事物之间的关系,这样即使遗忘了所学的部分信息,也可以利用信息之间的联系推出来。这就是所谓的信息的多余性,利用信息的多余性,提取信息的线索和通道会更多一些。

4. 联系实际生活

我们学习的好多信息,往往只能适用于限定的、人为的环境中,这就是所谓的惰性知识。实际上就是我们常常所说的"书呆子""死啃书本",不能将学校所学的知识、技能应用于生活中,例如我们在数学课上学了容量问题,但在生活中不知如何用几个杯子量出一定的水来。生活中的许多问题,不是因为我们缺乏相应的知识,而是因为我们不能使用这些知识。我们记住某个知识,并不能完全证明我们能适时地使用它。因此,我们不仅要记住某个知识,而且要知道如何以及何时使用所拥有的知识。学生在学习知识时,教师不仅要帮助学生理解这些知识的意义,而且要帮助学生感觉到这些知识有用。有效的教学要求教学生如何利用知识,以便使他们把这些知识和其他知识联系起来,并在课堂以外的环境中应用它们。

5. 充分利用背景知识

精细加工强调在新学知识和已有知识之间建立联系。对于某一事物,到底能学会多少,重要的因素是对这一方面的事物已经知道多少。一个学习者如果非常了解某一课题,那他就有更完美的图式融合新的知识。因此,学习者一定要把新的知识和已有的背景知识联系起来。以上所述都是一些基本的精细加工策略。对于比较复杂的陈述性知识的学习,精细加工策略有说出大意、总结、建立类比、用自己的话作笔记、解释、提问以及回答问题等。这就意味着给所学的信息添加更多的东西,如提供细节、给出例子、和其他问题产生联系或从材料中作出某种推论,这些额外的信息将使所学信息意义更丰富,更容易记忆。例如,有的学习者在信息进入工作记忆后,就会进行思考:这一新信息意味着什么?与课文中的其他信息以及以前所学的信息有什么联系？总之，和逐字逐句学习材料的学生相比，那些能在学习时进行精细加工的学生一般能更好地理解信息，在必要时能更好地回忆概念。因此，学习时要让学生使用一些精细加工策略。

三、组织策略

组织是获得新信息的重要手段，其方法是将学习材料分成一些具体的单元，并把这些单元置于适当的类别之中，从而使每项信息和其他信息建立一种联系。研究表明，存贮在长时记忆中的信息是以金字塔的结构组织的，在金字塔结构里，具体的东西归在较一般的项目之下，这种结构对学生的理解特别有帮助。因为学生可以用各类别的标题作为提取的线索，从而减少回忆时的负担。在研究复杂概念时，要有序地组织材料，也要明白整个组织的框架。研究者提出三种有用的组织策略：列提纲、画关系图和运用理论模型。利用这些技能，可以有效地帮助我们分析课程结构，从而更好地理解学习材料。

1. 列提纲

列提纲是以简要的语词写下主要和次要的观点，也就是以金字塔的形式呈现材料的要点，从而对材料进行整合。在教列提纲技能时，教师可先提供一个列得比较好的提纲，然后解释这些提纲是如何统领材料的，接着给学生提供一个不完整的提纲，分步对学生进行训练：① 提供一个几乎完整的提纲，需要学生听课或阅读时填写一些支持性的细节；② 提供一个只有主题的提纲，要求填写所有的支持性细节；③ 提供一个只有支持性细节，而要求填写主要观点的提纲。如果给学生以适当的练习，学生很快就能学会写出很好的提纲来。

2. 画关系图

画关系图是图解各种观点是如何相互联系的，也就是先指出中心思想，然后图解它们之间的关系。画关系图可以用来替代做笔记和列提纲。在画关系图时，应先识别主要观点，然后识别次要的观点或支持主要观点的部分。接着标出这些部分，然后将次要的观点和主要的观点联系起来。最后的成果就是一张关系图，在这个图的正中是主要观点，支持性的观点在主要观点的周围。

3. 运用理论模型

教师可以用另外一种方法来帮助学生领会复杂的课题，这种方法就是用图解的方式来说明某个过程中的要素是如何相互联系的。比如，前面所讲的学习的信息加工过程就是一个经典的理论模型的例子。运用这种模型可组织和整合信息。电子学、机械、计算机程序以及遵循某个规律的过程都可以利用理论模型加以说明。当某一课中含有模型时，学生不仅学得好，而且能运用他们的学习去创造性地解决问题。实际上，学生在学校中所学的绝大多数材料,常常会提供一些组织的线索,都可以让学生在某种认知结构内吸收新知识,使其有意义,从而加深学生对其的领会,增强记忆。多年来,人们一直建议这样一种基本的阅读技巧:要组织材料,可以先扫描一下章、节、小节的标题。学生要学会使用这些线索,有时,学生也可以通过提问来组织材料。

第二节　元认知策略

在学习的信息加工系统中,存在着一个对信息流动的执行控制过程,它监视和指导认知活动的进行,负责评估学习中的问题,确定用什么学习策略来解决问题,评价所选策略的效率,并且改变策略以提高学习效果。这个执行控制功能的基础是元认知。

一、元认知知识

元认知就是有关认知的知识,是关于学习者认知过程的知识和调节这些过程的能力,是关于思维和学习活动的知识。

元认知知识主要包括三方面的内容:① 关于个体作为学习者的知识,这主要包括对个体内、个体间差异的认识,对自身认知水平的认识;② 关于任务的知识,主要涉及认知主体对任务是否有清晰和透彻的了解;③ 关于学习策略及其使用方面的知识,主要包括针对不同学习内容时学习策略的选择,不同学习策略的优缺点及适用条件以及学习者自身对学习策略的把握情况。

二、元认知控制

元认知控制是主体对自身进行的认知行为的管理和控制的过程。在认知过程中,主体不间断地对认知过程进行的积极、自觉的监视、控制和调节,其作用包括以下三个方面。

(1) 计划。即根据特定的目标,在认知活动开始前对其进行计划,包括对认知过程中可能出现问题的预测。

(2) 监视。即在认知活动的进行中,随时根据认知目标对所进行的活动进行监控、评价,及时对认知活动的缺陷及不足进行反馈。

(3) 调节。即根据对认知活动监控中出现的问题,及时调整,修正。

三、元认知策略

日常学习中,学习者应该做到使用相应的策略评估自己的学习情况,包括对理解程度、使用时间、学习方法的有效性、问题解决等方面的细致了解。比如针对特定文章,是需要精读学习表达方式,还是略读找出主旨大意?遇到生词是立刻查词典还是根据上下文猜测词义?发现自己学习方法出现问题时应该怎么办?以上问题都是认知策略涉及的内容。元认知策略主要有以下三类:计划策略、监控策略和调节策略。

(一)计划策略

计划策略包括设置学习目标、分析学习材料、计划学习活动、制订学习计划。简而言之,计划策略即提前制订计划。比如篮球比赛,赛前教练会根据本队球员特点及对手特点进行战术规划,提前预计赛中对方的打法以及可能遇到的问题。善于学习的人通常会提前制订属于自己的学习计划,在学习中根据自己的要求选择性地抓住重点、难点,提出自己遇到的困难。因此,他们的学习往往是事半功倍的。

(二)监控策略

监控策略包括对整个学习进程的追踪,评估自己执行学习计划的状态、效率,以及所制订学习计划的可行性、有效性。同时包括监控自身对学习的投入情况。监控策略主要包括以下两种具体策略。

1. 领会监控

领会监控策略一般运用于阅读中,即阅读前在头脑中预定一个阅读目标,比如学习某种表达方式,或者学习特定词语的实际用法,再如找出文章主旨。随即以该目标为标杆,展开自己的阅读活动。当然,也有可能未能达到阅读目标,那么就需要对阅读活动、方法进行修改,从而完成目标。

2. 集中注意力

注意力和能源一样,是有限的,同一时刻只能用于有限的事物。如果强行要求学习者注意某事,那么学习者只能暂时放弃原本注意的事情。例如课堂上,原本你正在好好听讲,这时候,你后面的同学让你帮忙捡掉在你位子下面的笔,等你把笔递给他,就会发现自己在捡东西的时候没有听见老师说了什么。课堂上,有太多的事情能转移学生的注意力,导致学生分心。有效学习者能够有意识地控制自己的注意力,不被与目的无关的事物所转移。此外,高效学习者会提前排除可能出现的转移自己注意力的因素,如清除书桌上的课外读物、手机等。

(三)调节策略

调节策略与监控策略有关。比如,学习者发现自己没有理解小说中的某一章节时,他会自发地返回章节中较难的部分重新阅读;在接触到全新内容、形式的文章时会自觉放慢阅读速度;做练习时发现有不会的题,就先空下来去做会做的,等等,这些都是调节策略。

第三节　资源管理策略

资源管理策略,即帮助学生管理可用的环境和资源。它主要包括时间管理策略、学习环境管理策略、努力管理策略、寻求支持策略等。成功地使用这些策略可以帮助学生适应环境,或者调节环境以适应自己的需要。

一、时间管理策略

时间管理策略主要涉及对时间的掌控安排。具体有三种方法:统筹安排学习时间,高效利用最佳时间,灵活利用零碎时间。

(1) 统筹安排学习时间。

即根据自己的总体目标,对时间作出合理的总体安排。以尽量减少无计划、无节制、无意义的时间为原则,分清事情的主次、急迫性,重要、紧急的事情排在前面,以确保自己的事情能够在规定时间内完成。

(2) 高效利用最佳时间。

即不同时间段,学习者的体力、智力和情绪状况是有差异的,学习的效率是不同的。一般来说,人的注意力存在三种变化模式:先高后低,中间高两头低,先低后高。因此,根据生物钟,人应该在生理功能最旺盛的时候,完成最重要的学习活动,从而最高效地利用时间。

(3) 灵活利用零碎时间。

每人都会有很多零碎时间,比如课间、饭前饭后,把这些时间灵活地运用起来,也可以极大地促进学习。这些时间往往是学习效率低下的时间,那么就可以用来做些辅助学习的事情,如收拾课桌、书包、整理作业本等。这样既完成了小事情,又合理节约了时间,提高了学习效率。

二、学习环境管理策略

学习环境管理策略,舒适的学习环境有助于学习活动的顺利进行。首先,要选择恰当的学习地点,明亮的光线,适宜的温度及流通的空气。其次,要准备好学习用品,将用到的课本、文具放在方便的地方,将与学习无关的东西收拾起来,以减少可能的干扰因素。

三、努力管理策略

（1）激发内在动机，包括兴趣、求知欲以及好奇心。兴趣是最好的老师，当学习者有发自内心的学习兴趣，才能敢于克服障碍，全身心投入学习活动中，从学习活动中获得快乐。学习的内在动机是可以自我培养的，比如积极参加各类讲座、巡演、参观，努力发现知识的魅力并获得快乐体验。

（2）树立为了掌握而学习的理念。每个人学习的目的不同，有些是为了父母的奖励，有些是为了追求高分，然而学习的真正目的是掌握某些知识、技能。因此，要树立为了掌握而学习的正确理念，达到在宽度和深度上自我突破，真正有所收获。

（3）选择挑战性的任务。每个人都有征服困境的欲望，往往越难攻克的问题，越能给人留下深刻的印象。因此，选择学习任务时，恰当地增强难度，既能够激发学习者的征服欲，也能达到加深学习印象的作用。

（4）调节成败的标准，对于学习的成败，无论别人怎么看，要有自己的标准。考试得了满分，如果是因为简单，或者有偶然的成分在，就不应该那么得意；相反，哪怕成绩不理想，只要意识到自己进步了，那就是成功。要求太高，如果自己始终达不到，会导致自信心受挫、自责，从而影响后续学习；要求过低，则容易造成自信心盲目膨胀，影响真正的学习效果。因此，随着学习的深入和能力的变化，要不断调整自己的成败标准。

（5）正确认识成败的原因，即胜不骄，败不馁。学习有成功，但也难免有失败。成功或失败都会引起相应的情绪反应，反应过后，我们需要冷静下来，客观而正确地认识自己成败的原因，以便获取下一次成功。一次的成功或失败，并不代表能力的高或低，要正确引导学生学会正确地自我归因，以便下次取得更好的成绩。

（6）自我奖励，适当的奖励能够起到良好的督促作用。当学习者取得良好的效果时，可以对自己进行奖励。奖励有各种方式，比如对自己说句"你真棒"，或是奖励自己去看一部电影。但并不是只有获得好成绩后才能获得奖励。每个人的起点不同，进步的程度和表现也不尽相同。只要取得了满意的进步，即使外在分数不高，也值得奖励。

四、寻求支持策略

学习工具是学习中所必不可少的学习资源，学会有效利用学习工具对一生都是非常重要的。这里所说的学习工具既包括参考资料、工具书、图书馆、广播电视、电脑与网络，也包括向老师、同学寻求支援。学习工具的高效使用，能够帮助学习者树立学习信心，形成良好的学习习惯，进而取得学习上的进步。

第十五章 学生学习方法和策略

本章知识结构

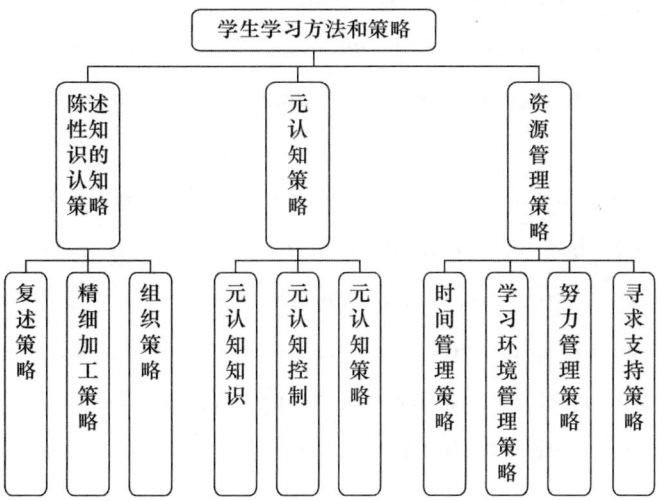

本章小结

任何策略都不是独立使用的,而是互补的。元认知策略帮助学习者制订属于自己的学习计划和方式,并起到随时的监控调节作用;认知策略为元认知策略提供技术上的支持,即都有什么策略,每种策略使用的具体方法是什么,不同策略的使用条件是什么;资源管理策略从外界环境上为学习活动提供帮助,从而促进学习进步。三者互为补充,相互协调。

备考指南

掌握指导学生学习的方法和策略,能依据英语学科和学生的特点,根据教学实际情况,引导学生恰当地使用以下学习策略:陈述性知识的认知策略、元认知策略、资源管理策略。

自测训练

English is the most widely used language in the history of our planet. One in every seven human beings can speak it. More than half of the world's books and three quarters of international mail are in English. Of all languages, English has the largest vocabulary — perhaps as many as two million words.

However, let's face it: English is a crazy language. There is no egg in an eggplant, neither pine nor apple in a pineapple and no ham in a hamburger. Sweet-meats are candy, while sweetbreads, which aren't sweet, are meat.

We take English for granted. But when we explore its paradoxes, we find that quicksand can work slowly, boxing rings are square, public bathrooms have no baths in them.

And why is it that a writer writes, but fingers don't fing, grocers don't groce, and hammers don't ham? If the plural of tooth is teeth, shouldn't the plural of booth be beeth? One goose, two geese — so one moose, two meese?

How can a slim chance and a fat chance be the same, while a wise man and a wise guy are opposites? How can overlook and oversee be opposites, while quite a lot and quite a few are alike? How can the weather be hot as hell one day and cold as hell the next?

English was invented by people, not computers, and it reflects the creativity of human beings. That's why, when stars are out, they are visible; but when the lights are out, they are invisible. And why, when I wind up my watch, I start it; but when I wind up this essay, I end it.

1. According to the passage _____.

    A. sweet-meats and sweetbreads are different things

    B. there should be egg in an eggplant

    C. pineapples are the apples on the pine tree

    D. boxing rings should be round

2. Which of the following is the correct plural? _____

    A. Beeth.　　B. Geese.　　C. Meese.　　D. Tooth.

3. Which of the following includes two items which have the similar meaning? _____

    A. A wise man and a wise guy.

    B. Overlook and oversee.

    C. Quite a lot and quite a few.

    D. Hot as hell and cold as hell.

4. The underlined words "wind up" in the last paragraph probably mean " _____ ".

    A. blow　　B. roll up　　C. get hurt　　D. finish

5. Through the many paradoxes in the English language, the writer wants to show that human beings are _____.

    A. clever　　B. crazy　　C. lazy　　D. dull

6. Translate these phrases into Chinese.

    a slim chance _____

    a wise man _____

    a wise guy _____

7. Pick out the odd one. _____

    A. hot as hell; cold as hell

    B. quite a lot; quite a few

    C. a slim chance; a fat chance

8. Find three more words from the dictionary having the similar form with eggplant.
    _____ _____ _____

9. Discuss about the paradoxes in English with classmates.

10. Please write a short essay expressing your attitude towards English according to this passage.

第十六章 课堂管理与课堂总结

考纲内容

1. 理解课堂管理的基本概念,掌握课堂管理的基本方法。
2. 熟悉课堂活动的常用组织形式,了解课堂活动的设计原则与实施策略,从而能在教学活动中以学生为中心组织教学。
3. 了解目前学生常用的学习方式,同时能在不同学习方式下发挥教师的作用。
4. 掌握课堂总结的方法,能适时地对教学内容进行归纳、总结与评价,同时了解作业布置类型以及作业批改规范,从而能够科学合理地布置作业。

考纲解读

目前,有效教学受到教师们与研究者们的关注,而高效的课堂管理能在很大程度上提高英语课堂教学的有效性。因此,学生在学习过程中,要着重掌握课堂管理的基本方法。课堂活动是英语课堂上师生、生生之间互动的主要载体,这就要求教师熟悉课堂活动的常用组织形式,组织以学生为中心的教学活动。同时,"以学生为中心"的教学新理念倡导教师角色的积极转变,因此学生要掌握新时代教学理念下的教师的作用。最后,课堂总结在课堂教学中仍占有重要的位置,学生需掌握其基本的方法,能恰当、准确、合理地对教学内容进行总结、归纳与评价。

第一节 课堂管理解读

一、课堂管理的概念

从理论上说,管理既是一门科学,也是一门艺术,是科学与艺术的完美结合。从实践上说,管理是社会组织中为了实现预期的目标,以人为中心进行的协调活动。[①]

课堂管理是教师为了实现预定教学目标,在课堂内调控师生间、学生间人际关系,和谐教学环境,引导学生学习的一系列管理行为。科学有效的课堂管理,能够增加课堂效果,提高教学质量,并充分调动学生学习的积极性和主动性。

二、英语课堂管理的基本方法

(一)纪律与行为规范管理

在以学生为本的课堂管理体系中,纪律同样是保障课堂教学有效进行的重要手段。教师首先需要在尊重学生、引导学生的基础之上,制定科学合理的课堂纪律标准和行为规范。教师还可以和学生一起探讨这些规则,并形成共同维护和遵守的约定。科学的纪律和行为规范,不是强调刚性地约束学生,而是以正确的方式进行引导,并促使学生形成正确的学习行为习惯。

(二)课堂教学环境管理

"能使学生获得更多的直接使用目的语的场所和机会,让学生'沉浸'于使用目的语的环境之中,进行有意义的交际,并能激励学生参与解决问题和完成任务的交际活动。"这是克拉申的第二语言习得理论中对理想的外语课堂教学环境的描述。

根据第二语言习得理论,课堂教学环境的设置应当以学生与老师、学生与学生之间有目的、有步骤的交际过程为核心。第一,在教学内容选择上要贴近生活,围绕一个明确的主题展开交际活动,教学活动可围绕真实生活中某项任务来组织进行。第二,教学过程中以学生为中心,学生通过亲身参与、实践,对学习内容进行反复的练习,逐渐提高实际运用语言的能力。第三,教师在课堂上采用适合于学生英语水平的方式进行授课,讲解教学内容,说明和组织课堂活动等。第四,教师和学生之间用英语进行交流,学生之间也要用英语开展适当的交际活动,共同营造近似真实的英语生活、学习环境,学生在语言实践活动中发展应用英语语言的能力。

(三)调控课堂教学过程

课堂教学过程,指的是教师不同授课形式的使用,包括互动、问答等环节的设置,教学节奏的把控,以及课堂段落性内容的合理安排等。

良好的课堂教学过程设计,能够有效组织教学和调控学生注意力,激发学生学习的参与性和自主性并提高教学效率。

---

① 陈坚林. 现代英语教学——组织与管理[M]. 上海:上海外语教育出版社,2000.

内容讲解、课堂问答、学生讨论、主题活动等，不同教学形式的综合运用，能够有效调动学生的参与性，并同时发挥各种教学形式的优点。

课堂教学节奏应张弛有度、紧凑高效。教学的速度、难度、重点度、强度等各种要素，需要根据教学内容和学生接受情况等进行合理的设计。通过改变教学节奏，老师不仅可以传达自己的情感、态度，突出教学的重点、难点，而且可以有效组织教学和调控学生注意力。实践表明，良好的教学节奏可以把学生带入教学艺术的境界，有利于提高教学质量。

（四）运用奖惩机制及时制止不良行为

为帮助学生形成正确的学习行为习惯，教师需要在课堂管理过程中及时采取灵活的方式制止课堂上出现的不良行为。针对行为的严重程度，管理方式也分为软管理和硬管理等不同的手段。

管理手段包括：（1）以幽默的语言调节课堂气氛，纠正学生注意力下降的问题；（2）临时增加互动问答，创设活动情境等方式，改变课堂节奏，帮助分心的学生收回注意力；（3）通过声音调控、肢体语言、面部表情等，提示违纪的学生；（4）针对学生较为严重的不良行为，教师可以通过停止讲课，或是突然对违纪学生进行提问等方式，引起该学生的重视，并提示全体学生注意。

课堂管理的纪律及行为规范中，应当包含有明确、公平的奖惩机制。这是引导学生形成自我管理能力、主动维护纪律和行为规范的必要手段。教师在执行奖惩机制的时候，要秉持公正、公开、及时的原则，才能保证纪律和行为规范的有效性。

第二节 课堂活动组织形式

一、课堂活动的常用组织形式

（一）个别活动

个别活动是指学生个人进行的学习活动，一般适用于学生个人进行的背诵、阅读等课堂活动以及教师对学生的知识掌握情况的考查。

（二）结对活动

结对活动是指两个学生结成一对开展学习活动，它是课堂中经常采用的互动形式之一，常常表现为生生之间的情境对话。结对活动的组合形式可以是同桌组合，也可以是前后桌组合，还可以是自由组合，教师应合理安排学生的组合形式，避免优、差生的组合，挫伤学生积极性。

（三）小组活动

小组活动是指两人以上的学生组成一个小组来进行课堂活动，一般小组人数在4~6人之间。小组活动为课堂教学提供了简便且有效的练习方式，创造了良好的英语交际环境，可以有效提高学生学习英语的积极性。

（四）角色扮演

角色扮演是小组活动的另一种表现形式，也是目前英语教学中常用的课堂情境活动。它使学生站在所扮演的角色的角度去思考问题，从而构建新的理解和知识。角色扮演的情境一般具有真实性，符合学生个性特点，因此也能极大提高学生学习英语的兴趣。

二、课堂活动的设计原则

（一）目的性原则

在进行课堂活动的设计时，首先要根据课堂标准、教材内容以及学生特点，把握课堂活动的教学目标，不单纯为了活动而活动。

（二）差异性原则

之前我们讲过，加德纳的多元智能理论证实了学生个体间的差异性，因此课堂活动的设计应尊重学生的差异性，充分利用教学与多媒体资源，设计多元化的课堂活动，满足学生的需求。

（三）信息差原则

信息差即信息不对称，是指说话者发出的信息与听话者接收的信息之间存在的差异。持有信息的双方存在信息差才能进行有意义的沟通。因此，课堂活动的设计要注重生生之间信息差的设置，这样才能使课堂活动具有一定的挑战性，学生之间的交流才有意义。

（四）创新性原则

英语课堂活动的设计并没有一种固定的模式，因此教师在进行课堂活动设计时要勇于发挥自己的创造性思维，使课堂活动具有自身独特的教学风格。

（五）交际性原则

目前我们倡导语言的交际观，在英语教学中，交际既是手段，又是目的。因此，教师在进行课堂活动设计时，要充分考虑英语的交际功能。

三、课堂活动的实施策略

（一）尊重学生主体性，转变教师角色

在课堂教学活动中，要坚持"以学生为中心"的理念，尊重学生在活动中的主体性，而教师也应从传统教学中讲授者的角色，转而成为课堂活动中的组织者、控制者、监督者、参与者以及启发者。

（二）恰当运用课堂用语与身体语言

在英语教学中，课堂用语与身体语言是教师与学生的主要沟通方式。正确、规范以及得体的课堂用语与身体语言使学生能在活动中理解教师的指令，从而促进课堂活动的有效开展。

（三）明确活动规则，形成活动规范

在每次的课堂活动之前，教师应向学生清楚说明此次活动的目的、要求、步骤以及具体的规则等，使学生能够在活动中明确自己需要完成的任务。同时，教师还应培养学生在课堂活动中的规范活动意识。穆伟昭（2003）将课堂规范分为课堂行为规范和课堂组织规范。课堂行为规范即我们平常所说的课堂纪律，而课堂组织规范指的是学生间的互动模式，即前面所提到的课堂活动组织形式，包括个体活动、结对活动等。

（四）正确对待学生错误，给予恰当反馈

在课堂活动中，学生难免会出现语言上的错误，而教师应摆正态度，正确对待学生的语言错误。如果教师对待学生的错误的态度是有错必纠，势必会影响学生口语的流利度，同时影响课堂活动的正常进行；但若对待错误的态度是放任自流，那也可能会牺牲学生语言的准确性。因此，教师应看准时机，恰当给予学生反馈，把握语言准确性与流利度的平衡。

第三节 常用学习方式及教师作用

一、自主学习及教师作用

（一）自主学习的概念

自主学习是一种学习者自我导向和自我监控的学习方式。在自主学习中，学习者处于主体地位，学习者对自己的学习负责，明确学习目标，制订符合自己实际情况的学习计划，并时时监控和评价自己的学习过程。[①] 但自主学习并不完全等同于自学,它虽强调学生的主观能动性,但它同样也强调在此过程中教师的启发引导作用。

(二)自主学习下教师的作用

1. 学习的引导者与促进者

在自主学习的过程中学生并不是完全脱离教师的自学,而是通过教师的积极引导和帮助,确定学习目标和学习内容,培养正确的学习策略,促进学生积极思考、独立学习,最终使学生学会学习。

2. 信息提供者

虽说在当今的信息社会,教师已不是学生信息的唯一来源,但面临大量的信息,学生也会变得无所适从。因此,在学生进行自主学习的过程中,教师需要给学生提供信息指导,使学生选择正确的、适合自己的信息,拓展自己的知识面。

3. 学习效果评估者

教师在鼓励学生学会自我评价的同时,也需要对学生在自主学习下任务的完成情况进行适当的评价,从而帮助学生发现问题,以促进自主学习的开展。

链接阅读

切块拼接法

切块拼接法是现下非常流行的一种合作学习模式。它强调学习者间相互学习,通过细化任务并分配给每个学习者,以提升合作学习的效率和效果。该模式的基本步骤是:

1. 教师将学习者平均分为3~6人,组成一个小组;

2. 将学习任务分解为与小组人数相同数量的子任务,若小组人数为6人,那么就有6份子任务,将同一个学习任务分配给每一个小组,而小组中的每个成员被分配不同的子任务;

3. 领到相同子任务的学生另外又组成专家组,各专家组成员就同一子任务进行讨论和研究;

4. 各专家组成员回到原来的小组,把自己学到的内容分享给组内其他成员;

5. 学习活动结束后进行学习检测,评估学习情况。

此学习模式将学习任务分发给组内的所有成员,不仅增强了学习的趣味性,而且让每位学生真正参与到学习活动中。因此,该模式可用于缺乏趣味性的学科教学中,以激发和调动学习者的学习积极性与主动性。

[①] 潘洪建. 有效学习与教学——九种学习方式的变革[M]. 北京:北京师范大学出版社,2013.

二、合作学习及教师作用

(一) 合作学习的概念

《普通高中英语课程标准》指出,教师要创设各种合作学习的活动,促使学生互相学习、互相帮助,体验集体荣誉感和成就感,发展合作精神,建立融洽的师生交流渠道,努力营造宽松、民主、和谐的教学氛围。① 将合作学习定义为"以异质小组学习为基本形式,系统利用教学动态因素之间的互动,促进学生的学习,以团队成绩为评价标准,共同达成教学目标的教学活动"。合作学习模式通常以小组活动的形式出现,能在很大程度上改善课堂学习气氛,提高学生的学习积极性,从而增强教学效果。

(二) 合作学习下教师的作用

1. 合作学习的协调者

合作学习通常以小组活动的形式展开,小组成员一般在4—6人左右,因此教师应充当组内成员与组间成员的协调者,指导组内成员明确分工,促进组间成员间的良性竞争,从而发挥合作学习的最大优势。

2. 学习活动的参与者、调控者、监督者

合作学习需要建立在一个轻松、民主的学习环境中,这样才能激发学生的学习动机,培养学生的学习兴趣。② 因此,在合作学习过程中,首先,教师应摆脱知识灌输者的角色,积极参与到学习中,成为学生共同的合作学习者,创设和谐、浓厚的学习气氛;其次,教师需把握合作学习的进度,控制学习活动的时间等,成为合作学习的调控者;最后,教师还应建立基本的合作学习规则,监督学习过程,促进合作学习的顺利开展。

3. 最终评价者

在合作学习结束之前,教师应担任最终的学习成果评价者。教师应以小组为单位来评价小组的整体学习情况与学习成果,同时与学生们共同解决在合作学习过程中遇到的难题,及时给予学生恰当的反馈。

------ 知识拓展 ------

杜郎口"三三六"自主学习模式

杜郎口中学秉持着"给我一次机会,还您一份惊喜""我参与,我快乐;我自信,我成长",

---

① 王坦. 论合作学习的基本理念[J]. 教育研究,2002(02).
② 吕晓慧. 合作学习教学模式中教师作用的转变[J]. 牡丹江医学院学报,2009(03).

在参与中快乐,在快乐中幸福,在幸福中成长;变苦学为乐学,变乐学为会学,变会学为愿学的教学观,创建了"三三六"自主学习模式。

杜郎口中学自主创新的"三三六"模式,即课堂自主学习的三特点:立体式、大容量、快节奏;自主学习三大模块:预习、展示、反馈;课堂展示的六环节:预习交流、明确目标、分组合作、展现提升、穿插巩固、达标测评。

"三三六"自主学习模式将课堂的绝大部分时间留给学生,促进学生在课堂上的自主参与,而老师用极少的时间进行"点拨"。他们将这种特色称为"10+35"(教师讲解少于10分钟,学生活动多于35分钟),或"0+45"(教师几乎不讲),教师在课堂中充分引导学生,创建以学生自学为中心的课堂。

三、探究学习及教师作用

(一)探究学习的概念

郑金洲指出,探究学习是运用探究的方式进行的学习活动和过程,也就是学生在教师的指导下,主动地发现问题,以一种类似科学研究的方法对问题进行分析和研究,从而解决问题和获得知识的过程和方法。[1] 因此,问题在探究学习活动中占有非常重要的位置,对于探究学习而言,学习过程即发现问题、提出问题、分析问题和解决问题的过程。

(二)探究学习中教师的作用

1. 问题情境的创设者

如前面所说,探究学习培养的是学生发现问题、提出问题、分析问题以及解决问题的能力。因此,问题情境的创设在探究学习中是非常关键的一步。教师应根据学习目标以及学生个性特点与知识水平创设问题情境,使得问题处于学生的最近发展区,具备一定的挑战难度,最大程度地引起学生的探究兴趣。

2. 探究学习的引导者

在探究学习的过程中,教师最重要的角色定位是学习的引导者。带领学生进行积极的思考,指导学生学会质疑和寻找答案,从而提高学生理性解决问题的能力。同时,教师还应在学习过程中提示并帮助学生,让他们在整个探究过程中都拥有克服困难、坚持不懈的意志,从而培养学生坚持不懈的学习态度。

3. 探究学习的评价者

在探究学习的过程中,教师及时的、适当的反馈同样也必不可少。教师及时的反馈,尤

---

[1] 郑金洲. 基于新课程的课堂教学改革[M]. 福建:福建教育出版社,2003.

其是肯定式的语言能够使学生及时体会到从学习中获得的成就感,从而更能长久地投身于探究学习中。

第四节　课堂总结与作业规范

一、课堂总结

课堂总结是英语课堂教学的最后环节,是对教学内容和学习方法的归纳总结以及课堂教学的拓展延伸,是让学生全面掌握课堂内容,找出规律,扩展思维的环节,对整堂课的教学效果起着至关重要的作用。

(一)课堂总结的原则

1. 目的性

课堂总结在课堂教学环节中有其特定的作用,所以教师在进行课堂总结的时候,需要有明确的目的。

2. 引导性

教师需要帮助学生参与到课堂总结的过程中,引导学生与教师一同进行总结,而不是教师单独完成。

3. 简洁性

课堂总结需要在很短时间内完成,同时得让学生容易记忆,所以要求此环节简洁、概括,高度提炼最核心的教学内容。

4. 针对性

课堂总结需要针对教学内容和学生特点来设计,因文因人制宜。比如总结环节的提问设计,应提出具体问题:本堂课的关键点在哪里?应解决哪些问题?而不是泛泛地提问:听懂了吗?掌握了吗?对不对?具体问题才能引导学生去探寻针对性的答案。

(二)课堂总结的类型

1. 归纳式总结

归纳式总结是最常见的课堂总结类型,目的是引导学生将课堂教学内容进行概括性地叙述,并按照一定的逻辑方式提炼课程纲领。

2. 悬念式总结

教师在进行课堂总结的时候,留下一个特定的问题,引导学生在课后进行更深的思考和学习,问题可以是关于接下来的课程内容,也可以是本堂课的内容延伸。

3. 图表式总结

图表式总结是相对形象化的总结方式,通过图示或表格的方式,对当堂课的内容进行分类、整理、归纳等,适合于特定内容的总结。

4. 练习式总结

以做练习或者设置课堂活动的方式来完成课堂总结,既能巩固本堂课的知识,又能够得到学生掌握程度的及时反馈。

5. 前后呼应式总结

教师在课程开始的时候给学生设置问题,课程教授完成后引导学生回答设置的问题,以前后呼应的方式进行总结。

6. 比较异同式总结

将本堂课的内容与其他特定内容进行横向对比,让学生从知识的异同中去总结课程内容。

(三)课堂总结的方法

1. 口头式总结

教师或者学生通过口头形式进行课堂总结,可一个人进行,也可多人分别进行,或者分组讨论。

2. 板书式总结

由教师书写板书进行总结,更能体现总结的系统性和逻辑性,也更突出重点。学生根据板书进行理解和记忆。

3. 笔录式总结

由教师进行口头总结,学生根据教师的总结快速笔录。这种总结方法可以锻炼学生速记和整理的能力。

4. 独立完成式总结

教师把课堂总结当作作业布置给学生,由每个学生在课后独立完成当堂课程的内容总结。教师可以对学生的总结进行比较及择优公布,让学生自己去寻找差别。

5. 专题式总结

有些时候课堂总结并不是针对当堂课的内容,而是针对教师确定的某一个专题内容,有可能包含几堂课的内容。学生就专题内的所有内容进行系统性的总结。

(四)课堂总结的意义

1. 归纳总结

通过总结,把分散的知识点相互串联起来,不仅加深记忆,更通过理解内在的逻辑关系,形成知识结构,促进学生知识内化,引导学生真正地掌握语言学习的能力。

2. 突出重点

总结是最能够发现课堂教学重点、难点的方法。通过课堂总结,引导学生自己找到教学内容的重点,加深记忆,突破难点。

3. 拓展延伸

课堂总结不仅是对当堂课内容的概括,也需要联系相关知识,让学生更系统性地进行整体思维,拓展延伸自己的思维能力。

4. 设疑回应

通过课前设疑,总结回应的方式,引导学生独立思考,并且帮着学生更好地掌握课程核心内容。

5. 画龙点睛

课堂总结时,往往由教师加入一点提升认识、升华主旨的点睛评价,帮助学生获得关键性的提高。

二、作业规范

(一)作业布置类型及规范

教师布置作业的目的在于让学生巩固、吸收所学知识,并转化为技能技巧。合理科学地设计作业和批改作业,是检查教学效果、发现教学问题和提高教学质量的重要手段。

1. 作业布置类型

根据作业完成方式的不同,可分为书面课时作业、表演式作业、实际操作式作业、讨论式作业、互动式作业、开放式作业,等等。

2. 作业布置原则

为了克服传统作业的弊端,改变重数量、轻质量,重书面、轻口头,重语法、轻语感,重记忆、轻应用,重布置、轻督查的现状,英语作业布置应在新课程理念指导下,体现结构与功能相结合、自主学习和综合发展相结合的原则。①

(1)作业布置应体现综合性和多样性。

听、说、读、写四项技能的训练都应该包含在作业的设计中。作业设计也应考虑方式的多样性,应从简单地做选择题、记忆单词、背课文等逐渐上升为造句、情景对话、回答问题、翻译、复述、概括段意主旨、阅读表达、书面表达等作业形式。

---

① 伍晓婷. 浅谈新课程理念下的高中英语作业布置新途径[J]. 教育科学,2011(04).

(2) 作业布置应体现层次性和延展性。

由于学生各自的基础知识结构、接受能力、思维方式都不尽相同,教师在布置作业时既要面向全体,又要充分考虑个体差异,给不同层次的学生布置难易程度不同的作业。作为一门实践性很强的学科,英语教学不能仅局限于课本知识和内容,否则就难以拓宽学生的知识面,提高其语言运用能力。因此,教师在编排作业时也需要引导学生拓宽思维空间和语言运用空间。

(3) 作业布置应具有实践性与探究性。

语言教学不应该是简单的应试教学,而应该是培养学生运用语言进行思维、表达思想、进行交流的教学。因此,教师可以尝试让学生通过多种形式的探究活动,例如情景模拟表演,进行实践性的作业练习。

(4) 作业布置应具有过程性与评价性。

对学生作业过程进行必要的督察和指导,是提高作业有效性的重要保证。此外,在作业订正分析的基础上还需要错误跟踪,多次评价。

(二) 作业批改规范

(1) 认真及时批改作业,注意学生作业中的错误数量和性质。批改字迹要端正,要写简要点评。

(2) 作业要进行讲评,错误需要及时订正,并确认学生是否理解错误原因。

(3) 作业错误的高发部分内容,需要教师检查教学过程和内容是否存在问题,必要时可进行再次讲解。

(4) 平时单元测试题、复习阶段的测试题,以及期中、期末考试卷应由教师批改。

本章知识结构

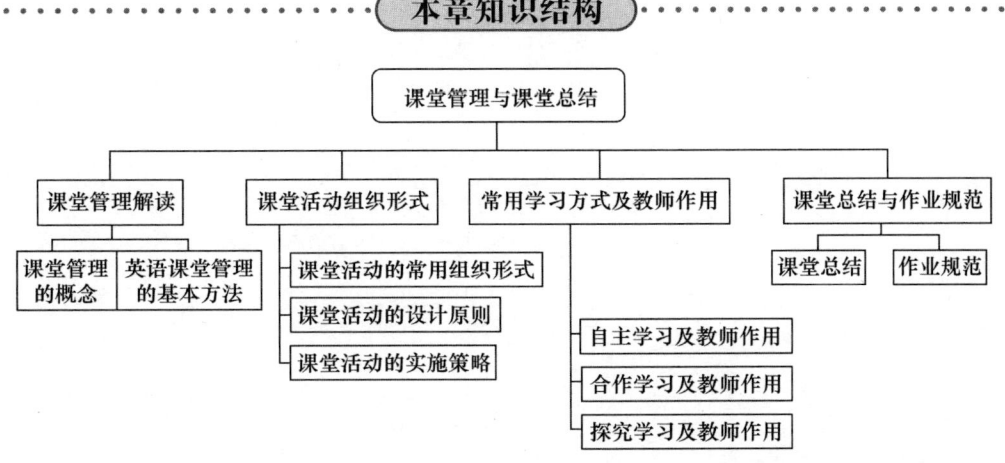

本章小结

本章讨论了课堂管理的基本概念与方法。课堂管理决定课堂教学的有效性。课堂管理的理念以"学生为中心",以围绕学生能力的培养为目的。

备考指南

本章的内容会以教学情境分析题的形式出现,因此希望考生不要死记硬背本章内容,而是理解重点知识,从而能够灵活地运用。

自测训练

1. 课堂管理的基本方法有哪些?
2. 课堂活动的常用组织形式和设计原则有什么?
3. 教师实施课堂活动时,应该注重哪些策略?
4. 什么是自主学习?如何发挥教师在自主学习中的作用?
5. 什么是合作学习?如何发挥教师在合作学习中的作用?
6. 什么是探究学习?如何发挥教师在探究学习中的作用?
7. 课堂总结有什么类型?如何进行课堂总结?
8. 课堂总结有什么作用?
9. 在进行作业布置和作业批改的时候,应该注意什么?

第十七章　现代教育技术

> **考纲内容**
>
> 1. 能够根据教学目标创设相应的教学情景，设计有效的教学活动，安排合理的教学过程，筛选适当的辅助教学材料。
> 2. 掌握基本的现代教育技术，能够针对不同的教学内容与教学目标，整合多种资源，选择恰当的辅助教学手段进行有效教学。

> **考纲解读**
>
> 在多媒体和网络技术飞速发展的时代，课堂教学已经与现代教育技术变得密不可分。投影仪、计算机、录音机、电子白板等多媒体设备已经成为课堂教学的重要组成部分。新时期的教师应当具有掌握基本的现代教育技术、合理利用这些多媒体设备整合多种资源的能力，选择恰当的辅助手段提高教学效率和效果。

第一节　教育技术相关概念

一、教育技术的概念

美国教育传播与技术协会（AECT）1994年提出有关教育技术的定义："教育技术是关于学习过程与学习资源的设计、开发、利用、管理和评价的理论与实践。"2004年6月，提出了以下修订："教育技术是通过创建、利用、管理适当的技术过程和资源以促进学习与改进绩效的研究和合乎伦理道德的实践。"

从2004年的定义可以解读出以下观点：教育技术的目的是为了促进学习，改进绩效。教育技术关注的是如何将技术应用于教育教学的过程，以起到促进学习、改进绩效的目的。

二、教育技术的标准

为了促进我国中小学教师的教育技术能力发展，教育部于2004年12月颁布了《中小学教师教育技术能力标准（试行）》（以下简称《标准》），强调了"意识与态度""知识与技能""应用与创新"和"社会责任"四方面的能力描述。《普通高中英语课程标准》要求教师围绕其工作主线来开展教育技术应用的活动，将教育技术与课堂教学有机整合起来。教师需要做的主要内容包括：

（1）开发和使用各种学习资源；

（2）用系统方法设计和组织教学过程；

（3）改进工作效能与支持自我发展。

三、多种教育资源的内涵

根据教育部《教育资源建设技术规范》的概括，多种教育资源包括以下九个方面的内容。

1. 媒体素材

媒体素材是传播教学信息的基本材料单元，包括文本类材料、图形（图像）类素材、音频类素材、视频类素材、动画类素材。

2. 题库

题库是指按照一定的教育测量理论，在计算机系统中实现的英语的集合，是在数学模型基础上建立的教育测量工具。

3. 试卷素材

试卷素材用于进行多种类型测试的典型成套试题。

4. 课件与网络课件

课件与网络课件是指对一个或几个知识点实施相对完整教学的用于教学的软件。根据运行平台划分，课件可分为网络版的课件和单机运行的课件。网络版的课件需要在标准浏览器中运行，并且能通过网络教学环境被大家共享。单机运行的课件可通过网络下载后在本地计算机上运行。

5. 案例

案例是指由各种媒体元素组合表现的有现实指导意义和教学意义的代表性的事件或现象。

6. 文献资料

文献资料是指有关教育方面的政策、法规、条例、规章制度以及对重大事件的记录、重要文章、书籍等。

7. 常见问题解答

常见问题解答是指针对某一具体领域最常出现的问题给出全面的解答。

8. 资源目录索引

资源目录索引是指列出某一领域中相关的网络资源地址链接和非网络资源的索引。

9. 网络课程

网络课程是指通过网络表现的某门学科的教学内容及实施的教学活动的总和,它包括按一定的教学目标、教学策略组织起来的教学内容和网络教学支撑环境。

此外,在英语教学领域,多种教育资源还应包括教材资源、家庭资源和社区资源等。教材和学生是教师教学和研究的依据,课堂教学是按照教材所确定的内容组织的,它规定了具体的教学内容,是课堂教学的主要资源。社区内可能有对社区学习者产生教育功能或有益于学习者家庭教育的各种资源。

第二节　现代教育技术与英语教学

一、现代教育技术在英语教学中的优势

现代教育技术在英语教学中的应用相当广泛,这与英语作为语言需要提供必要的视听等输入有着必然联系。英语教学课件或软件是教师经常在课堂上广泛使用的。此外,使用网络远程教室以及因特网辅助英语教学也日益被广大师生普遍接受。近些年兴起的手机自媒体更是掀起了微课视频的热潮,英语学习变得灵活多样,随时随地。

(一)运用现代教育技术,营造快乐的课堂教学环境,激发兴趣爱好

《普通高中英语课程标准》中要求:"教师要充分利用现代教育技术,开发英语教学资源,拓宽学生的学习渠道,改进学生学习方式,提高教学效果。"

(二)运用现代教育技术,可以创造优美的学习气氛

利用PowerPoint等课件将相应的图片与课堂内容结合,或是在课堂上播放与教学内容相关的音频、视频等,能够让学生对课堂更加感兴趣,从而投入到语言学习中去,达到创设优美学习气氛的效果。

（三）利用多媒体教学技术，可以创设良好的教学情境

语言和情境是密切相关、不可分割的。人们的交际活动是在一定情境中进行的，因此，要发展学生的语言表达能力，必须使学生置身于某种真实的语言环境中，使学生产生一种用语言表达感情的欲望，让他们感到所学英语的真实性。在英语教学中，灵活运用集声音、文字、图像、动画于一体的多媒体教学技术，能打破课堂教学时空界限，化静为动，化抽象为具体，为学生提供生动、逼真的交际情境，在这种创新的环境中，学生怀着轻松愉快的心情，能更自觉地进行英语语言交际活动。

（四）利用网络教学手段，可以更好地巩固和反馈课堂教学效果

在网络中进行远程教学，课堂内容可以被反复观看，学生可以对课堂内容充分消化和巩固，从而达到自主学习、主动求知的目的。此外，通过网络软件可以采取游戏等轻松的方式对课堂内容进行测试和反馈，教师亦可与学生通过网络平台进行互动。

（五）运用多媒体技术，可节省课堂时间，加大课堂教学容量

传统的课堂教学，教师讲解知识点、板书占用的时间太多，学生参与语言实践的机会较少，因而教学效率较低。而计算机辅助教学突破了教育信息传播的"时"和"空"的界限，信息传送的范围更广、速度更快、地域更远，教学视野不断扩展，这样使教学时间相对缩短，课堂信息容量不断扩大。

二、运用现代教育技术的课堂的注意事项

多种教育资源的有机整合需要借助现代多媒体技术这一平台得以实现，多媒体技术的使用使课堂教学注入了更多新的元素，焕发新的活力，达到优化课堂教学、提高教学质量的效果。

在英语课堂教学中运用现代教育技术，可以高效率地完成教学任务，实现培养英语语言能力的目标。但是在具体应用中，由于种种原因，不可避免地出现了一些问题，主要表现在以下几个方面。

（一）不能用多媒体代替教师上课

教学活动是师生共同参与的活动，在教学中，通过师生之间的交流信息、反馈等方式来实现教学双方对学习知识的掌握，帮助教师在一个动态过程中完成教学任务，实现教学目标。如果教师盲目地依赖计算机，只注重人机对话，而忽略了师生之间的交流信息，让教师变成了多媒体课件的"放映员"，学生变为"旁观者"，这样就会使课堂教学活动处于一个单边的交流环境中。

（二）不应过多地使用多媒体

英语是一门实践性很强的学科，需要师生、生生之间用英语进行大量的交际活动，才能培养学生的语言运用能力。是否使用多媒体教学，应取决于英语课堂教学的需求，不能让多媒体牵制教学，多媒体课件只能放在辅助教学的地位上，从而起到为教学服务的作用。此外，设计课件要深入浅出地演示教学内容，如果做得很花哨，就会使学生把注意力放到课件本身，而忽略了应掌握的知识内容，本末倒置。实践证明，长时间、大容量地使用多媒体，实际教学效果并不理想。因为学生在长时间观看的过程中容易产生视觉和心理疲劳，注意力难以保持集中，甚至产生厌倦心理。

（三）注意处理好现代媒体与传统媒体的关系

在英语课堂教学中，现代媒体所起的作用是许多传统媒体无法比拟的。但并不是说，多媒体可以取代其他一切教学媒体。只有根据教学需求，恰当地使用各种媒体，才能真正满足教学实践的需要。另外，有一些课堂内容可以通过教师的板书展示，教师可以根据学生提出的疑问，随时修改、调整，没有必要用多媒体。

在实际教学中，教师不应一味赶潮流，而应根据教学内容的需求选择适当的多媒体，合理地应用现代媒体与传统媒体，扬长避短，充分发挥它们最佳的教学效果。

本章知识结构

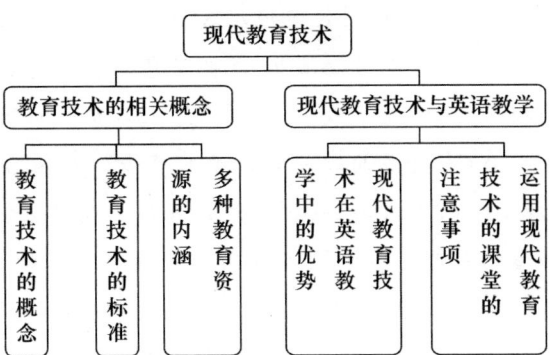

本章小结

现代教育技术是教师必须掌握的基本技能。当今课堂教学离不开现代教育技术的支持，教师应当把握好教学与使用现代教育技术之间的关系，让信息技术辅助课堂教学，而不是使教学活动围绕技术手段而设计。

备考指南

本章内容相较于其他章节属于次重点章节,考生不必花费过多的时间去背诵本章细碎的知识点。关于现代教育技术,考生要了解各个概念,重点是要处理好现代教育技术与课堂教学之间的关系,能就这方面的问题阐述自己的观点。

自测训练

1. 请列举出5种以上教育资源。
2. 在一节公开课上,突然王老师的电脑出了问题,眼看着还有2分钟就上课了,王老师精心准备的PPT等课件都没法展示了。如果你是王老师,你会怎么办?这样的突发状况给你什么启示呢?

链接阅读

翻转课堂

翻转课堂的英文是 Flipped Classroom(或 Inverted Classroom),是指重新调整课堂内外的时间,将学习的决定权从教师转移给学生。在这种教学模式下,课堂内的宝贵时间,学生能够更专注于主动的基于项目的学习,讨论本地化或全球化挑战的问题,从而获得更深层次的理解。教师不再占用课堂的时间来讲授信息,这些信息的学习需要学生在课后自主完成。学生可以看视频讲座、听播客、阅读电子书,还能在网络上与其他的同学讨论,能在任何时候去查阅需要的材料。教师也能有更多的时间与每个人交流。在课后,学生自主规划学习内容、学习节奏、风格和呈现知识的方式,教师则采用讲授法和协作法来满足学生的需要和促成他们的个性化学习,其目的是为了让学生通过实践获得更真正的学习。翻转课堂模式是大教育运动的一部分,它与混合式学习、探究性学习、其他教学方法和工具在含义上有所重叠,都是为了让学习更加灵活、主动,让学生的参与度更强。互联网时代,学生通过互联网学习丰富的在线课程,不必一定要到学校听教师讲授。互联网尤其是移动互联网催生了"翻转课堂式"的教学模式。"翻转课堂式"是对传统课堂教学结构与教学流程的彻底颠覆,由此将引发教师角色、课程模式、管理模式等一系列变革。

知识拓展

可汗学院创始人:《用视频再造教育》,http://v.163.com/movie/2011/7/C/6/M77ESEJF8_M77ESRDC6.html.

第十八章　评价的知识与方法

考纲内容

1. 了解形成性评价和终结性评价的知识与方法，并在高中英语教学中合理运用。
2. 了解教学案例评析的基本方法，能够对教学案例进行评价。
3. 了解教学反思的基本方法和策略，能够对自己的教学进行反思并提出改进思路。

考纲解读

《普通高级中学英语课程标准》指出：要建立旨在促进学生全面发展的多元化评价体系，着重评价学生的综合语言运用能力以及在学习过程中表现出的情感、态度和价值观。因此，对学生的作业需要进行全方位的评价，才能更为科学、有效且真正促进学生的发展。本章在考试当中多以教学情境分析题和论述题等形式出现。重点考察学生综合、分析、评价方面的能力。本章题目比较灵活，考生自我发挥空间较大。根据考纲要求，考生在本章需掌握高中英语教学评价的基本内容、类型和主要方法，对形成性评价与终结性评价有比较深刻的认识。

第一节　形成性评价的知识与方法

一、形成性评价定义

形成性评价从提出到现在所经历的时间并不长，尽管它的首创者并没有给出它的确切定义，但后人在他的思想影响下，对此作了很多研究。如布鲁姆的观点是"对我们来说，形成性评价就是在课程编制、教学和学习过程中使用系统性评价,以便对这三个过程中的任何一个过程加以改进。"他认为形成性观察的主要目的是决定给定的学习任务被掌握的程度、未掌握的部分。《普通高中英语课程标准》认为,形成性评价是"通过多种评价手段和方法,对学生学习过程中表现出的兴趣、态度、参与活动程度,对他们的语言发展状态做出判断,对他们的学习尝试做出肯定,以促进学生的学习积极性,帮助教师改进教学"。

其他关于形成性评价的定义还有很多,但也都是在总结前人的基础上得出的。尽管人们对形成性评价的定义界定各不相同,但他们都同时强调了是在教学和学习过程中进行的评价,即它更多的是关注过程,而不是关注结果。

二、形成性评价的目的

形成性评价的目的是在教育活动过程中不断了解活动进行的状况以便能及时对活动进行调整,进而提高活动质量进行的评价。形成性评价旨在为改进活动而了解活动的得失,而不是判断优劣、评定成绩。在实施形成性评价时,应在活动过程中根据活动进程有计划地进行评价,一次形成性评价的对象是活动进程某一阶段的全部内容。形成性评价是一种在事物发展进程中所作的评价,具有反馈功能,其目的是监督事物的发展,并调整、修正发展过程。形成性评价可以激励学生学习,帮助学生有效调控自己的学习过程,使学生获得成就感,增强自信心,培养其合作精神。

三、形成性评价的理论基础

(一)从认知领域分析形成性评价形成的基础

1. 认知心理学

认知心理学主张通过观察外部的变化来推测内部心理活动的变化。认知理论认为,学习是对客观事物之间关系的认识,强调刺激与反应之间产生的各种可变因素,学习是对环境的适应,是一个主动积极的过程。

美国心理学家奥苏伯尔提出了意义学习,就是将符号所代表的新知识与学习者的认知结构中已有的适当观念建立非人为的和实践性的联系。从客观上说,材料必须具有逻辑意义,在学习者的心理上是可以理解的,是在其学习能力范围之内的。从主观上说,学习者的认知结构中要有适当的知识,且学习者必须具有积极主动地将符号所代表的新知识与认知结构中的适当知识加以联系的倾向性。奥苏伯尔强调有意义地接受学习。

而另一位美国心理学家布鲁纳则强调发现学习。他认为学生是教学过程中的积极探索者,教学不应使学生处于被动接受知识的状态,而应让"学生自己把事物整理就绪,使自己成为发现者。"布鲁纳主张教师应提供一种问题情境,帮助学生形成一种独立探索的思维习惯,促进学生自己思考并参与知识的学习活动。布鲁纳认为教师应扮演学习的促进者的角色,引导学生发问并自己收集证据来解决问题。

2. 建构主义

建构主义认为"虽然世界是客观存在的,但对世界的理解和赋予意义是由每个人自己决定的,人们是以自己的经验为基础来建构和解释现实的。"课本知识只是一种关于各种现象的较为可靠的假设,而不是解释现实的"模板"。"每个学习者都在以自己原有的经验系统为基础对新的信息进行编码,建构自己的理解,而且原有知识又因为新经验的进入而发生调整和改变。"学生对知识的"接受"只能靠他自己的建构来完成,以他自己的经验为背景来分析知识的合理性,他不是被动的信息吸收者,而是意义的主动建构者,这种建构不可由他人代替。建构主义还认为,学生不是空着脑袋进教室的,在他们的日常学习中已经形成了丰富的经验。教师在教学中不能无视学生的这些经验,而是要把学生现有的知识经验作为新知识的生长点,引导学生从原有的知识经验中生长出新的知识经验。与认知理论相比,建构主义更强调学生的主观认识,且更重视建立有利于学生主动探索知识的情境,要使学生真正地学习,学习任务必须是真实的、富有挑战性的和多样性的。建构主义强调教师对学生学习过程中的每一次成功与进步的评价,强调促进学生获得对所学知识积极体验的重要性。教师是学生学习的引导者和重要伙伴,应倾听学生的想法,重视学生自身对知识的理解,重视学生个体之间的差异,在肯定差异的同时,增进学生之间的合作,从而促进其学习。

3. 多元智能理论

多元智能理论是由美国哈佛大学的心理学教授霍华德·加德纳根据他及同事多年来对人类潜能的研究,于1983年提出的一种关于智力及其性质和结构的新理论。它对传统的智能理论提出了挑战,特别是对传统的评估学生能力的方式提出了挑战。

在加德纳看来,智能具有普遍性,但也有差异性。人的智能可通过后天的教育得以开发,智能之间并不是孤立的,而是相互作用、相互组合的。加德纳将人的智能分成多个方面。

(1) 言语/语言智力(verbal/linguistic intelligence),指的是人对语言的掌握和灵活运用的能力。

(2) 逻辑/数理智力(logical/mathematical intelligence),指的是对逻辑结构关系的理解、推理、思维表达能力。

(3) 视觉/空间关系智力(visual/spatial intelligence),指的是人对色彩、形状、空间位置等要素的准确感受和表达能力。

(4) 音乐/节奏智力(musical/rhythmic intelligence),指的是个人感受、辨别、记忆、表达音乐的能力。

(5）身体/运动智力（bodily/kinesthetic intelligence），指的是人的身体的协调、平衡能力和运动的力量、速度、灵活性的能力。

(6）人际交往智力（interpersonal intelligence），指的是对他人的表情、说话、手势动作的敏感程度以及对此做出有效反应的能力。

(7）自我反省能力（intrapersonal intelligence），指的是个体认识、洞察和反省自身的能力。

(8）自然观察者智力（naturalist intelligence），指的是人们辨别生物（植物和动物）以及对自然世界（云朵、石头等的形状）的其他特征敏感的能力。

(9）存在智力（existential intelligence），指的是陈述、思考有关生与死、身体与心理世界的最终命运等的倾向性能力。

这些智能由不同的核心能力组成，彼此之间既相互独立又互相联系，每个人的身上都或多或少地拥有这些智能。

多元智能理论的提出对全面认识和评价学生具有重要的借鉴意义。从多元智能理论来看，每个人都有独特的智能结构和学习方式，所以对所有人都采用相同的教材、教法或使用同样的评价标准显然是不合适的。每个学生都有发展的潜力，教师应从不同的视角、不同的层面去看待每一个学生，要让学生积极参与教学活动，要以适合学生特点的有效方法促进每个学生的全面发展。以多元智能理论为指导，教师应树立多元化和情境化的评价观，通过多种渠道、不同方式，在不同的情景下进行评价。评价要反映学生的真实智能水平，体现学生智能的差异，最大限度地发挥其所拥有的潜能。评价应包括整个学习过程，并有真实的情境。对学生的思维发展而言，过程比结果更重要，用"会学"来带动"学会"。评价性的测验应提供让学生展示自己的智能状况的机会，表达他们的智能强项，并为学生提供反馈信息，使他们知道如何不断提高自己的知识水平和认知能力，激发他们超越自己，富有创新精神。另外，评价也需与教学过程相结合，要评价学科中值得评价的内容。

（二）从情感领域分析影响学生语言习得的因素与形成性评价的关系

除认知领域外，学生语言习得与情感因素也有密切的关系。情感是人对客观事物的一种态度，反映客观事物与人的需要之间的关系，情感是人类行为的情绪和感受，是认知活动的动力系统。布鲁姆等人认为情感领域的教育目标是"注重情调、情绪或接受与拒绝程度的目标……"并对此进行了分类：即接受、反应、估价、组织、性格化等五个层次。

接受层次是学生对某一现象敏感，表现出愿意接受或注意的倾向；反应层次是学生具有足够的动机与兴趣，主动做出反应；估价层次是学生对某物或某事产生喜欢或厌恶的态度；组织层次是学生把某一或某些价值综合到价值等级系统中，并区分出它们的重要性程度；而

第十八章
评价的知识与方法

性格化层次是某一价值或价值复合体为学生所内化,成为持久影响其行为的个性特征。这五个层次之间具有连续性,由简单、具体的行为目标发展为复杂、抽象的行为目标。根据布鲁姆的这种分类,如果达到了性格化就已经非常稳定了,即学生已形成固定的情感模式。而教师就应该注重培养这种逐层递进,以致形成稳定的心理品质的情感模式,使学生达到自愿学习的目的。

外语教学研究表明,对学习外语的人来说,他们的学习受到各种情感因素的困扰。学生自己的情感因素和教学环境中的情感因素,对学生学习语言都会产生很大的影响。克拉申在他的情感过滤假设(the affective filter hypothesis)中提出,情感过滤会影响语言的输入,高度焦虑会阻碍学生的习得语言。学生在学习时都带有一定的情感,这种情感的投入与学生学习过程中所获得的体验密切相关。积极的情感体验会使学生不断产生浓厚的兴趣和需要,从而产生极大的学习热情,并从中获得快乐。因此,教师在教学中应该解决好学生的情感问题,适时地加以表扬、鼓励等评价,帮助他们把消极的情感转化为健康、向上的积极情感。这就需要教师在学生的动机、兴趣等方面加以关注。

1. 动机

"动机是激励人去行动的内部动因和力量(包括个人的意图、愿望、心理冲动或企图达到的目的等),它是个体发动和维持行动的一种心理状态。"学习中的动机同样如此。所谓学习动机是"激发个体进行学习活动、维持已引起的学习活动,并致使个体的学习活动朝向一定的学习目标的内部启动机制。"动机可以使我们由厌烦转为感兴趣,而对学习语言而言,学习语言的态度、愿望和为此付出的努力成为组成动机的重要方面。"外语学习动机是人类行为的动机之一,它表现为渴求外语学习的强烈愿望和求知欲,它是直接推动外语学习的一种内部动因,是外语学习者在外语学习活动中的一种自觉能动性和积极的心理状态。"

外语学习动机从不同角度有不同类型的划分。如融入型动机(integrative motivation)与工具型动机(instrumental motivation)。抱有融入型动机的学习者是想融入目的语的社会群体并成为其中的成员;抱有工具型动机的学习者则是为了达到某种实际的目的,一旦目的达到,动机便消失。哪种动机效果更好,目前尚无定论。另外,外语学习动机还可分为内在动机(intrinsic motivation)和外在动机(extrinsic motivation)。内在动机是外语学习者内部因素在起作用,丝毫不受外界因素的干扰。外在动机是指外语学习者受到外力的推动,不是主观因素在起作用,一旦外部因素消失,学习者很可能放弃外语的学习。由于外语学习动机在外语学习中占有重要地位,所以激励学生的学习动机是十分重要的。教师要充分利用学生本身固有的动机,多给予学生正面的评价,使学生感到成功的喜悦并看到自己的进步,以增强信心,激发其学习能力。另外,教师的教学内容也应适合学生的水平,否则就会挫伤学生的学习动机。

2. 兴趣

"兴趣是学生积极认知事物和积极参与学习活动的一种心理倾向。""知之者不如好知者,好知者不如乐知者。"兴趣可分为直接兴趣和间接兴趣。直接兴趣是对事物本身感到需要而产生的兴趣,对意志的要求较少;而间接兴趣是对事物的结果感到需要而产生的兴趣,对意志的要求较多。学生在初期对英语产生的是直接兴趣,随着学习的深入,感到对英语的需要日益强烈,进而间接兴趣占主要地位。学生通过几年的学习,掌握了学习英语的规律并与远大的理想相结合,就上升到志趣的阶段,它具有稳定性强、方向明确、自觉性程度高的特点。

为了使学生能从好奇心发展到志趣阶段,教师在课堂上应做正确的引导,并在教学中不断使用正面的评价方式,给学生成功的感受进而增强自信心。同时,教师还要使学生明确学习目标,将兴趣与远大理想结合起来,上升到志趣阶段。

3. 意志

"意志是自觉克服困难去完成预定目标的心理过程,是学生主观能动性的体现。"学习英语最重要的品质就要算是意志了。学生要运用自己的意志力去克服学习中遇到的各种困难,才能将英语学好。要培养良好的意志品质,教师需要从各个小的环节抓起,培养学生的自觉性,即严格要求自己的自控能力。

4. 个别差异

学生在学习英语知识、培养技能和能力的认知过程中存在着认知的个别差异。

首先,从智力发展上来看,个体间存在的智力差异使他们在学习上的潜力上有较大的差异。而群体间的智力差异对不同群体在英语学习方面也会产生不同的影响。例如,男女生虽在智力水平上基本相同,但男生的视觉和空间知觉比女生强,而女生的听力和声音辨别及定位的敏感度则要强过男生。男生喜欢抽象思维,而女生则善于形象思维。因此,在英语学习方面,女生成绩总体上要超过男生。

学生在感知、记忆、思维及学习英语过程中进行信息加工时形成的独特的、稳定的认知方式之间的差异,也是影响学生外语学习的重要因素。学生的认知风格可分为场独立型(field independence)和场依存型(field dependence)。场独立型的学生具有较强的独立性,以自我为参照来处理信息,倾向于分析、抽象信息,不易受周围环境的影响。而场依存型的学生则是以外部为参照来处理信息的,容易受周围环境的影响,对事物的整体性把握得较好,社会交往能力强。

其次,从解决问题上来看,个别差异可分为思考型(reflection)和冲动型(impulsivity)。思考型是指在解答问题时较谨慎、细致、花时间较长,但解题正确率高;而冲动型是对问题未作全面考虑,花时间较短,但正确率低。另外,有的同学复合型思维用得较多,有的同学发散型思维用得较多,而善于运用发散型思维的同学创新性较强。

最后,学生在学习策略的运用上存在着差异。有的学生善于利用记忆策略,注意词的组块,而有的学生则只注意个别词,因此他们之间的成绩就有很大的差异。

了解这些特性后,教师就不应该将学生都按照统一标准来评价,而应根据每个人的特点,因人而异,制定出适合不同学生的评价标准,使他们能在正确的评价下不断进步。

四、形成性评价的分类及实行原则

(一) 形成性评价的分类

形成性评价虽提出的时间不长,但它也从不同方面分为几种不同的类型。

1. 真实性评价(authentic assessment)

真实性评价是指在真实的环境中评价学生的表现,它是一种全面的、以学习者为中心的评价方式。真实性评价要求评价学生解决真实生活中的真实问题的能力。要求评定问题的设计要有真实性、情景性,以便于学生形成对现实生活的领悟能力、解释能力和创造能力。真实性评价强调评价与课程、教学的统一,不仅适用于学校课程和教学的评价,而且还与真实生活中的评价活动相一致。真实性评价可以通过评价学生的产品、学习过程以及档案袋等,使学生认识到自己在真实的学习任务中的表现。

2. 表现性评价(performance assessment)

表现性评价"主要是通过可直接观察的实际行为表现来考察一个人掌握有关知识、技能或具备某种态度的程度"。它是通过学生所完成的综合性的、真实的任务来对学生进行评定的。表现性评价重在考察学生将知识、理解转化为实际行动的能力或使用有关知识、技能解决问题的能力。表现性评价的核心是被评价者所执行的表现人物与评价目标高度一致,它既可以评价学生在完成表现任务过程中所表现出的行为与心理过程,也可以评价表现任务中所涉及的内容和完成任务的结果。表现性评价可以引导学生通过多种方式来展现自己对问题的理解和解答,允许学生以自己的优势智能来应对教师的评价。要想实施表现性评价,就应先对学生的实际表现加以观察,将所观察到的情况加以收集、记载,再进行分析和整理。当然,记载学生学习过程中的实际表现可有多种方法。

3. 发展性评价(development assessment)

发展性评价是一种形成性教学评价,它是针对以分等和奖惩为目的的惩罚性评价的弊端提出来的,主张面向未来,面向评价对象的发展,它是形成性评价的深化和发展。发展性评价是一种主体取向的评价,它着力于人的内在情感、意志、态度的激发,本着以人为本的指导思想,强调对人格的尊重,促进人的全面发展。发展性评价关注评价中主体的互动性,主张使更多的人成为评价主体，探讨的是如何使评价对象最大程度地接受评价结果而不是结果本身的正确性。发展性评价重视评价对象的自我反馈、自我调控、自我完善、自我认同的作用。同时，发展性评价对教学中的动态因素更加关注，如学生在认知过程中的情感体验、经验的交流、合作中的问题等。此外，发展性评价强调个体的个性化和差异性的评价，主张收集多方面的信息，评价标准则是开放性、多元化和具有差异性的，且对评价对象之间的差异性应更多加留意。发展性评价应给予评价对象多次机会，促进评价对象的转变与发展，鼓励将评价贯穿于日常教学中，使评价实施日常化、通俗化。

而对学生来说，发展性评价主张根据过去的基础、现在的状况确定评价对象发展的可能目标需求，在宽松的环境中，让评价对象自觉主动地发展。发展性评价强调评价对象在评价中的作用，主张评价目标和评价计划由评价者和评价对象协商制定，达成共识。重视多渠道的信息交流，主要目的是促进被评价者在现实的基础上向未来的发展。

有关形成性评价的分类还有其他一些标准，但无论怎样分类，它所关注的都是学习过程中的评价，关注的是评价者和评价对象之间应采取哪些方式沟通，以及评价怎样能对评价对象有所帮助。当然，实行形成性评价也要遵循一些原则。

（二）形成性评价的形式

档案袋评价(portfolio assessment)是形成性评价的典范之一。档案袋，其英文是portfolio，又叫"公文包"或"文件夹"，有"代表作品辑"的意思。它最早起源于艺术家的作品集，画家、摄影家等将自己的作品以档案袋的形式收集、整理，再加以展示。后来，这种形式被逐渐延伸、扩展，并用于教学评价中。学习档案袋又叫成长记录袋，后面会详细介绍。

（三）形成性评价的原则

1. 过程性原则

作为促进学生发展的工具，对于学生的评价要贯穿学生学习活动的全过程。由于形成性评价是过程性评价，所以过程是评价的中心，并在此基础上，利用各种评价工具和方式对学生做出正确有效的评价。

2. 明确性原则

评价的目的和要求要明确，并在教学活动之前就让学生了解。

3. 针对性原则

针对性原则即在实际操作中要采取科学的、简便易行的评价，根据不同的评价对象使用不同的评价方式，注重评价个体之间的差异性，针对不同阶段的学生采用不同的评价目标和形式。

4. 反馈性原则

形成性评价倡导将评价结果科学、恰当、具有建设性地反馈给被评价者，使他们对自身有全面、客观的认识,实现评价的最大效益。

5. 合作性原则

形成性评价改变了单一评价主体的现状,把教师、学生、家长都作为评价主体,强调评价主体间的双向选择、沟通和协商,鼓励评价主体和评价对象之间展开互动与合作。

6. 发展性原则

形成性评价最重要的就是促进学生的发展。评价不是简单地对学生进行优劣的区分,而是要注重发现和发展学生的潜能,帮助学生树立自信心,促进学生积极主动地发展。由评价学生的知识体系、技能的掌握转向促进学习态度、创新意识、实践能力、身心品质等的综合发展。

五、形成性评价的常用方法

1. 观察

注意观察学生在课堂上对所教的内容如何作出反应,如何使用教科书,在小组活动中如何与其他同学相互合作与交流,如何展示自己对所学内容的理解,通过观察可了解到学生一堂课都学会了什么,哪些知识还需要强调和补充,哪些教学方法对学生有帮助,学生喜欢哪些活动和材料等,把这些都一一记录下来,作为评价的依据。

2. 调查问卷

调查问卷又称调查表或询问表,是以问题的形式系统地记载调查内容的一种印件。问卷可以是表格式、卡片式或簿记式。设计问卷是询问调查的关键。完美的问卷必须具备两个功能,即能将问题传达给被问者并使其乐于回答。要完成这两个功能,设计问卷时应当遵循一定的原则和程序,运用一定的技巧。

3. 成长记录袋

成长记录袋是一种评价方式,是根据教育教学目标,有意识地将各科有关学生表现的作品及其他证据收集起来,通过合理的分析与解析,反映学生在学习与发展过程中的优势与不足,反映学生在达到目标的过程中付出的努力与进步,并通过学生的反思与改进,激励学生取得更高的成就。成长记录袋的特征如下:成长记录袋的基本成分是学生的作品;作品的收集是有目标的,不是随意的;成长记录袋应留有学生发表意见与反省的空间;教师要对成长记录袋里的内容进行合理的分析与解释。

(1) 以不同的功能为标准,可以把学生成长记录袋分为:理想型、展示型、文件型、评价型和课堂型五种。

理想型成长记录袋主要包括该类型作品的产生和入选说明及代表作品,以及部分学生对自己的作品分析和说明及对自己学习能力的反思。理想型记录袋的主要目的是提高学习质量,并且通过一段时间的学习和成长,帮助学习者成为自己学习历史的思索者和非正式的评价者。展示型成长记录袋主要是由学生自己选择出来最好和最喜欢的作品集。这一类型比起标准化,学生的自我反思与自我选择更重要。此类型成长记录袋主要在家长会等场合下作为学生作品范本,从而起到展示作用。文件型成长记录袋是根据一些学生的反映以及教师的评价、考查、成绩测验等得出的学生进步的系统性、持续性的记录。目的是根据学生的作品、量化和质性评价和方式,提供一种系统的记录。评价型成长记录袋主要是由教师、管理者、学区所建立的学生作品集构成。此类型评价的标准是提前预定好的,通过此类型成长记录袋,教师可向家长和管理者提供学生在作品方面所取得成绩的标准化报告。课堂型成长记录袋由三个部分组成:一是根据课程目标描述所有学生取得的成绩的总结;二是教师的详细说明和对每个学生的观察;三是教师的年度课程和教学计划及修订说明。此类型记录袋在程度上包含了教师与家长、管理者及他人的交流的记录,因此教师可根据此类型记录袋对学生成绩做出较为客观的判断。

（2）以入选材料性质的不同,可以把学生成长记录袋分为:最佳成果型、精选型和过程型三种。

应用成长记录袋的最大优点在于,它能够反映学生学习与发展过程中的重要信息。将学生认为最满意、最喜爱或最重要的作品装进成长记录袋,让每个学生都看到自己的进步和努力,体验到成功的快乐,有利于培养进一步学习的情感与态度。

成长记录袋有助于教师发现学生的个体差异,提供适合每一个学生特点与水平的教学与指导。它十分重视评价过程中的多主体性,特别是学生的自我评价与自我反思,这将充分发挥学生的主体性,尤其是学习的内在动机。通过成长记录袋积累有关学生学习与发展的各种数据与证明,促进形成性评价与终结性评价的有机结合,使教、学与评价有机地结合起来。

与此同时,成长记录袋的应用也存在一定的局限性。首先,教师需要付出额外的时间和精力;其次,成长记录袋的标准化程度较低;最后,成长记录袋包含的主要是学生的片面思想。

六、形成性评价的作用

1. 改进学生学习

形成性测试的结果可以表明学生在掌握教材中存在的缺陷和在学习过程中碰到的难点。当教师将批改过的试卷发给学生并由学生对照正确答案自我检查时,学生就能了解这些缺陷和难点,并根据教师的批语进行改正。有时,当教师发现全班大多数或一部分学生答错某个或某些题目时,可以立即组织班级复习,重新讲解构成这些测试题基础的基本概念和原理。当有些错误只存在于个别学生身上时,教师可以为其提供适合其特点的纠正途径。

2. 确定学生的学习进度

某门学科的教学总是可以划分为若干个循序渐进、互有联系的学习单元,学生对一个单元的掌握往往是学习下一个单元的基础。因此,形成性评价可以用来确定学生对前面单元的掌握程度,并据此确定该学生下一个单元的学习任务与速度。如果形成性测试能有计划地进行,就可使学生一步一步(一个单元接一个单元)地掌握预定的教学内容。

3. 强化学生的学习

形成性评价的结果可以对学生起积极的强化作用。正面的肯定,一方面通过学生的情感反应加强学生进一步学习的动机或积极性;另一方面,也通过学生的认知反应加固学生对正确答案(概念、法则、原理等)的认识,校正了含糊的理解和不清晰的记忆。

要使形成性评价发挥这种强化作用,重要的一点是,形成性测试不要简单地打等级分数,而应通过适当的形式简单地让学生知道他是否已掌握了该单元的学习材料,如已掌握或接近掌握,应明确指出;如没掌握,要尽可能使用肯定性或鼓励性的评语,并提出改进建议。

4. 给教师提供反馈

通过对形成性测试结果的分析,教师可以了解:自己对教学目标的陈述是否明确?教材的组织和呈现是否有结构性?讲授是否清晰并引导了学生的思路?关键的概念、原理是否已讲清讲透?使用的教学手段是否恰当?等等。这些信息的获得,将有助于教师重新设计并改进自己的教学内容、方法和形式。

第二节 终结性评价的知识与方法

一、终结性评价定义

终结性评价就是对课堂教学的达成结果进行恰当的评价,即在教学活动结束后为判断其效果而进行的评价。一个单元、一个模块或一个学期的教学结束后对最终结果所进行的评价,都可以说是终结性评价。终结性评价是对一个学段、一个学科教学的教育质量的评价,其目的是对学生阶段性学习的质量做出结论性评价,评价的目的是给学生下结论或者分等。终结性评价和形成性评价是评价的两种不同形态,是依据评价所针对的教学环节划分出来的。

实际上,终结性评价是一个相对概念,一个课时或一个单元教学结束后的测验相对于这个课时、这个单元来说是终结性评价,但相对于整个模块或整个学期的教学来说,又发挥着形成性评价的功能。

二、终结性评价的作用与功能

期末和学年末的终结性评价,常用的就是考试。期末考试的主要功能是考察学生所学模块的基础知识、实际操作技能和利用所学知识解决实际问题的能力,诊断本学期教学存在的问题,帮助教师和学生改进随后的教与学;学年末考试往往是学科学业结束的考试,如果是学科结业考试,其主要作用是对本科的学习成就给学生一个恰如其分的评价。由于终结性评价是概括一学期或一学年课堂教学的评价,所以对学校、教师和学生来说都是很重要的。终结性评价是学校和教师总结教学工作的主要依据,对学生而言可能有很大的利害关系,从这个角度来说,终结性评价比形成性评价的作用就更大,影响面也更广。

三、终结性评价的特点

终结性评价的首要目的是给学生评定成绩,并为学生作证明,或提供关于某个教学方案是否有效的证明。终结性评价有以下三个基本特点。

(1) 终结性评价的目的,是对学生在某门课程或课程的某个重要部分上所取得的较大成果进行全面的确定,以便对学生成绩予以评定或为安置学生提供依据。

(2) 终结性评价着眼于学生对某门课程整个内容的掌握,注重测量学生达到该课程教学目标的程度。因此,终结性评价进行的次数或频率不多,一般是一个学期或一个学年两三次,如期中、期末考查或考试以及毕业会考等均属此类。

(3) 终结性评价的概括性水平一般较高,考试或测验内容包括的范围较广,且每个题目都包括了许多构成该课题的基本知识、技能和能力。

第三节 形成性评价和终结性评价在高中英语教学中的合理运用

形成性评价是指在教学过程中通过教师观察、座谈、活动记录、问卷调查、学生自评、学生互评等形式对学生的学习行为、学习能力、学习态度和合作精神等进行的持续性评价。这是重过程、轻结果的评价方式,而且在实施评价时,学生个体、同伴、教师可以共同参加评价。形成性评价是在一种开放的、宽松的和非正式的氛围中进行的。评价结果可采用描述性评价、等级评定或评分等形式来体现。形成性评价的目的是激励学生学习,帮助学生有效调控自己的学习过程,使学生获得成就感,增强其自信心,培养其合作精神,提高其自主学习的

第十八章 评价的知识与方法

能力。

终结性评价是一种传统的评价方式,以考试成绩来评定学生学习能力和教学质量,是在一个学习阶段末对学生学习结果的评价。终结性评价评价的是学习内容中易于量化的方面,例如知识和技能等,评价结果多以精确的百分制来体现。终结性评价是在一种正式的、封闭的和严肃的氛围中进行的,易使学生产生焦虑感和紧张感。这样的学习评价显然不易激发学习的积极性,更不用说保持其学习兴趣的持久性。而且这种结果性的评价方式更助长了他们在平时的学习中马虎应付的心理,忽视了学习的积累以及自我教育能力的培养,学生在学习中的主体地位不能得到充分体现。

我国当前的高中英语教学的评价方式过多地依赖于终结性评价。但实践教学证明,形成性评价在促进学生掌握语言知识、提高语言技能、激发学习英语的积极情感态度、培养合作精神、形成自主学习能力等方面具有独特的优越性。过多地依赖于传统的教学评价方式不利于激发学生的学习积极性和内在动机,阻碍了学生在学习中主体性、能动性和创造性的发挥,使我国的英语教学陷入了应试教育的怪圈。这种情况下,必须要改革现行评价机制,建立能促进学生不断发展、教学不断提高、课程不断完善的符合素质教育的评价体系。

总之,教学评价不仅要重视结果,更要注重过程、变化和发展,要把形成性评价与终结性评价结合起来,让学生在科学的评价中健康快乐地成长,让教师在准确的评价中得到发展和进步。

本章知识结构

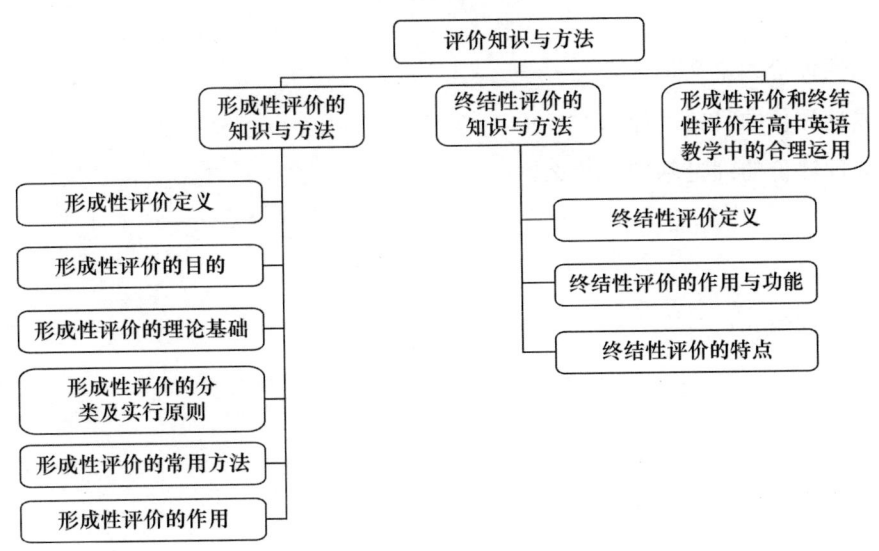

本章小结

教育评价就其目的的不同,通常分为形成性评价与终极性评价。

形成性评价是通过诊断教育方案或计划、教育过程与活动中存在的问题,为正在进行的教育活动提供反馈信息,以提高实践中正在进行的教育活动质量的评价。一般来说,形成性评价不以区分评价对象的优良程度为目的,不重视对评价对象进行分等级鉴定。终结性评价则是在教育活动发生后关于教育效果的判断。一般来说,终结性评价与分等鉴定、做出关于受教育者和教育者个体的决策、做出教育资源分配的决策相联系。

备考指南

在理解的基础上记忆,将所学理论联系实际记忆,做到具体问题具体分析。

自测训练

1. 以下关于形成性评价与终结性评价的比较中,不恰当的是(　　)。
   A. 形成性评价是多次性的,终结性评价则是一次性的
   B. 形成性评价往往与教学过程合二为一,终结性评价则独立于教学过程之外
   C. 形成性评价往往是非正式的评价,终结性评价则往往是正式的评价
   D. 形成性评价是在教学过程之中进行的评价,终结性评价则是在教学过程结束时进行的评价
2. 形成性评价的定义是什么?
3. 形成性评价的目的是什么?
4. 形成性评价的理论基础是什么?

第十九章　教　学　反　思

考纲内容

了解教学反思的基本方法和策略;能够对自己的教学过程进行反思并提出改进策略。

考纲解读

根据考纲要求,考生要在了解教学反思概念、内容、水平等知识点的基础上,重点掌握教学反思的方法和改进思路。

一、教学反思的定义

"教学反思是一个能动的、审慎的认知加工过程,也是一个与情感和认知都密切相关并相互作用的过程。"[1]教学反思是教师对自己的教学活动的自我反省和自我观察,是指教师为了实现教学目标,对正在发生或者已经发生的教育、教学活动以及这些活动背后的理论、假设进行积极、持续的思考的过程。教学反思不是单纯的教学经验的总结,它是伴随整个教学过程的不断发现和解决教育、教学问题的活动,是提高教师教学能力、促进学生充分发展的途径和方法。

二、教学反思的必要性

自20世纪80年代强调培养教师反思能力的思潮在美国、英国、澳大利亚等国的教师教育界兴起以来,培养反思型教师便成为教师教育的重要任务。而随着我国新一轮基础教育课程改革的实施,转变课程教授方式、创造性地实施课程更加需要教师积极地对自身的教学

---

[1] 申继亮,刘加霞.论教师的教学反思[J].华东师范大学学报(教育科学版).2004(22).

行为进行反思。

首先,教师的教学反思能促进教师的专业发展。教师职业的特征决定了教师本身应该既是实践者又是研究者、反思者,对教学的反思"反映了人类对教学实践合理性的不断追求,是现阶段培养优秀教师、学者型教师,加速教师专业化的有效形式"[①]。因此,在教师的专业发展过程中,反思被广泛地看作决定因素。其次,教师的教学反思能提高教学质量。随着社会进程的加快,人们对于教学质量的要求越来越高。教学反思要求教师改变传统的教学模式,由"经验型教师"向"反思型教师"转变,在科学的教学理念的指导下,以学生为中心开展课堂教学,使学生由被动的信息接收者变为主动的信息加工者,使教师在行动中和行动后反思教与学的得失。由此使整个教学活动日趋优化,促进教学质量的提高。最后,教师的教学反思能推动新课程的顺利实施。我国新一轮课程改革更加注重知识与能力、过程与方法、情感态度与价值观,注重科学探究的方法。因此,要求教师以研究者的眼光审视和分析教学理论和教学实践。教师只有进行不断地反思,才能在新的课程理念的指导下质疑、研究并改进教育教学实践,使理想课程转变成现实的课程,从而推进我国新课改的顺利实施。

三、教学反思的类型

从不同的向度来看,教学反思可分为不同类型。

(一)反思阶段向度——教学前反思、教学中反思、教学后反思

1. 教学前反思

教学前反思主要围绕教学目标以及如何实现这一教学目标进行,包括对教学目标和教学内容确定的合理性和准确性、教学活动实施所需条件、教学技巧和策略的有效运用、学生的情况和需求以及教学模式的制定等反思。

2. 教学中反思

教学中反思主要有两种情况:一是教师在教学活动中对于教学前没有预料到的情形进行的反思,即当计划之外的情况发生时,教师要因势利导,抓住有利时机将重新掌握主动权,使教学计划顺利实施;二是教师根据教学中学生的学习效果的反馈,对教学计划进行适当调整,既不可作太大改动也不可为了完成教学计划而忽视学生需求。

3. 教学后反思

教学后反思是指教师在完成教学之后,对教学内容、教学过程、教学策略、教学效果等进行回顾、分析并提出改进意见。教师进行的反思通常都是教学后反思。教学后反思能最全面地对本次教学活动进行成功与不足之处的分析与总结,最大限度地改进下一次教学并促

---

① 刘捷.专业化:挑战21世纪的教师[M].北京:教育科学出版社,2002:261-262.

进教师的专业发展。

（二）反思指向的行为主体向度——亲历性反思、观察性反思

1. 亲历性反思

亲历性反思是指教师对自己亲身经历的教学过程进行审视和分析的思考过程。教师通常都习惯于进行这种反思。

2. 观察性反思

与亲历性反思不同，观察性反思不是通过教师自身的"试误"获得发展，它是指教师通过观察他人的教学行为，吸取经验教训，从而促进自身各方面发展。观察性反思可以有效降低教师自身教学失误的发生率，更有利于教学目标的达成、教学效果的提升。

（三）反思指向对象向度——对教学活动的反思、对教学反思的反思

1. 对教学行动的反思

对教学行动的反思即对教学活动的反思，主要包括：对教学设计的反思，设计与学生学习的匹配，设计的成功与不足；对教学过程的反思，过程的连贯与衔接，过程的起伏与平淡。这种反思为未来的设计提供依据。

2. 对教学反思的反思

对教学反思的反思是对反思自身的反思。教学反思是促进教师专业成长的基本途径，但是对教学活动进行了反思，并不一定就能促进教师的成长。而对于反思的反思则保证了反思本身的有效性，保证了反思对教学活动的监控、调节与改进作用，进而保证了反思能够成为促进教师专业发展的基本途径。

（四）反思形式向度——个人反思、集体反思

1. 个人反思

个人反思是教师个体的一种自我"独白"，是教师在自身经验的基础上对自己的教学活动进行分析、思考和判断的过程。例如"想一想""记教师教学日记"。

2. 集体反思

集体反思是指"与同伴一起观察教育实践（自己的或同事的），或与他们就实践中的问题进行对话、讨论，是一种合作——互动式的研究，是针对同一组教师活动进行集体反思，找出一个亮点，指出一个弱点，想出一个金点"[①]。集体反思可以分享教师间的经验，达到合作学习和共同提高的目的，有助于建立合作学习型共同体。

---

① 教育部教育司组织编写.幼儿园教育指导纲要(试行)解读.南京：江苏教育出版社，2002：120.

四、教学反思的内容

教学反思内容是教学反思得以进行的载体,包括正在发生或者已经发生的教学活动以及支持这些活动的理论。一般来说,教师在反思中应该意识到自己教学的不足之处、闪光点以及再教学的设计。我们将教学反思的具体内容大致分为以下几个方面。

(一)对课堂教学的反思

对课堂教学的反思内容主要包括教学活动本身的优缺点以及影响教学活动的主客观因素;教学目标的实现程度;教学内容重难点的教与学的效果;教学方法、策略、技巧的运用等。

(二)对教师自身的反思

对教师自身的反思主要分析、考虑与教师自身发展和素质提高相关的一些因素。例如教学观念的反思;教师自身专业知识和专业技能的反思;教学心态、角色和信念的反思等。

(三)对学生发展的反思

对学生发展的反思主要包括思考与学生发展有关的一系列因素,主要涉及三个方面:一是反思教学对学生的学业成绩和各种能力的培养;二是反思教学是否能激发学生的学习动机、兴趣以及能否培养学生良好的学习习惯;三是反思教学能否促进学生心理和人格的健全发展。

五、教学反思的水平

关于教学反思水平划分的观点莫衷一是。根据教师专业成长的不同阶段,我们参照马克斯·范梅南(MaX Van Manen)对教学反思水平的划分,将教学反思分为以下三个水平。

(一)技术合理性水平

处于这种水平的教师关注最多的是程序性的问题,即如何利用最好的教学方法和技巧来实现教学目标,却往往忽视了既定目标的合理性。该水平的教师最关心的是达到教学目标的手段的效果和效率,而没有对教育目的进行分析、审视和检讨。技术合理性水平是"前反思水平",也是反思的最低水平。

(二)实用行动水平

处于该水平的教师能够透过教学行为层面来分析行为背后的原因,但是对结果的解释带有个人偏见,往往是他们对教学情况的主观观点而非对客观结果的描述。虽然该水平高于"前反思水平",但还没有达到反思意义的水平,是"准反思水平"。

(三) 批判反思水平

在这一水平的教师能够不带个人偏见地关注对学生发展有益的知识和社会环境的价值,在反思时能够将伦理、道德的标准列入考虑范围,并且以开放的眼光将教学行为放到广阔的社会、政治、经济背景下来分析和审视。批判反思水平是真正的辩证的"反思水平",也是最高水平。

六、教学反思的方法

(一) 教学反思日志

教学日志是教师单独进行反思的一种重要形式,"是教师对自己教学活动中具有教育价值的各种经验,以及在此基础上所进行的创造性的理解和认识予以真实的书面记录和描写。通过书写教学日记可以不断更新教育理念,改进教学工作,促进自身专业发展"[1]。教学日志是教师在教学实践后主动对教学活动进行回顾、反思、总结出来的,没有固定的形式,可以是点评式、随笔式、提纲式、专项式等。一般包括教学中的成功或不足之处、教学中的感受以及教学创新等。

(二) 教研会

教研会是一种教师集体进行反思的形式,是指教师在学校规定的时间内,共同研讨教学教育问题的会议。教研会的主题可以是教育教学经验的交流,也可以是分析教学中的重点和难题,从而解决教育教学问题。教研会使教师个体的反思与集体进行分享,使教师个体获得改变思维策略的机会,也使教师集体形成一种合作学习共同体。

(三) 微格教学

微格教学又称微型教学,是培训师范生和在职教师教育技能的重要方法。微格教学通常是运用技术手段把授课行为录制下来,并反馈给授课者。然后授课者和教师、同学一起观看课堂上师生的教学行为。观看录像时通过选择观察重点、反复播放来分析、评价、反思教学行为。通过这样的反复训练达到让教师纠正自己的行为并能正确、熟练地掌握教学中的各种技能的目的。

(四) 行动研究

行动研究是一种由社会情境(教育情境)的参与者,为提高对所从事的社会或教育实践的理性认识,为加深对实践活动及其依赖的背景的理解所进行的反思。因此,行动研究并不

---

[1] 孙二女.建议教师写教师日记[J].北京教育,2001(6).

是一种研究方法,而是一种研究活动。教育领域的行动研究就是教师和教育管理人员密切结合本职工作综合运用各种有效的研究方法,以直接改进教育工作为目的的教育研究活动。在教育行动研究中,教师以教育教学活动的实际问题为研究对象,在实际行动中不断反思并且解决问题,以改进教育教学活动。

本章知识结构

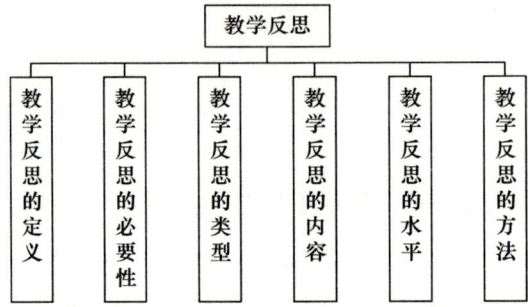

本章小结

教学反思是指教师对自己教学活动的自我反省和自我观察。教师的教学反思不仅能促进教师自身的专业发展,提高教学质量,而且能推动新课程的顺利实施。教学反思从反思阶段向度可分为教学前反思、教学中反思、教学后反思,从反思指向的行为主体向度可分为亲历性反思、观察性反思,从反思指向对象向度可分为对教学行动的反思、对教学反思的反思,从反思形式向度可分为个人反思、集体反思。教学反思可从课堂、教师自身以及学生发展三个方面进行。关于教学反思水平划分的观点莫衷一是。根据教师专业成长的不同阶段,本章参照范梅南对教学反思水平的划分,将教学反思分为技术合理性水平、实用行动水平、批判反思水平三个水平。最后,本章列出了教学反思日志、教研会、微格教学以及行动研究等教学反思方法。

备考指南

教学反思是教师专业发展过程中必不可少的一个环节,对提高教师的教育教学质量、推动新课程改革有着至关重要的作用。在备考过程中,考生要熟记教学反思的概念、内容、水平,理解教学反思的重要性。更重要的是,要在具体的教学案例中体会教学反思的过程和方法,将理论运用于教学实践。

第十九章 教学反思

自测训练

1. 从反思形式向度来分,教学反思可以分为(　　)。
   A. 教学前反思、教学中反思、教学后反思
   B. 亲历性反思、观察性反思
   C. 对教学行动的反思、对教学反思的反思
   D. 集体反思、个人反思

2. 从反思阶段向度来分,教学反思可以分为(　　)。
   A. 对教学行动的反思、对教学反思的反思
   B. 亲历性反思、观察性反思
   C. 教学前反思、教学中反思、教学后反思
   D. 集体反思、个人反思

3. 从反思的行为主体向度来分,教学反思可以分为(　　)。
   A. 教学前反思、教学中反思、教学后反思
   B. 亲历性反思、观察性反思
   C. 对教学行动的反思、对教学反思的反思
   D. 集体反思、个人反思

4. 从反思的指向对象向度来分,教学反思可以分为(　　)。
   A. 教学前反思、教学中反思、教学后反思
   B. 亲历性反思、观察性反思
   C. 对教学行动的反思、对教学反思的反思
   D. 集体反思、个人反思

5. 教师单独进行教学反思的一种重要形式是(　　)。
   A. 教学日志   B. 教研会
   C. 微格教学   D. 行动研究

6. 教师能够透过教学行为层面来分析行为背后的原因,但是对结果的解释带有个人偏见。此时教师处于(　　)。
   A. 前反思水平   B. 准反思水平
   C. 反思水平

7. 处于(　　)阶段的教师,最关注如何利用最好的教学方法和技巧来实现教学目标。
   A. 前反思水平   B. 准反思水平
   C. 反思水平

8. 教师能够不带个人偏见地关注对学生发展有益的知识和社会环境的价值,在反思时能够将伦理、道德的标准列入考虑。此时,教师处于反思的(　　)。
   A. 前反思水平　　　　B. 准反思水平　　　　C. 反思水平

9. 教师通过实际教育教学活动,以教学情境中的真实问题为对象,不断反思并且解决实际问题的反思方式是(　　)。
   A. 教学日志　　　　　　　　　　B. 教研会
   C. 微格教学　　　　　　　　　　D. 行动研究

10. 教师通过与学生、同事一起观看授课录像来分析、评价教学行为,以达到训练、纠正教学行为的反思方式是(　　)。
    A. 教学日志　　　　　　　　　　B. 教研会
    C. 微格教学　　　　　　　　　　D. 行动研究

知识拓展

国外对教学反思内涵的不同理解

美国思想家萧恩认为,反思是指专业者在工作过程中能够建构或重新建构遇到的问题,并在问题背景下进一步探究问题,因为"问题不会像礼物一样主动呈现给实践者,它们必须从复杂、疑惑和不确定性的问题情境中建构出来"①,然后再找出解释或解决问题的方法。他还提出了"行动中知识"或"缄默的知识"的概念。在行动前或行动中,我们本能地执行,并没有思考过或者没有意识到我们已经学会了这些知识,这就是"行动中知识"或"缄默的知识"。教师进行教学反思的一个重要意义就是使自己逐渐意识到缄默知识,并对缄默知识加以激活、分析,使其得到验证和发展,从而升华为教育理论。

萧恩对行动中和行动后反思的关注,引起了学者对教学反思进一步研究的浪潮。在众多观点中,有这样三种观点值得注意。第一种观点认为,教学反思是分析教学技能的一种技术,是对教学活动本身的深入思考。经过这种深度思考,教师能够更有意识,更谨慎地将思考结果和教育理论应用于自己的教育教学实践。第二种观点认为反思是对各种有争议的相对优秀的教学观进行深入思考并在此基础上做出自己的判断,这个思考的过程也是对教育观念、教育背景的深入思考。第三种观点则认为教学反思是对教学经验的重新建构。这种观点将教师教学反思看作是理解和评价实践的一种手段,从而形成对经验的重新组织和重新建构。

---

① Schon, D. A. (1983). *The Reflective Practitioner: How Professionals Think in Action*. New York. Basic Books.

第十九章 教学反思

> 链接阅读

场域-习性理论下的教师教学反思

场域-习性理论是布迪厄提出的，场域是指学校层面上关于课程改革和教师专业发展过程中的各种权力、制度、组织和文化要素，及其之间的关系所形成的网络，包括对课程改革的期望，为实施课程改革而提供的支持环境等。而习性则是指积淀于教师身上的一系列关于教学和自身专业发展的理解、评价和行动的各种心理倾向，比如教师对教育的信念和工作的态度。

布迪厄认为在人为地造成社会科学分裂的所有对立中，最基本也是最具破坏性的，是主观和客观的对立。[1] 虽然社会确实具有一个客观的结构，但是每个人对世界都有一种主观的感受和认知，并且都会将这种主观认知不自觉地运用到日常生活中。而场域-习性理论的精髓就在于克服了客观与主观的二元对立，从关系的角度形成社会哲学的一元论思想。从场域-习性理论的角度来看待教学反思，则其既要受到其个人自身因素的影响，又要受到社会客观环境以及客观因素之间互动的影响。所以，在看待教学反思时，既不能把教师的教学反思理解成教师自我良知的唤醒，更不能把教学反思看作没有主体性的机械反应。辩证的态度应该是，既要重视教师的主观能动性，又要重视学校结构作用于教师，且通过教师体现出来的各种效应。[2]

---

[1] 布迪厄. 实践感[M]. 蒋梓骅, 译. 南京：译林出版社, 1980.
[2] 布迪厄, 华康德. 实践与反思[M]. 李猛, 李康, 译. 北京：中央编译出版社, 1992.

第二十章　教学案例评析

> **考纲内容**
>
> 了解教学案例评析的基本方法,并能够对所给的教学案例进行评价。
> 掌握教学案例评析应遵循的原则,清楚教学案例分布内容。

> **考纲解读**
>
> 根据考纲要求,本章内容多以教学情境分析题的形式进行考察。要求教师们重点掌握课堂教学案例评析的基本方法,能够依据教学案例评析的基本原则对中小学教学案例或情境做客观公正的分析,促进个人教学能力的发展。

一、课堂教学案例的概念

教学案例是对教学过程中的一个实际情境的描述,它以叙事的形式来描述富有深刻道理的教学事件。课堂教学案例就是包含着某些决策和疑难问题的教学情境故事,通过这些故事可以反映出教师创造性解决问题的过程与方法,体现教师反思的能力和水平,表达教师的教育主张。课堂教学案例评析就是以课堂教学案例为研究对象,利用科学的方法论和教育教学理论对这些课堂实录进行分析和评估的活动。

二、教学案例评析的意义

随着新课程改革和校本教研的深入开展,广大教师参与教研活动的机会越来越多。教学案例因其兼顾实践层面和理论层面,既能及时捕捉记录教学中的新情况、新问题,又能总结提炼教学思想、提升教学智慧。教学案例评析活动能帮助教师积累资料、提高认识、总结经验,促进自身的专业发展,恰好解决了教师对当前课堂教学改革中"如何做"的问题,特别是在新课程实践中为教师解读新教材、驾驭新教材指明了新方向,因而近些年被中小学校所重视,为一线教师所接受。

教师作为教育第一线的组织者和实践者,他们了解学生、熟悉教材,对教育教学有着许多生活的、原始的真切体验,所以当教师开展课堂教学案例评析活动时,就会自觉、主动地进行针对性较强的理论学习,并在实践与反思中不断调整研究策略,从而在反复的领悟中去深化自己的研究。正是这种在不断地以"理性-感性-理性"的螺旋式上升的认识和实践的过程中,教师的教育观念与教学行为得以切实改善,教师素质得到真正提高,教师和学校真正共同发展,共同进步。

三、教学案例评析的特征

课堂教学案例评析的特征可以归纳为以下三点。

第一,情境与过程。"自然、真实的情境"是课堂教学案例评析对研究环境的要求。从这一点来说,案例评析更具有"质的研究"的性质,更多地体现了一种"自然主义的探究传统"。"自然探究的传统要求研究者注重社会现象的整体性和关联性。在对一个事件进行考察时,不仅要了解该事件本身,而且要了解事件发生和变化时的社会文化背景以及该事件与其他事件之间的关系。"这实际上也提醒我们,课堂教学案例评析在讲究情境性的同时,还非常注重过程性,研究者应该对情境变化进行跟踪,了解其变化的状态和趋势,把握其变化的整个过程。唯有如此,案例分析才能在"真实""客观"的基础上对事件的意义作"解释性理解"。

第二,合作与分享。课堂教学案例评析要求研究者走向田野,走进学校和课堂,走近教师和学生,通过实地考察、亲身体验、访谈交流等,了解在"自然、真实的情境"中到底发生了什么事、为什么会发生、产生了什么后果以及当事人对此的感受和看法。

在这个过程中,教师和学生从后台走到了前台,由被动变成了主动;人与人之间的交往、互动也变成了一种研究方式;无论是研究者还是被研究者,都需要敞开心扉,聆听彼此。严格说来,在评析案例时,已经没有了研究者与被研究者的角色区别,有的只是一群志同道合者为了一个共同目标而在一起开展的合作,以及由此而带来的成果分享:分享信息、分享知识、分享经验、分享思想、分享智慧。

第三,开放与多元。课堂教学案例评析要做到题材开放、形式开放、人员开放及对案例的分析和解读开放。案例提供的是真实事件,同样的事件在不同的背景下可以作不同的分析，在相同的背景下因为研究者的视角不同也有可能做出不同甚至相反的解释。因此，不管是什么样的案例，都存在着从各个侧面进行分析、研究和解释的可能性，也就是说我们对案例的分析、研究和解释可以是多元的。

四、教学案例评析的内容

教学案例评析需根据教学案例的几个主体部分进行评析。

（1）课题：本课名称。

（2）教材分析：教材基本框架和安排思路。

（3）学情分析：学生学习水平、特点等。

（4）教学目标：体现知识能力和情感态度目标，教学目标应该具体、准确。

（5）教学重难点：要解决的关键问题和可能产生的困难。

（6）教学程序：教学过程，说明教学的步骤以及活动内容和方法。

（7）板书设计：写在黑板上的内容。

（8）教学后记：将对教学有价值的内容进行记载和反思。

五、教学案例评析过程中应遵循的原则

（一）实事求是原则

课堂教学案例的评析要以课堂的真实情况为基础，以科学的理论为依据，不带任何偏见，恰如其分地进行评价。实事求是就是要客观公正，不夹杂感情因素。

（二）中肯有效原则

教学案例评析的对象是活生生的人。一方面，评价者应当及时地、坦率地与编写者交换意见，面对教案的优点一定要充分肯定，对于缺点也一定要明确提出来，不能含糊。另一方面，要褒贬得当。评议的褒贬要有个度，绝不是褒越多越好，贬越少越好。评价时要在关键问题上多加分析，尤其对于缺点和问题，要抓要害予以分析。对于一般问题则轻描淡写，给被评价者空间进行自我反思。

（三）整体兼顾原则

评价者应树立整体思想，坚持在评课中把整体和局部结合起来。整体性原则还包括对编写者实际教学能力的评价。评析教学案例时，既要看所编写的教案、课堂表现，还要看课后所写的教学反思，做到全面分析，整体评价。

（四）激励性原则

评价者要善于发现教案编写者的亮点，而不过分注重完善，在其他老师的基础上修改完善的教案并不能代表教师的真实水平。所以，评价者要善于利用某种因素，激发教师内部产生某种需要，激发教师钻研教材、研究教法的积极性。

（五）差异性原则

对不同层次的教师，评价应该各有其侧重点。例如，对一些有教学经验的教师，评价应侧重在改革课堂结构和教学方法上，要促进教师改进教学手段，根据教材内容设计教法，有意识地多发现，多提高，多引导，利于教师总结和提高。对教学有困难的教师，评价的侧重点应放在教学目的的要求中，放在教学重点难点是否把握以及教案编写是否清楚、正确、有条理上。对新教师应注意指导他们的课堂教学案例逐步达到设计的基本要求，同时鼓励他们进一步发挥自己的特长，形成自己的特色。

六、教学案例评析方法

（一）综合评析法

所谓综合评析法，就是评议者对一篇案例从教材处理、从教学过程、策略、教学方法与手段、板书设计上做出全面、系统、综合性的评价，最后得出综合性评析意见。

（二）归纳评议法

归纳评议法就是对整篇教案的闪光点和不足之处进行总结归纳，从而找出教案的优缺点。

（三）片段评议法

片段评议法是评价者从课堂教学案例中选取具有代表性或典型性的片段进行点评。

（四）寻找特点法

寻找特点法就是寻找被评价者的亮点，重点评价其特点或风格。

（五）诊断评议法

诊断评议法一般分为"诊—断—治"三个步骤。首先，要提出问题和发现问题，通过对课堂教学案例的分析找出优点和不足。然后，要对于提出的问题进行原因分析。既要注意借助教学理论和优秀教师成功的编写经验，又要注意引导大家深入思考，以便"确诊"找到"病根"。最后，就是针对原因，对症下药，提出改进意见。

本章知识结构

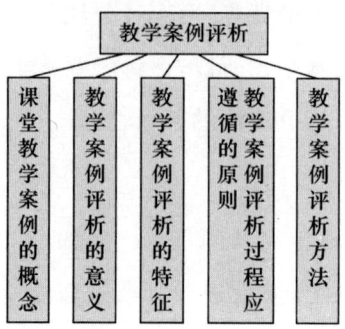

本章小结

本章的重点在于对教学案例评价内容和原则的掌握和理解,难点是如何结合教学案例评析方法针对不同教学案例进行评析。关于教学案例评析考生需掌握:

1. 教学案例评析的内涵(基本概念及意义);

2. 教学案例评析的特征(情境与过程、合作与分享、开放与多元);

3. 教学案例评析的意义;

4. 教学案例评析过程中应遵循的原则(实事求是原则、中肯有效原则、整体兼顾原则、激励性原则、差异性原则);

5. 教学案例评析方法(综合评析法、归纳评议法、片段评议法、寻找特点法、诊断评议法)。

备考指南

对于本章的复习,重点应该集中在教学案例评析的方法和原则上,可以结合课堂实际教学案例进行分析,注意客观公正,有理有据。

自测训练

1. 下列选项中,哪个不属于课堂教学案例分析的特征?(　　)

　　A. 情境与过程　　　　　　　　B. 公平与开放

　　C. 开放与多元

2. 教学案例评析过程中应遵循的原则中有一个是中肯有效原则,那么如何具体做到中

肯有效？（　　）

A. 指出教案编写的优点，不说教案编写的缺点。

B. 尽量用温和的语言评析，对好的地方勇于夸赞，对不好的地方尽量回避。

C. 评价时要在关键问题上多加分析，尤其对于缺点和问题，要抓要害予以分析。

3. 教学案例评析的内容不包括（　　）。

A. 学情分析　　　　　　　　　　　　B. 多媒体设备

C. 教学目标

4. 课堂教学案例的概念是什么？请结合实例阐述。

5. 课堂教学案例评析的意义是什么？

6. 教学情境分析：

Text materials：Holidays

Teaching Objectives：

By the end of the lesson, the students will be able to：

(1) describe a holiday with the new words and expressions

(2) master the skimming and scanning skills

(3) talk about what we can do when we celebrate a holiday.

评析：该教学目标总体设计得不错，但是，存在的问题是学生通过学习后，能否用语言准确描述如何欢度节日。教师应该在设计中更加明确地写出需要学生们做什么，用什么样的语言来描述一个节日。

请问，该评析体现了教学案例评析过程中应遵循的哪些原则？

知识拓展

以"课堂教学案例评析"为载体，构建"学习型组织"的实践策略

教学案例评析活动是一种随时间、环境而不断变化的，将工作与学习融为一体的组织学习形态，不仅可以提高学校内部资源、知识的利用率，不断创造出新知识，而且使教师和学校真正共同发展，共同进步。因此，它是构建学习型组织的一个极好的载体。此外，它具有持续性、调节性特点，把它作为"构建学习型组织"的载体，我们在实践中应用了以下一些策略。

（一）坚定的"行愿"是开展"课堂教学案例评析"的重要动力

成为学习型组织的第一步，也是最重要的一步是全体成员达成学习的共识。从心理学可知，信念对于个人的行动具有重要的制约或支配作用，只有树立正确、坚定的信念，才能有

正确的行动。很难想象一个对教育研究毫无兴趣与热情的人，能够倾心、尽心尽责地投入到教改实践中去。因此，我们在开展课堂教学案例评析活动中，十分重视引导教师树立投身教改的坚定信念的工作。利用多种宣传媒介，采取多种形式，广泛深入地做好宣传发动工作，使教师明确开展此项活动的意义，清晰地意识到在知识经济时代知识更新的速度越来越快，唤起教师今天不学习，明天遭淘汰的现实危机感。教师应该努力学习，努力参与教育教学改革研究，不断更新观念，更新知识，更新能力，跟上时代发展的步伐，不断提高自身的综合素质，只有这样才能适应这个日新月异的社会。变消极被动的要我学为积极主动的我要学，增强老师对参加此项活动的责任意识。此外，还要重视积极营造开展课堂教学案例评析的外部支持。加强领导，全面部署，提供科学的实施意见和建议，形成完善的激励机制，教育行政、教研、教科、电教等方面密切配合，建立这些促进活动运行的保障机制，从而进一步形成有利于活动开展的良好的社会氛围，积极引导广大学校、教师热心参与课堂教学案例评析活动。

（二）"以点及面"的组织实施是做好"课堂教学案例评析"的根本保证

只有在学习型组织中，组织成员才会真正共同发展，共同进步。如果说学校传统的科研课题研究都是在点上结果的话，那么对于今天的课堂教学案例分析，我们追求的则是面上开花，因为只有整个学校的每个教研组都认真开展活动，每一位老师都积极参与，才能提高学校的整体水平。当然，每个教师的教育教学能力和教育监控的敏感性是有差异的，针对这种情况我们首先是抓好典型，起好示范，然后要求老师会做的带头做，能做的参与做，不会的学着做，本着抓两头，带中间、由点及面，最后全面铺开的策略开展活动。课堂教学案例评析活动使教师能够获得各种形式的反馈信息，使每个教师认识到通过自身的努力可以使教育活动更加成功，从而有效提高教师自我效能感。教师参与的态度，经历了一个不自觉-自觉-自动化的发展历程。

（三）多角度着眼，鼓励创新，是"课堂教学案例评析"的核心

学习型组织是指善于获取、创造、转移知识，并以新知识、新见解为指导，勇于修正自己行为的一种组织。开拓、创新精神是新时代教师素质的新要求。课堂教学案例评析活动倡导个性化，不同的学校，不同的教研组，不同的教师，应根据自己的实际情况在不同范围、层次上寻找不同的切入口。每一个案例的来源都涉及实际情境中的一项决策或一个疑难，这种情境可能发生在课内，也可能发生在课外，可能存在于师生之间，也可能存在于师师之间或学校领导与教师之间，案例选择不仅要具有代表性、典型性，更要有研究价值和借鉴推广的价值。研究应该是没有固定模式，对教学思想观念、教学模式、教学目标、教学内容、教学方法、现代教学技术应用等方面，可各有侧重，要注重互相联系、印证，不一定要求是一堂课的全面系统评价，可以抓住教学过程中的某一个环节、方面，有针对性地进行专题研究。同

时,评价方案应该是动态的,随着研究的逐步深入,方案可以不断地调整,使研究更具实际意义。如果只是学了一种模式并从此就依样画葫芦的话,这种研究就会走入一种低水平重复的误区。课堂教学案例评析应是针对性的因地制宜,大胆创新,应是举一而后的反三,是登上此岸后向彼岸的前进。没有最好、只求更好,只有这样,案例评析活动才能不断深入、更好发展。

资料来源:屠剑敏.论"学习型组织"的构建——对"课堂教学案例评析"的再思考[J].浙江教育学院学报,2003.

链接阅读

教学案例撰写"三要"

一、案例特点要明晰

"教学案例,即含有问题或疑难情境在内的真实发生的典型性教学事件。"仔细分析其含义,我们会发现它具有以下几个基本特点。① 真实性。事件是在课堂教学中真实发生的,不是杜撰的。② 问题性。作为案例的事件必须包含问题在内,且有解决这些问题的方法或设想。③ 过程性。案例是对一个事件实际情境的动态性的描述,有事件发生的具体过程。④ 典型性。事件中存在的问题要具有一定普遍性,要能够通过对某一事件现象的分析、处理、诠释,达到举一反三的效果,这样才能对他人有较大的借鉴作用。

二、案例素材要适当

案例素材的选择对于教学案例的编写非常重要。教师每天遇到的事件往往很多,但并不是任何教学事件都能作为教学案例的素材。教师在选择案例素材时,必须要看事件是否适宜做教学案例的胚胎。例如,事件是否有问题性?问题能否引发人们的思考,给读者带来一定的启示和体会?事件是否有典型性,能否反映事件发生的特定的教育背景,隐含普遍存在的某一方面的问题?事件是否有价值,解决问题的措施是否有利于他人的学习和借鉴?事件的过程是否跌宕起伏,能否使读者的心灵受到震撼?等等。总之,所选择的案例素材要符合教学案例的特点,切忌事件干瘪、平淡、虚假、无意义。

三、案例主题要鲜明

编写教学案例的目的,是为了反映一种理念,明白一个道理,探讨一些解决问题的策略。因此,教学案例要有鲜明的主题。主题是案例的灵魂,是编写者对教学事例中蕴含的新理念与新策略提炼的结果。教师既可以从日常积累的教学素材中发现问题,思索困惑,从中选择主题;也可以先确定主题——最好是自己感悟颇深的,然后根据主题搜集相关的案例素材。无论怎样确定案例主题,都应注意以下几个方面:① 案例主题应当是事件发生中最突出、最鲜明、带有倾向性的问题;② 案例的主题要新颖,有时代感,使读者耳目一新,能引起读者共鸣;③ 案例主题要体现一定的教育理念,符合教育教学的基本规律,给读者带来启示;④ 案例主题的切入点要小,切入点越小案例分析就越透彻,案例的价值就越高。

资料来源:陶西文.教学案例撰写"六要"[J].教学与管理,2012:33-34.

附录1 《英语学科知识与教学能力》（高级中学）笔试大纲

一、考试目标

1. 英语学科知识与能力。

具有扎实的英语语言基础知识和语言能力；具备从事高中英语教学所需要的英语语言能力；能理解有关英语国家的语言、历史和文化等相关知识。

2. 英语学科教学知识与能力。

掌握外语教学基本理论、英语教学专业知识与国家英语课程标准内容等学科教学知识，并能用以指导高中英语教学。

3. 英语学科教学设计能力。

能够根据英语学科特点，针对高中学生的认知特点、语言水平和学习需要选择并设计合理的教学内容，形成完整合理的教学方案。

4. 英语学科教学实施能力。

理解高中英语课堂教学实施的基本原则和方法，具备实施语言课堂教学的基本能力；能够根据教学设计，结合教学实际情况，采用恰当的教学手段，引导学生进行有效学习。

5. 英语学科教学评价知识与能力。

了解高中英语课堂教学评价的基本知识和方法，能够对学生的语言学习进行恰当的评价；了解教学反思的基本方法和策略，能够对自己的课堂教学实践进行反思，提出改进的思路。

二、考试模块内容与要求

（一）语言知识与能力

1. 掌握英语语言的基础知识，了解语言学研究中与语言教学相关的基本概念和知识，并能在课堂教学中加以运用。

2. 具有良好的英语语言运用能力，包括用英语进行书面表达、获取教学资源和信息、表达思想情感和与学生良好沟通的能力；能够筛选并改编适合高中学生英语水平的语言材料。

3. 能在语篇中理解英语国家的语言、历史和文学等相关的社会文化知识。

（二）语言教学知识与能力

1. 了解外语教学基本理论,理解语言观、语言学习观、语言教学观等对高中英语教学的指导作用。

2. 理解国家颁布的英语学科课程标准的目标内容(语言技能、语言知识、情感态度、学习策略和文化意识),以及课程标准的其他相关知识,并能在教学设计与实施中运用。

3. 掌握英语语言知识(语音、词汇、语法、语篇等)的教学基本原则、讲解和练习方法。

4. 掌握英语语言技能(听、说、读、写)教学的基本原则和训练方法。

5. 能结合中外社会文化语境,设计并实施英语知识和技能的教学与训练。

（三）教学设计

1. 了解高中学生的认知特点、已有的英语知识、语言能力和学习需求,能够说明教学内容与学生已学知识之间的联系。

2. 理解课程标准的目标要求,能够根据学生的特点选择恰当的教学内容。

3. 能够根据教学内容和学生特点设定合理、明确与具体的教学目标。

4. 能够根据教学目标创设相应的教学情景,设计有效的教学活动,安排合理的教学过程,筛选适当的辅助教学材料。

5. 能够根据教学内容和教学过程,设计有效的学习评估活动。

（四）教学实施与评价

1. 掌握英语课堂教学的基本步骤与方法,能够创设教学情景,激发学习动机,引导学生参与语言学习活动。

2. 掌握指导学生学习的方法和策略,能依据英语学科和学生的特点,根据教学实际情况,恰当地运用语言讲解、练习、提问、反馈等方法,帮助学生有效学习。

3. 掌握课堂管理的基本方法,熟悉课堂活动的常用组织形式,能在教学活动中以学生为中心组织教学,能在课堂教学的不同阶段发挥教师的作用。

4. 掌握课堂总结的方法,能适时地对教学内容进行归纳、总结与评价,科学合理地布置作业。

5. 掌握基本的现代教育技术,能够针对不同的教学内容与教学目标,整合多种资源,选择恰当的辅助教学手段进行有效教学。

6. 了解形成性评价和终结性评价的知识与方法,并在高中英语教学中合理运用。

7. 了解教学案例评析的基本方法,能够对教学案例进行评价。

8. 了解教学反思的基本方法和策略,能够对自己的教学进行反思并提出改进思路。

附录1 《英语学科知识与教学能力》（高级中学）笔试大纲

三、试卷结构

模　块	比　例	题　型
语言知识与能力	27%	单项选择题
语言教学知识	27%	单项选择题 简　答　题
教学设计	27%	教学设计题
教学实施与评价	19%	教学情境分析题
合　计	100%	单项选择题：约40% 非选择题：约60%

四、题型示例

I. 语言知识与能力

1. 单项选择题（语言知识）

（1）Thousands of ex-army officers have found _____ jobs in private security firms in the US.

　　A. lucrative　　　B. ludicrous　　　C. longish　　　D. lucky

（2）The manager persuaded the team to play the game. What actually happened according to this statement?

　　A. The manager played hard.

　　B. The team played hard.

　　C. The team actually did not play.

　　D. The manager actually did not play.

2. 单项选择题（阅读理解）

Human beings are an irritant to Mother Nature, and in spite of the fact that it took their brains five million years to evolve, She can rid Herself of them in an instant. This, however, may not be necessary, since humans seem to be racing to see if they can save Her the trouble. They behave so arrogantly, contending they are superior to Nature. Rain forests are being cut down or burned—not only polluting the air but also causing a drop in oxygen levels. The love affair people have with their automobiles, especially "gas hog" SUV's, adds to the pollutants in the air and is, yet, another nail in their coffins. Since prehistoric times, humans have been stalking and killing animals, causing many, beginning with the mastodon and saber-toothed tiger, to become extinct. Modern civilization is rushing headlong to slaughter animals in wholesale lots, all the while trying to prove its superiority to Mother Nature, usually with disastrous results.

For thousands of years, humans also have been defacing the earth, making scars upon the land. The throngs of people who responded to the lure of gold in the Yukon totally stripped mountainsides of trees above the Yukon River to make rafts in order to sail 500 miles to Dawson. Forty percent never made it! In the populated areas of the Himalayas very few trees remain since the citizens have cut them down for cooking and heating fires. With most of the trees gone, erosion occurs on a large scale, washing away most of the topsoil, making food production difficult. Even more disturbing is the fact that, due to large-scale cutting, the famous cedars of Lebanon, mentioned in the Bible, no longer exist. Along the same lines, so much of the rain forest in Panama is being destroyed that scientists are predicting the Panama Canal could fill with silt, thus prohibiting ships from crossing the isthmus, due to the effects of deforestation.

Deforestation and erosion, along with changing weather patterns, have led to the fastest-growing regions on this planet—deserts. All the while, populations are exploding worldwide and the proliferation of deserts means there is less arable land to feed the increasing number of people. Starvation on a massive scale will run rampant, and whenever a noted ecologist or environmentalist sends out warnings about such dangers to human life, very few consider giving up any of their conveniences. For instance, they insist on using aerosols and traveling one-to-a-car, thus adding to the emissions, which cause the ozone holes to expand, leading to more cases of skin cancer—a vicious cycle, indeed.

To make matters even more critical, global warming is becoming an ever-increasing threat to the existence of humans and animals. Polar icecaps are melting, and sections, the size of the state of Rhode Island, are breaking off. Traveling toward the Temperate Zones, they begin to melt, placing an inordinate amount of fresh water into the oceans and causing an imbalance.

Humans further complicate their lives by allowing businesses to release pollutants in urban areas, in the name of profit. "Accidents" often take place at refineries where toxic fumes are released into the air that people and animals breathe. Pesticides are so widely used and pose such a threat that it is amazing all of them haven't been banned.

Governments, anxious to appease money-hungry corporations and their stockholders, have allowed timber companies into National Forests to cut virgin-growth trees. Most of these businesses clear cut vast areas and often wait an inordinate amount of time to replant.

Burning questions never cease: When will governments—local, state, and federal—corporations, and the rest of the human race realize what is happening to this planet? When will the race for profit cease to consume them? Perhaps it will come about when there is no land left to farm and feed the burgeoning population, or there is no clean water left to drink, or wildlife to balance the ecosystem, or, more importantly, when their children start dying. By that time, however, it probably will be too late.

(1) In Paragraph 1, "another nail in their coffin" is similar in meaning to _____.

  A. a bad luck   B. going dead

  C. a blessing in disguise   D. going from bad to worse

(2) The author purposefully capitalizes the initial letters of Mother Nature because _____.

  A. the author is clearly being sarcastic and suggesting that human beings show no respect for the nature

  B. the author wants to emphasize the point that nature, like our mother, provides us with nourishment

  C. they are used here as a proper noun personifying the might power of nature

  D. they are words of very special importance

(3) The author implies that travelling one-to-a-car _____.

  A. is an environmentally-friendly travel option

  B. should be discouraged

  C. should be encouraged

  D. should be punished

II. 语言教学知识与能力

1. 单项选择题

Which of the following activities belongs in communicative practice? (   )

A. Repeating sentences that the teacher says.

B. Doing oral grammar drills.

C. Reading aloud passages from the textbook.

D. Giving instructions so that someone can use a new machine.

2. 简答题(中文作答)

(1) 请辨析下列两个句子的不同点并解释原因。

Did you eat something this evening?

Did you eat anything this evening?

(2) 英语教师应该如何看待并处理学生的语言错误？请举例说明。

III. 教学设计

教学设计题：根据所提供的信息和语言素材进行教学设计，本题用英文作答。

请根据以下信息和语言素材进行教学设计，本题用英文作答。

设计任务：阅读以下信息和语言素材。假设你将利用此语言素材提高学生的阅读能力，请根据学生情况设计针对此素材的教学目标，以及实现该目标的课堂活动。

学生概况：本班为中等城市普通学校高中一年级的学生，班级人数为40人。多数学生已具备一定的英语语言能力。学生能够积极参与课堂活动，合作意识较强。

教学时间：45分钟。

教学设计需包括：

- 教学目标；
- 教学步骤及设计意图；
- 教学活动方式、具体内容及设计意图；
- 教学时间规划；
- 学习评价。

语言素材：（加粗单词为学生首次接触的词汇）

The Road to Modern English

At the end of the 16th century, above five to seven million people spoke English. Nearly all of them lived in England. Later in the next century, people from England made **voyages** to conquer other parts of the world and **because of** that, English began to be spoken in many other countries. Today, more people speak English as their first, second or a foreign language than ever before.

Native English speakers can understand each other even if they don't speak the same kind of English. Look at this example:

British Betty: Would you like to see my flat?

American Amy: Yes, I'd like to **come up** to your **apartment**.

So why has English changed over time? **Actually** all languages change and develop when cultures meet and communicate with each other. At first, the English language spoken in England between about **AD** 450 and 1150 was very different from the English

附录1
《英语学科知识与教学能力》（高级中学）笔试大纲

spoken today. It was based more on German than the English we speak **at present**. Then **gradually** between about AD 800 and 1150, English became less like German because those who ruled England spoke first **Danish** and later French. These new settlers enriched the English language and especially its **vocabulary**. So by the 1600s Shakespeare was able to **make use of** a wider vocabulary than ever before. In 1620 some British settlers moved to America. Later in the 18th century some British people were taken to Australia too. English began to speak in both countries.

Finally by the 19th century the language was settled. At that time two big changes in English **spelling** happened: first Samuel Johnson wrote his dictionary and **later** Noah Webster wrote The American Dictionary of English Language. The latter gave a separate **identity** to American English Spelling.

English now is also spoken as a foreign or second language in South Asia. For example, India has a very large number of **fluent** English speakers because Britain ruled India from 1765 to 1947. During that time English became the language for government and education. English is also spoken in **Singapore** and **Malaysia** and countries in Africa **such as** South Africa. Today the number of people learning English in China is increasing rapidly. In fact, China may have the largest number of English learners. Will Chinese English develop its own identity? Only time will tell.

IV. 教学实施与评价

教学情景分析题：根据题目要求进行教学分析，本题用中文作答。

以下片段选自某课堂实录（片段中T指教师，S指学生）。请分析该教学片段并回答下列问题：

（1）学生在对话中的语言错误是什么？
（2）教师采用什么方式来纠正学生的错误？效果如何？
（3）教师还可以采用哪些方式纠错？请举例说明。

教学片段：

T: What did your mum do yesterday, Wang Lin?
S: My mum buyed the dress for me.
T: Oh, that is nice, your mum bought it for you, did she?
S: Yes.
T: Where did she buy it?
S: She buyed it in town.
T: Oh, she bought it in town for you. Well, it is very nice.

附录2　习题参考答案

第一章

　　1—5　CBCDA

第二章

　　1—10　CCBBC　ADDAA

第三章

　　1—10　BBACB　AADAB

第四章

　　1—4　BBCD

　　5. 采取语言学习观的折中认知策略,探讨并充分利用行为主义和认知学习的原理;采取多元文化的包含策略,加深语言理解与文化情境的关系;采取正确的结构—功能交际策略,以完成交际任务、传递信息思想为学习目的;采取低过滤、少焦虑的心理策略,降低语法监测对交际产生的动力阻碍。

第五章

　　1. A。高中英语课程目标中,七级是高中阶段必须达到的级别要求,八级和九级为愿意进一步提高英语综合语言运用能力的高中学生设计的目标,故选 A。

　　2. D。高中课程内容标准包括五个方面的内容,分别是语言技能、语言知识、情感态度、学习策略和文化意识。

　　3. B。高中英语课程的总目标是使学生在义务教育阶段英语学习的基础上,进一步明确英语学习的目的,发展自主学习和合作学习的能力;形成有效的英语学习策略;培养学生的综合语言运用能力。综合语言运用能力的形成建立在语言技能、语言知识、情感态度、学习策略和文化意识等素养整合发展的基础上。语言技能和语言知识是综合语言运用能力的基础。情感态度是影响学生学习和发展的重要因素。学习策略是提高学习效率、发展自主学习能力的先决条件。文化意识则是得体运用语言的保障。

4.【答案要点】

(1) 面向全体学生,为学生终身发展奠定共同基础。

(2) 鼓励学生学习选修课程,加强对选修课程的指导。

(3) 关注学生的情感,营造宽松、民主、和谐的教学氛围。

(4) 加强对学生学习策略的指导,帮助他们形成自主学习能力。

(5) 树立符合新课程要求的教学观念,优化教育教学方式。

(6) 利用现代教育技术,拓宽学习和运用英语的渠道。

(7) 教师要不断提高专业化水平,与新课程同步发展。

5.【答案要点】

(1) 体现学生在评价中的主体地位。

(2) 建立多元化和多样性的评价体系。

(3) 注意形成性评价对学生发展的作用。

(4) 终结性评价要注重考查学生的综合语言运用能力。

(5) 注重评价结果对教学效果的反馈作用。

(6) 评价应体现必修课和选修课的不同特点。

(7) 注重实效,合理恰当地使用评价手段。

(8) 各级别的评价要以课程目标为依据。

第六章

1—5 BBDAC

第七章

1. B。在英语写作教学模式中,有结果教学模式,过程教学模式,内容教学模式和体裁教学模式。写作经过多次修改,对学生初稿、一稿、二稿直至成稿的多次评改实现教师的指导和师生间的充分交流,属于过程教学法,故选 B。

2. A。听力教学中培养的听力技能包括辨音能力,交际信息辨别能力,大意理解能力,细节理解能力,词义猜测能力,推理判断能力,预测下文能力,评价能力和记笔记,故选 A。

3. A。口语教学中培养的交际策略包括积极回应对方,适当使用补白词,迂回策略,回避策略,求助策略,借助形体语言和掌握常规程序套语,故选 A。

4. C。阅读策略包括略读,寻读,精读,猜测生词意思,预测,识别指代关系。通过对文章标题和首尾句的阅读,对文章的内容结构有一个整体的印象,是阅读策略的略读策略。

5.【答案要点】

"自上而下"阅读教学模式有利于培养学生的整体阅读能力。自上而下模式,从学习者已有的图式知识和情景知识的角度对阅读理解过程进行解释,属于宏观加工模式。该模式认为,阅读是一个预测、检验和证实的过程。在这一过程中,读者利用非语言手段,如文化知识、语用知识、社会知识、策略知识以及利用与阅读材料相关话题知识,对阅读材料进行预测、分析和处理,从而达到对所读信息的理解。

6.【答案要点】

听力教学应遵循的原则如下:

(1)激发学生参与听的动机。

任何活动的开展都以动机为前提,听力教学的有效进行同样依赖于学生的动机激发。动机的激发可以通过制造某种交际需求来实现。例如,适当增加听力活动中的竞争成分;教学活动中给学生自由发挥的余地;活动按由易到难的次序排列;增加听力材料的真实性;增加听力活动的趣味性。

(2)选择适当的听力材料。

在听力教学中,要使听的能力得到最有效的训练,选择适当的听力材料具有很大的指导意义。听力材料(包括话题、输入、任务)要与学习者的目标和兴趣相关联,要包括自我选择和评价。真实的听力材料有助于听力教学,如自然的语速和语音语调,高频词,口语化,节奏、语调和停顿。广泛的文体听力材料可以帮助学生掌握不同的听力策略,记叙文、描述性,对比比较,因果和问题性的不同文体都应当作为学习的听力材料。值得注意的是,听力材料如果难度过高,应当适当地简化输入。因为简化的语言输入使听者更加活跃,即能启动听者的背景知识,有助于听者的推理。可从两方面进行简化,一是限制性简化,即使用和强调熟悉的语言项目(词汇、句法、语音、语篇等);二是详尽性简化,即丰富输入(如提高音调、重复或解释关键词、变化句式等)以帮助听者减少理解障碍。

(3)增强输入。

根据克拉申的第二语言习得理论,足够的输入量是语言习得的前提。通过大量的听力输入,学生接触大量真实的语言实例,辅以有目的的任务,能帮助学生习得语言。课堂上,要把听的输入设计成学生学习语言的主要途径;材料的呈现通过听的形式进行;教师用目标语进行授课;师生、学生之间的互动尽量用目标语。

(4)注重过程和注重意义相结合。

听力教学中,注重过程,而不是注重结果,强调听力技能的培养;注重意义,而不是语言形式,就是强调听力材料中的内容。将两者相结合有助于听力教学的整体效率,改善听力教学的远期效果。

（5）听力教学和说、读、写教学相结合。

听力能力的训练不能只局限在听力课上进行,要将听力教学和说、读、写教学相结合,做到听与说结合,听与写结合,听与读结合,这是培养听力能力的有效方式,将消极的、被动的、单向的听力过程转变为积极的、主动的、互动的学习过程。

7.【答案要点】

提高交际能力的口语教学活动如下。

（1）信息沟活动。

信息沟活动是听说教学中常见的教学活动,在活动中创设真实情景,形成交际双方的信息差异,活动采用的方式很多,可以通过图表、卡片、事物,也可以利用图画。图画可以给学生提供一个情景,便于交际的开展。

（2）角色扮演。

让学生把故事性的课文改编成短剧式对话并表演出来。把程度不同的学生组合成一组,对白多的角色由英语较好的学生扮演,对白少的角色由英语欠佳的学生扮演。这样能够促使学生在准备过程中相互帮助,团结协作。角色扮演的活动寓语言训练于娱乐之中,巩固了所学的知识,锻炼了口语表达能力。通过情景设计进行角色扮演,不仅能活化教学内容,同时还可以激发学生的创造性思维和想象力,从而有效地完成语言创设构建过程。

（3）小组讨论。

教师以所教授单元的内容为基础,结合学生的实际语言表达能力设计一些话题,将学生分为2~4人的小组,对所规定的话题进行讨论。教师应根据话题制定讨论提纲,便于学生沿着一定的逻辑顺序进行叙述。这些讨论话题不但与课文紧密相关,而且贴近日常生活。学生在讨论时可以畅所欲言,从而激发他们浓厚的学习兴趣。

8.【答案要点】

写作教学模式如下。

（1）重结果的写作教学模式。

结果定向是一种注重写作成品的教学方式,其主要特点是一稿写作,但是不等于传统的教师布置课外作业,学生独立完成作业,然后教师批改的方式。结果定向写作同样有控制性练习,多采用模仿写作的方式,突出文本形式的准确性。写作通常由范本分析到自由写作。

（2）重过程的写作教学模式。

过程写作模式更多关注学生写作的过程。写作一般有写作准备、打草稿、同伴和小组编辑修改等几个环节组成。写前阶段主要包括预期读者、确定写作目的和写作模式、采集信息和规划写作。初稿阶段提倡小组合作和教师指导,修改阶段强调互评和小组评议。

（3）重内容的写作教学模式。

内容定向教学强调写作内容的丰富性，主张通过不同渠道采集素材，以丰富其写作。看中写作准备，鼓励在确定写作目的后，学生带着问题去通过读书、调查、上网检索信息等获取素材，修改阶段除语言之外尤其注意内容的删减和增补。

（4）体裁法写作教学模式。

按照体裁教学法，教师应向学生介绍他们在未来生活中将会遇到的一些体裁，通过体裁的分析提高学生的写作能力。

9.【答案要点】

听力教学策略如下。

（1）精听和选听结合。

精听是指要求准确地分辨出音、词、短语、语法单元和语用单元的听。听写由于在听的基础上还涉及词汇、语法以及根据语境推理等能力而成为精听的经典活动。

（2）采用适当的教学模式。

在听力教学的实践中，教师应当结合学生的学习特点、掌握程度、听力材料难易程度等方面综合考虑，采取适当的听力教学模式。

（3）培养有意识地听的策略。

有效的听要求在听的过程中听者必须有意识地转换听的意图，监控自己的听力活动。听力理解的成败与听者能否运用有效的听力策略紧密相关，所以外语听力教学不仅应关注听的内容，而且应强调听的方法。策略作为学生对待和完成听力任务的行为和思维方式，是可以教授和训练的。O'Malley 和 Chamot 的学习策略分类主要有认知策略、元认知策略和社会情感策略三类。根据学习策略在听力教学上的应用研究，有不同的听力策略分类。认知策略包括推断、解释、预测、场景化、翻译、专注、想象、重构（意义）。元认知策略包括听前准备、有选择性地注意、有针对性地注意、监测理解、实时评估输入、评价理解。

（4）有效地利用多媒体进行听力教学。

利用多媒体等手段多角度呈现听力材料，能加强教学效果。将视频和音频结合起来可使学生处于声音和影像相互作用的语言环境中，从而达到强化学生听觉输入的效果，对不同水平的英语学习者均可起到积极作用；多媒体手段能促进学习策略的使用，有助于听力词汇的学习、内容的记忆；使用媒体辅助时声、像、母语字幕、外语字母、无字幕的组合不同，学习效果会有差异；幻灯片辅助教学会使学生更多依赖"读"而非"听"来完成理解任务。如果有条件的话，在教学中要充分利用多媒体手段辅助教学，同时也要避免不合理的使用，以免带来负面影响。

10. 【答案要点】

Objectives: After the class, students will be able to:

1. list the main ideas of passage.

2. retell the story of making Oxford Dictionary.

Teaching Procedures:

Step 1: Lead-in

1. Ask the Ss questions and have a short discussion.

What kind of dictionary do you always use to look up for words?

Do you know the history of English dictionary?

2. T reads the descriptions of different types of dictionary and let the Ss guess what kind of dictionary it is.

Step 2: Pre-reading

1. Video-clicking

The Ss enjoy a short video about the history of dictionary and the life of Murray. Before watching, T should ask Ss to pay much attention to the pictures appear in the video. T may conclude the history of dictionary and the life of Murray.

2. Vocabulary learning

Step 3: While-reading

Task 1: Ss fill the chart of the timeline of history of dictionary.

Task 2: Read the text again and find the answer.

a. history of English Dictionary

　　Information: _____

　　Time: _____

b. Murray life: _____

Step 4: Post-reading

Pair work: Retell

Ss retell the history of dictionary and Murray's life.

第八章

1—3　BDB

4.【答案要点】

(1) 教师要具备文化教学的意识。

在英语教学中,教师应始终带有文化意识,深知语言与文化密不可分的关系,把学生的文化知识和交际能力作为教学目标中的一部分,在教学设计和实施中把文化教学一以贯之地当作英语教学中一个必不可少的部分,把语言教学真正置于社会文化的背景下。

(2) 教师要学会利用教材及其他课程资源进行文化教学。

在英语教学中,教师要深度充分挖掘教材中的文化内容,还应该积极利用其他课程资源,特别是广播影视节目、录音、录像资料、直观教具和实物、多媒体光盘资料、各种形式的网络资源、报刊等。

(3) 课堂设计要把文化教学作为英语教学必不可少的一部分。

在备课和课程设计过程中应把文化知识融入语言知识中,把跨文化交际能力融入基本语言能力的训练中。

(4) 在教学过程中介绍英语文化知识。

教师要在课堂上结合教材设置情景,进行跨文化知识的介绍,在教学中引导学生比较英汉思维模式的差异,习俗文化和语言运用规则的差异,使学生认知、理解这种文化差异,有意识地参照得体、恰当的文化背景来进行交流。

(5) 带领学生进行跨文化交际的活动。

教师应创设良好的英语文化氛围,设置模拟的跨文化交际场景,参照教材内容,以课本剧为依托,让学生参与戏剧表演;组织学生观看外国录像、电影,让学生通过感官与心灵接触目的语国家的文化信息,以轻松愉悦的心情体验外国文化并感悟其文化内涵。此外,教师还可以鼓励学生用英语与外国人接触,进行面对面交谈,或访问网站,与外国网友交流,让学生在直接的交流中理解外国文化、传播中国文化,锻炼跨文化交际能力。

第九章

1.【答案要点】

(1) 学习需要分析是教学设计的基础。学习需要分析是教学设计过程的开端,是一种差距分析,其结果是提供确切可靠的"差距"信息,以便确定教学目标,并且有效展开后续系列教学设计环节或步骤。

(2) 学习需要分析是课程设置的依据。一切的课程设置都要以目标为中心来展开。因此,保证目标本身的合理性是课程设置的关键。通过学习需要分析,一方面可以保证课程本身设计的目标以及整个课程开发的目标具有明确的宗旨;另一方面可以使总目标、分目标以及各个子目标具体化,具有明确的内涵。

(3) 学习需要分析是教学过程的先导。教学设计以学习需要分析开始,首先分析确定问题("为什么"),然后形成总的学习目标("是什么"),最后寻找解决问题的方法("如何做"),这一过程理顺了问题与方法、手段与目的的关系。

(4) 学习需要分析是教学效率的保证。学习需要分析可以获得理想的"代价—效益"效果,实现教学需求和目标与教学时间、物质资源和人力资源的最优化配置。通过学习需要分析,可以使教学设计者、教师和学生的时间与精力以及其他资源聚焦教学中真正的问题,确保最优化的教学效益。

2.【答案要点】

高中阶段是生理、心理发展接近成熟,准备走向独立生活的时期。青年初期生理发育的速度比少年期有所减慢。身体发育已经逐渐接近成人水平。青年初期个体的自觉性、独立性有了显著的增长,达到前所未有的水平,其发展主要表现在以下几个方面。

(1) 感知能力。

高中学生知觉和观察的水平不断提高,更富有目的性和系统性。高中学生在知觉和观察事物时比以前更全面、更深刻了。他们能发现事物的一些主要细节和事物的本质方面,稳定性、持久性都比初中时有了很大的提高,但并非发展得尽善尽美,在观察时,有时观察的程序不恰当,观察还不够精确,容易过早过快地下结论。

(2) 记忆和注意能力。

高中阶段是人的记忆力发展的最佳时期,可以说,高中生的记忆力已达到新的成熟阶段。他们能够按照一定的学习目的支配自己的记忆活动。在注意力方面,高中生注意力的集中性和稳定性有了很好的发展,注意的范围一般达到了成人水平。

(3) 思维能力。

高中学生的思维发展达到了新的水平,具有更高的抽象概括性、反省性和监控性特点。他们能够用理论指导分析各种材料,以不断加深对事物发展规律的认识,抽象逻辑思维趋向理论型。

(4) 想象力。

高中学生想象力的特点主要表现在他们的创造性成分的增加和理想的形成、发展方面。高中生更重视现实,他们的理想不仅考虑到自己的兴趣,而且还考虑到有无实现的可能和条件,一旦有可能如愿,他们还会为之而奋斗,争取实现自己的理想。

英语学科知识与教学能力（高级中学）

第十章

答案：

1—5　BBCBA

6.【答案要点】

答案要点：

（1）英语教材是学生语言学习的主要信息来源。

（2）英语教材是引导学生学习的工具，为学生自主学习提供支持。

（3）英语教材提示了英语课程的目标和内容。

（4）英语教材可以为教师组织教学提供帮助。

7.【答案要点】

（1）科学性原则。

（2）系统性原则。

（3）可接受性原则。

（4）发展性原则。

（5）思想性原则。

（6）趣味性原则。

8.【答案要点】

（1）从课程标准出发。

（2）从学生实际出发。

（3）从知识的内在联系出发。

第十一章

1. C　2. A　3. AB　4. ABC　5. B

第十二章

1.【答案要点】

有效英语课堂教学活动设计的原则有：

设计活动应有明确的语言教学目标。

活动要以任务为依托。

活动的设计要有利于激发学生学习英语的兴趣。

活动应有利于发挥学生的创造力和想象力。

活动的设计要有利于学生综合语言运用能力的提高。

教学活动设计要注重学生的参与。

2.【答案要点】

词汇学习活动设计要注意的问题有：

(1) 集中的学习活动时间不宜太长。

与其他有主题内容的学习相比，单纯的词汇学习本身就比较单调，学生就更容易产生厌烦情绪。

(2) 词汇教学要避免罗列词义。

有的教师在词汇学习阶段会将词典中列出来的意思都呈现给学生。由于内容太多，其结果往往是记不住什么。英语词汇中通常是一词多义，在一个语境中一个词只有一个意义，在下一个语境中，同一个词会以另一个词义出现。教师要掌握住对词的层次性教学。通过在不同语境中总结一个词的不同词义，使学生对这个词的记忆不断丰富。

3.【答案要点】

教师可以针对不同情况采取以下一些措施和活动组织策略。

(1) 协商法。

课堂讨论是小组合作学习中运用得最多的学习形式，它打破了课堂上学生个体学习之间的隔阂，给予他们交流合作的机会。在讨论过程中，一些程度好的学生常常会把自己的意见抢先说出来，使得程度较差的学生失去了独立思考、发表意见的机会，而运用协商法时，小组成员在讨论前先独立思考，把想法写下来，再分别说出自己的想法，然后讨论，形成集体的意见，再从中选优。这样可保证小组中的每个成员都有思考的机会和时间。

(2) 打靶子。

在小组中每位成员独立思考后，由一位成员陈述自己的意见，其他小组成员以他的意见为靶子，对他的意见发表见解。同时，也可以以小组的意见为靶子，全班同学对这个小组的意见发表见解。在这种具有团体性质的争论中，学生们更容易发现差异，发生思维的碰撞，从而对问题的认识更加深刻。

(3) 互相提问。

这是培养学生发现问题能力的一种较好的方法。这种方法可用于课本或教师提供材料的课堂讨论中，学生在阅读课本或材料的基础上互相提问题，可小组内提问，也可小组间提问，也可男女生互相提问。在教学中，学生总期望能提出难住对方的问题，学生们阅读得比以往更认真，提出的问题有的是已知的，有的问题甚至可延伸到课外，很能激活学生的思维，激发讨论的兴趣。

(4) 动态分组法。

在课堂讨论中,还可采用小组成员动态编充。如让女生固定在小组的座位上,而让男生流动。比如第一小组男生到第二组,第二组男生到第三组……也可单数或双数组互换女生等。这样,不仅使学生有新鲜感,更重要的是使学生不断地有机会了解更多同学的观点,也可以打破组内长期形成的有的学生在组内起控制作用,有的学生则处于从属地位的态势,给每位学生提供平等发展的机会。

(5) 切块拼接法。

习题教学在教学中是必不可少的,但由于学生掌握知识的水平不同,解题能力参差不齐,所以在习题教学中采用切块拼接法实施小组合作学习。根据每个小组的成员编号,将1号成员组成一组合作讨论第一组题目,2号成员组成一组合作讨论第二组题目,依此类推。这样,每一位小组成员回到原小组中就可以讲解自己学会的一组题,将习题切块再通过不同编号的成员拼接起来,这样既节省了时间,又使每位成员具有了责任感,自己必须把学会的题讲解给其他成员。

第十三章

1. ABC 2. AB 3. B 4. B 5. AC

第十四章

1. C

2.【答案要点】

(1) 语法翻译法。

(2) 内容导入,知识呈现,知识训练,知识产出,布置作业。

(3) 该名教师的教学方法为很典型的语法翻译法。将所学的语法知识直接用学生母语传授解释,这样的方法重视语言知识的传授,但是忽略了学生口语的表达,且没有对学生进行外语方面的有效输入。对于语言同样是交流工具的这一性质而言,语言翻译法显然不能达到这个要求。此外,语法翻译法是一种以教师为中心的教学方法,它忽略了学生在学习当中的主体性,不利于学生思维的发散,且该种教学方法相比其他教学方法而言趣味性不强,难以引起学生学习的兴趣。

第十五章

1. A 2. B 3. C 4. D 5. A

6. 机会渺茫；智者；骄傲的人

7. A

8. Hamburger；watermelon；jellyfish（etc.）

9. （略）

10. （略）

第十六章

1. 课堂管理可以从纪律与行为规范管理、课堂教学环境管理、调控课堂教学过程、运用奖惩机制以及及时制止不良行为这五个方面来进行课堂管理。

2. 课堂活动的常用组织形式主要有个别活动、结对活动、小组活动，其中角色扮演是常用的小组活动的形式。

课堂活动的设计原则主要有目的性原则、差异性原则、信息差原则、创新性原则、交际性原则。

3. 教师在实施课堂活动时，应尊重学生主体性、转变教师角色、恰当运用课堂用语与身体语言、明确活动规则、形成活动规范、正确对待学生错误、给予恰当反馈。

4. 自主学习是一种学习者自我导向和自我监控的学习方式。教师在学生的自主学习中扮演了三种角色：一是作为学习的引导者与促进者，帮助学生确定学习目标和学习内容，培养正确的学习策略，促进学生积极思考、独立学习；二是作为学生的信息提供者，给学生提供信息指导，使学生选择正确的、适合自己的信息，拓展自己的知识面；三是作为学生学习的评估者，鼓励学生学会自我评价的同时，也需要对学生在自主学习下任务的完成情况进行适当的评价。

5. 合作学习是指以异质小组学习为基本形式，系统利用教学动态因素之间的互动，促进学生的学习，以团队成绩为评价标准，共同达成教学目标的教学活动。在合作学习过程中，首先，教师需要扮演合作学习的协调者，指导组内成员明确分工，促进组间成员间的良性竞争，从而发挥合作学习的最大优势；其次，教师应该是学习活动的参与者、调控者、监督者；最后，教师也应该是最终的学习成果评价者。

6. 探究学习是运用探究的方式进行的学习活动和过程，也就是在教师的指导下，主动地发现问题，以一种类似科学研究的方法对问题进行分析和研究，从而解决问题和获得知识。教师在探究学习过程中首先应该根据学习目标以及学生个性特点与知识水平创设问题情境；其次，教师需要成为学习的引导者，带领学生进行积极的思考，指导学生学会质疑和寻找答案，从而提高学生理性解决问题的能力；最后，在探究过程中，教师还需及时地给予学生适当的反馈。

7. 课堂总结主要有归纳式总结、悬念式总结、图表式总结、练习式总结、前后呼应式总结、比较异同式总结这六大类型。

教师可通过口头式总结、板书式总结、笔录式总结、独立完成式总结、专题式总结这几种方式来进行课堂总结。

8. 一是把分散的知识点相互串联起来，不仅加深记忆，更通过理解内在的逻辑关系，形成知识结构，促进学生知识内化，引导学生真正地掌握语言学习的能力；二是引导学生自己找到教学内容的核心重点，加深记忆，突破难点；三是联系相关知识，让学生更系统地具备整体思维，拓展延伸学生的思维能力；四是通过课前设疑、总结回应的方式，引导学生独立思考，并且帮助学生更好地掌握课程核心内容；最后通过课堂总结，可以达到提升认识，升华主旨的效果。

9. 教师在布置作业的时候，应体现综合性和多样性；作业布置应体现层次性和延展性；作业布置应具有实践性与探究性；作业布置应具有过程性与评价性。

教师在批改作业时，一是注意学生作业中的错误数量和性质；二是对作业进行讲评，要求及时订正错误并确认学生是否理解错误的原因；三是通过作业的批改，教师及时反思自己在教学中可能出现的问题；四是教师应亲自批改平时单元测试题、复习阶段的测试题以及期中、期末考试卷。

第十七章

1. 常见的教育资源有：媒体素材、题库、试卷素材、课件、案例和文献资料等。

2. （1）如果我是王老师，我会请其他老师帮忙借一台电脑，与此同时自己做好没有课件的上课准备。尽量将不通过课件也能呈现出来的内容灵活地融入传统课堂中。可以采用简笔画、自己口述等方式，如果能力允许还可以用唱歌的方式辅助教学。

（2）这件事情给我们的启示是：现代教育技术对课堂教学应当起辅助性作用，教师不能过度依赖课件等现代教育技术，它们不能代替教师上课。同时，教师在备课时要做好多手准备，不应该过多依赖多媒体技术。作为教师，尤其是新手教师，更应该处理好现代教育技术与课堂教学之间的关系，不能让现代教育技术喧宾夺主。

第十八章

1. A

2. 形成性评价是在某项教学活动的过程中，为使活动效果更好而不断进行的评价，能及时了解阶段教学的结果和学习者学习的进展情况、存在的问题等，以便及时反馈、及时调整和改进教学工作，获得最优化的教学效果。用于教学的形成性评价进行得较频繁，如一个章节或一个单元后的小测验。形成性评价一般又是绝对评价,即着重于判断前期工作的达标情况。

3. 形成性评价的目的是在教育活动过程中不断了解活动进行的状况以便及时对活动进行调整,进而提高活动的质量。

4. 认知心理学,建构主义,多元智能理论。

第十九章

1—10　DCBCA　BACDC

第二十章

1—3　BCB

4. 教学案例是对教学过程中的一个实际情境的描述,它以叙事的形式来描述富有深刻道理的教学事件。课堂教学案例就是包含着某些决策和疑难问题的教学情境故事,通过这些故事可以反映出教师创造性解决问题的过程与方法,体现教师反思的能力和水平,表达教师的教育主张。课堂教学案例评析就是以课堂教学案例为研究对象,利用科学的方法论和教育教学理论对这些课堂实录进行分析和评估的活动。通常情况下,我们所编写的案例和记录的课堂故事都是教学案例,通过这些教学案例,我们能够清楚地意识到自己课堂上的问题并予以及时反思。

5. 随着新课程改革和校本教研的深入开展,广大教师参与教研活动的机会越来越多。教学案例因其兼顾实践层面和理论层面,既能及时捕捉记录教学中的新情况、新问题,又能总结提炼教学思想、提升教学智慧。教学案例评析活动能帮助教师积累资料、提高认识、总结经验,促进自身的专业发展。恰好解决了教师对当前课堂教学改革中"如何做"的问题,特别是在新课程实验中为教师解读新教材、驾驭新教材指明了新方向,因而近些年被中小学校所重视,为一线教师所接受。

教师作为教育第一线的组织者和实践者,他们了解学生、熟悉教材,对教育教学有着许多生活的、原始的真切体验,所以当教师开展课堂教学案例评析活动时,就会自觉、主动地进行针对性较强的理论学习,并在实践与反思中不断调整研究策略,从而在反复的领悟中去深化自己的研究。正是这种在不断的"理性-感性-理性"的螺旋式上升的认识和实践的过程中,教师的教育观念与教学行为得以切实改善,教师素质得到真正提高,教师和学校真正共同发展,共同进步。

6.

(1) 实事求是原则。

课堂教学案例的评析要以课堂的真实情况为基础,以科学的理论为依据,不带任何偏见,要恰如其分地进行评价。评价中指出"教学目标总体设计得不错",对教学目标从总体上做出了客观的评价。

(2) 坦率诚恳原则。

所谓坦率诚恳,就是对教案的优点一定要充分肯定,看准了问题一定要明确提出来。

(3) 讲究方法原则。

首先,充分尊重编写者的劳动。其次,要褒贬得当。最后,要主次分明。评析中,先肯定了编写者的整体设计,然后提出了存在的问题,最后指明了编写者应该添加的要素,遵循了这一原则。

参 考 文 献

[1] Hatton, N., & Smith, D. Reflection in teacher education: towards definition and implementation[J]. *Teaching & Teacher Education*, 1995, 11(1): 33-49.

[2] Stern, H. H. *Fundamental Concepts of Language Teaching*[M]. Oxford University Press, 1983.

[3] Jakobson, R. Closing statement: linguistics and poetics[J]. *Style in Language*, 1960, 1(2): 53-56.

[4] Harmer, J. How to teach English[J]. *ELT Journal*, 2008, 62(3): 313-316.

[5] Sukhomlinski, V. A. *On Education*[M]. Progress Publishers, 1977.

[6] 安德森. 布卢姆教育目标分类学[M]. 北京：外语教学与研究出版社, 2009.

[7] 毕文琛. 如何在英语教学中把形成性评价和终结性评价结合起来[J]. 教师, 2010(9): 83-83.

[8] 常波. 西方反思型教师教育思潮兴起背景综述. 外国教育研究[J], 2000(2): 31-34.

[9] 陈贵庆. 多媒体教学设计方案选, 初中语文、英语[M]. 北京：科学出版社, 2007.

[10] 陈国华.《英语史：从古代英语到标准英语》导读[J]. 外语教学与研究, 2000(5): 393-396.

[11] 陈坚林. 现代英语教学[M]. 上海外语教育出版社, 2000.

[12] 陈琦. 当代教育心理学[M]. 北京：北京师范大学出版社, 1997.

[13] 程晓棠. 英语教学法教程[M]. 北京：高等教育出版社, 2006.

[14] 程晓棠, 任庆梅. 英语听力教学[M]. 北京：外语教学与研究出版社, 2011.

[15] 方海敏. 开展教学反思的价值及其有效途径[J]. 学前教育研究, 2010(8): 70-72.

[16] 顾援. 课堂教学中的学习策略[J]. 教育理论与实践, 2000.

[17] 关淑萍. 谈教学反思能力在促进教师专业化过程中的意义[J]. 教育与职业, 2006(9): 98-100.

[18] 郭志明, 王美君. 教学与管理同步——中学英语教师高效教学行为特点研究[J]. 天津师范大学学报（基础教育版）, 2011 12(2): 36-40.

[19] 胡春洞. 英语教学法[M]. 北京：高等教育出版社, 1990.

[20] 胡文仲. 外语教学与文化[M]. 长沙：湖南教育出版社, 1997.

[21] 洪映梅. 新课程环境下高中英语语法教学的重要性与策略[J]. 福建教育学院学报, 2003(5): 102-104.

[22] 胡学文.语言习得理论的认知解释[J].安徽大学学报(哲学社会科学版),2007,31(6):117-123.

[23] 胡壮麟.语言学教程[M].4版.北京:北京大学出版社,2011.

[24] 姜广运.浅谈教学反思的内容、策略及作用[J].教育探索,2010(10):50-51.

[25] 兰良平,韩刚英语写作教学[M].北京:外语教学与研究出版社,2014.

[26] 联合国教科文组织"国际世纪教育委员会".教育——财富蕴藏其中[M].北京:教育科学出版社,1996.

[27] 李俏.英语学习策略及在课堂中的训练[J].课程.教材:教法,2004(3):53-58.

[28] 李香娥.教学反思中的问题与建议[J].教学研究,2010,33(2):83-86.

[29] 林立.国外英语学习策略研究[J].首都师范大学学报(社会科学版),1999(6):109-114.

[30] 刘道义.普通高中课程标准实验教科书英语[M].北京:人民教育出版社,2007.

[31] 刘加霞,申继亮.国外教学反思内涵研究述评[J].比较教育研究,2003,24(10):30-34.

[32] 刘小三.高中英语课堂教师话语与课堂互动的案例分析[J].英语教师,2013,13(9):43-47.

[33] 刘小燕,吴静.2000—2010年高中英语教材研究文献综述[J].广西民族师范学院学报,2011(5):131-134.

[34] 吕娟娟.高中英语听说课教学模式设计[J].中学生英语:教师版,2011(5):10-13.

[35] 吕晓慧.合作学习教学模式中教师作用的转变[J].牡丹江医学院学报,2009,30(3):109-110.

[36] 马文杰.教学反思:教师专业成长的应然选择[J].教育探索,2012(10):87-89.

[37] 穆伟昭.新课程理念下的中小学英语课堂活动实施策略[J].基础教育外语教学研究,2003(9):41-43.

[38] 南淑玲,章健,赵黎.形成性评价在方剂学教学中的实践及思考[J].陕西中医学院学报,2010,33(6):122-123.

[39] 潘洪建.有效学习与教学:9种学习方式的变革[M].北京:北京师范大学出版社,2012.

[40] 裴正薇.英语语音教学模式:理论、选择与思考[J].外语界,2014(3).

[41] 任丹凤.论教材的知识结构[J].课程.教材:教法,2003(2):5-8.

[42] 撒忠清,董宏乐.从认知语言学和功能语言学角度看英语语法及其教学[J].山东外语教学,2007(1):36-40.

[43] 申继亮,刘加霞.论教师的教学反思[J].华东师范大学学报(教育科学版),2004,22(3):

44-49.

[44] 陶西文.教学案例撰写"六要"[J].教学与管理,2012(34):33-34.

[45] 屠剑敏.论"学习型组织"的构建——对"课堂教学案例评析"的再思考[J].浙江外国语学院学报,2003(5):102-106.

[46] 屠剑敏.以"课堂教学案例评析"为载体,构建"学习型组织"的实践策略[J].江苏教育,2004(1B):16-17.

[47] 王才仁.英语教学交际论[M].南宁:广西教育出版社,1996.

[48] 王笃勤.英语阅读教学[M].北京:外语教学与研究出版社,2012.

[49] 王凤喜,赵春雷.新课程的课堂教学设计[M].哈尔滨:哈尔滨地图出版社,2006.

[50] 王映学,赵兴奎.教学反思:概念、意义及其途径[J].教育理论与实践,2006(3):53-56.

[51] 王家义.基于语料库的英语词汇教学:理据与应用[J].外语学刊,2012(4):127-130.

[52] 王立非,文秋芳.英语学习策略培训与研究在中国——记全国首届"英语学习策略培训与研究"国际研修班[J].外语界,2003(6):49-54.

[53] 王丽娟.教学设计[M].海口:南海出版公司,2003.

[54] 王录梅,冷泽兵.教学反思的概念、价值及其途径[J].辽宁师范大学学报(社会科学版),2007,30(1):67-69.

[55] 王平.学习策略教学的课堂实施[J].教育科学研究,2004(3):29-32.

[56] 王奇民,王健.制约大学英语学习成效的策略因素探析[J].外语界,2003(02):41-46.

[57] 王升.教学设计法[M].石家庄:河北人民出版社,2005.

[58] 王坦.论合作学习的基本理念[J].教育研究,2002(2):68-72.

[59] 王永祥,支永碧.英语语言学概论.南京:南京师范大学出版社,2007.

[60] 魏运华,李俏.我国中小学教材研究述评[J].课程.教材:教法,2007(8):8-13.

[61] 伍晓婷.浅谈新课程理念下的高中英语作业布置新途径[J].学周刊,2011,b版(11):35-35.

[62] 熊川武.反思性教学[M].上海:华东师范大学出版社,1999.

[63] 熊川武.论反思性教学[J].教育研究,2002(7):12-17.

[64] 徐晓晴.世界英语的发展与中国英语变体[J].苏州大学学报(哲学社会科学版),2005(1):110-113.

[65] 徐英俊.教学设计[M].北京:教育科学出版社,2001.

[66] 姚宏霞.Focus on form:高中语法教学的新途径[J].沈阳大学学报(社会科学版),2010,12(5):100-103.

[67] 姚孝军,陈静,杨亚敏.英语学习者学习方法研究:基于教育心理学视角[J].外语与外语教学,2010(2):30-34.

[68] 杨连瑞,肖建芳.英语教学艺术论[M].南宁：广西教育出版社,2003.

[69] 杨良雄,黄远振.中学英语课堂教学活动有效性研究[J].中小学外语教学：(中学篇),2007,30(1)：5-8.

[70] 杨启亮.教材的功能：一种超越知识观的解释[J].课程.教材：教法,2002(12)：10-13.

[71] 佚名.教育学基础[M].北京：教育科学出版社,2002.

[72] 佚名.普通高中英语课程标准.北京：人民教育出版社,2011.

[73] 佚名.中学英语一本通[M].北京：世界图书出版公司,2014.

[74] 袁金秋.语用学理论视野下的大学英语教学方法解读[N].景德镇高专学报,2010,25(4)：68-69.

[75] 袁丽娟.英语语法教学模式探讨[J].读与写：教育教学刊,2015,12(1)：131-132.

[76] 余小红.浅谈中学英语课堂活动设计的原则[J].中学教学研究,2004(5).

[77] 曾天山.国外关于教科书功能论争的述评[J].西南大学学报：社会科学版,1998(2)：57-62.

[78] 曾文婕.教学反思的多重路径[J].教育科学研究,2009(11)：65-68.

[79] 赵明仁,黄显华,袁晓峰.场域——习性理论视角下影响教师教学反思的因素分析[J].课程.教材：教法,2009(06)：81-86.

[80] 赵钰梅.高中英语阅读教学中课堂活动设计初探[J].中学生英语：教师版,2010(7)：45-47.

[81] 章柏成,韦汉.英语词汇教学的呈现方式研究[J].外语与外语教学,2004(4)：24-27.

[82] 张革承,张洪岩.英语全球化语境中的高中英语文化教学[J].课程.教材：教法,2007(6)：49-52.

[83] 张建伟.反思——改进教师教学行为的新思路[J].北京师范大学学报(社会科学版),1997(4)：56-62.

[84] 张立昌.试论教师的反思及其策略[J].教育研究,2001(12)：17-21.

[85] 张睿.礼貌原则与英汉礼貌用语的义化差异[J].重庆三峡学院学报,2006,22(6)：78-79.

[86] 章远荣,雷霄.体裁、语篇模式与语篇教学[J].华南理工大学学报(社会科学版),2000(1)：124-131.

[87] 郑金洲.基于新课程的课堂教学改革[M].福州：福建教育出版社,2004.

[88] 钟志贤,杨蕾.论网络时代的学习能力[J].电化教育研究,2001(11)：22-27.

[89] 宗劲游.在小学英语教学中应用现代教育技术[J].管理学家 62013(13)：267-269

[90] 邹妍影.语言学习策略的研究综述及其对外语教学的启示[J].科技信息：科学教研,2008(20)：159-160.

[91] 林立,胡小力.英语学科知识与教学能力[M].北京：光明日报出版社,2016.